Kompa • Wissen und Kontext

Perspektiven der Analytischen Philosophie
Neue Folge

Herausgegeben von Georg Meggle und Julian Nida-Rümelin

Nikola Kompa

Wissen und Kontext

Eine kontextualistische Wissenstheorie

mentis
PADERBORN

Die Deutsche Bibliothek – CIP-Einheitsaufnahme

Ein Titeldatensatz für diese Publikation ist bei
Der Deutschen Bibliothek erhältlich.

Gedruckt auf umweltfreundlichem, chlorfrei gebleichtem
und alterungsbeständigem Papier ISO 9706

© 2001 mentis Verlag GmbH
Schulze-Delitzsch-Str. 19, D-33100 Paderborn

Alle Rechte vorbehalten. Dieses Werk sowie einzelne Teile desselben sind urheberrechtlich
geschützt. Jede Verwertung in anderen als den gesetzlich zugelassenen Fällen ist ohne
vorherige Zustimmung des Verlages nicht zulässig.

Printed in Germany.
Einbandgestaltung: Anna Braungart, Regensburg
Druck: WB Druck, Rieden/Allgäu
ISBN 3-89785-205-5

Vorwort

Diese Arbeit ist eine überarbeitete Fassung meiner Dissertation, die im Sommer 1998 von der philosophischen Fakultät der Ludwig-Maximilians-Universität München angenommen wurde. Mein Dank geht an Andreas Kemmerling für seine umsichtige Betreuung, an die Teilnehmer seines Kandidatenkolloquiums für hilfreiche und anregende Diskussionen, an meine Eltern für Ihre uneingeschränkte Unterstützung und an Cordelia Hanusch-Kompa und Christian Kompa für Ihre Hilfe bei der Erstellung dieser Arbeit.

München, Februar 2001   Nikola Kompa

INHALTSVERZEICHNIS

EINFÜHRUNG 9

1 EINLEITUNG 11

   1.1 WAS MAN WEISS 11
      1.1.1 Verschiedene Konstruktionen mit „wissen" 12
      1.1.2 Gegenstände des Wissens 14

   1.2 WISSEN UND WISSENSZUSCHREIBUNG 16
      1.2.1 Wissen und Zuschreibungsakte 16
      1.2.2 Wissensselbstzuschreibung und Wissensfremdzuschreibung 19

   1.3 BEDINGUNGEN FÜR WISSEN 22
      1.3.1 Wissen und Glauben 22
      1.3.2 Wissen und Gewißheit 26
      1.3.3 Wissen, Rechtfertigung und gute Gründe 29

   1.4 ERKENNTNISTHEORETISCHE GEGENSPIELER 33
      1.4.1 Fundamentalismus oder Kohärenztheorie 34
      1.4.2 Probabilismus oder Reliabilismus 42
      1.4.3 Kontextualismus oder Invariantismus 44

2 KONTEXTUALISMUS 49

   2.1 ENTWÜRFE ZU EINER KONTEXTUALISTISCHEN THEORIE 49
      2.1.1 Gail Stine und Alvin Goldman: Wissen und relevante Alternativen 50
      2.1.2 David Annis und Robert Hambourger: Wissen und epistemische
           Rechtfertigung 52
      2.1.3 Gilbert Harman und Stewart Cohen: Wissen und soziale Faktoren 55
      2.1.4 Zusammenfassung 59

   2.2 FRED DRETSKES THEORIE MIT DEN RELEVANTEN ALTERNATIVEN 60
      2.2.1 Die Idee 60
      2.2.2 Kritik 66

   2.3 DAVID LEWIS' THESE VOM LEGITIMEN IGNORIEREN 71
      2.3.1 Vom Eliminieren und Ignorieren 71
      2.3.2 Kritik 76

2.4 Keith DeRoses Überlegungen zur epistemischen Position 86
2.4.1 Die tatsächliche und die erforderliche Stärke der epistemischen Position 86
2.4.2 Kritik 92
2.5 Zusammenfassung 97

3 SKIZZE DER EIGENEN THEORIE 101
3.1 Epistemische Position und relevante Alternativen 101
3.1.1 Epistemische Position und das Ausschließen von Alternativen ... 103
3.1.2 Der physische Kontext 107
3.1.3 Der konversationale Kontext 112
3.1.4 Kurz zusammengefaßt 120
3.2 Gemässigter und strenger Kontextualismus 121
3.2.1 Unterschiede zwischen GKS und SKS 122
3.2.2 Probleme und Reformulierungen 124
3.2.3 Kurz zusammengefaßt 130
3.3 Kontextabhängigkeit 131
3.3.1 Indexikalität 131
3.3.2 Unspezifität 133
3.3.3 Eine Analogie zwischen „wissen" und genuin unspezifischen Ausdrücken 139
3.3.4 Gemeinsamkeiten und Unterschiede zwischen „wissen" und genuin unspezifischen Begriffen 141
3.3.5 Kurz zusammengefaßt 146
3.4 Lösungsvorschlag 147
3.4.1 Ein guter Grund 147
3.4.2 Vom semantischen Wissen 150
3.4.3 SKS oder GKS? 151
3.4.4 Ergebnis 155
3.5 Kurze Zusammenfassung der eigenen Theorieskizze 155

LITERATUR 159

PERSONENREGISTER 165

EINFÜHRUNG

Die Arbeit ist in drei Teile gegliedert. Im ersten Teil werden einige allgemeine Überlegungen angestellt, die in die Thematik der philosophischen Analyse des Wissensbegriffs einführen sollen. In diesem Teil geht es mir hauptsächlich darum, einen Eindruck davon zu vermitteln, welches die charakteristischen Themen, Fragen und Positionen waren, die in den vergangenen Jahrzehnten die einschlägige Diskussion in der analytischen Philosophie geprägt haben. Dieser Miniatur-Überblick zielt weder auf Vollständigkeit noch auf Detailgenauigkeit ab. Vielmehr soll er dazu beitragen, das Umfeld, in dem die Diskussion um kontextualistische Wissenstheorien angesiedelt ist, wenigstens andeutungsweise erkennbar werden zu lassen. Dabei wird es um Fragen gehen wie: Welches sind, nach dem sprachlichen Befund zu urteilen, denn eigentlich die Gegenstände des Wissens? Was ist zu den notwendigen Bedingungen für Wissen zu rechnen? Der von Sprachanalytikern gelegentlich übersehene Unterschied zwischen Wissen (X weiß, daß P) und Wissenszuschreibbarkeit (X ist Wissen darüber, daß P, zuschreibbar) wird kurz erörtert. Schließlich werden einige erkenntnistheoretische Grundpositionen skizziert; zentral für die späteren Überlegungen ist der Konflikt, der zwischen Invariantismus und Kontextualismus in Hinblick auf den Wissensbegriff besteht.

Der zweite Teil soll dem Leser einen Überblick über die derzeit vertretenen kontextualistischen Theorien des Wissens geben. Zunächst werde ich dazu kurz sechs Skizzen einer kontextualistischen Wissenstheorie nachzeichnen. Anschließend werden die drei am besten ausgearbeiteten Theorien vorgestellt. Der gemeinsame Nenner dieser Theorien ist die These, daß der Wahrheitswert einer Wissenszuschreibung in Abhängigkeit von kontextuellen Faktoren variieren kann. Ausgehend von dieser Idee beschäftigen sich die drei Ansätze vornehmlich mit der Frage, welche kontextuellen Faktoren dabei eine Rolle spielen. Der zweite Teil endet mit einer Zusammenfassung der Kritik an den dargestellten kontextualistischen Ansätzen. Hier wird deutlich werden, daß keine der bisherigen Theorien eine adäquate Charakterisierung derjenigen kontextuellen Faktoren geben kann, die den Wahrheitswert einer Wissenszuschreibung beeinflussen können. Desgleichen ist es keinem der bisherigen Ansätze geglückt, dasjenige semantische Merkmal des Wissensbegriffs zu identifizieren, das für die Kontextabhängigkeit von Wissenszuschreibungen verantwortlich ist.

Im dritten Teil unternehme ich den Versuch, ausgehend von der kontextualistischen Grundidee und unter Berücksichtigung der an den dargestellten

Theorien geübten Kritik eine Skizze einer eigenen kontextualistischen Wissenstheorie zu entwerfen. Dazu wird eine Unterscheidung von besonderer Bedeutung sein, die in den bisherigen kontextualistischen Ansätzen nicht, oder nur ungenügend, berücksichtigt wurde: die Unterscheidung zwischen der Situation des Wissenssubjekts einerseits und der Situation des Zuschreibers andererseits.[1] Diese Unterscheidung zieht eine weitere Unterscheidung nach sich: die Unterscheidung zwischen kontextuellen Faktoren der Situation des Subjekts und kontextuellen Faktoren der Situation des Zuschreibers.

Die weiteren Erläuterungen in diesem dritten Teil werden es zunächst so aussehen lassen, als gäbe es zwei gleichermaßen plausible kontextualistische Ansätze. Im Fortgang der Überlegungen wird sich jedoch einer der beiden Ansätze als erheblich leistungsfähiger erweisen. Ein erstes Ziel dieser Arbeit ist es, diesen Ansatz an zwei schwerwiegenden Problemen zu testen, die sich jeder kontextualistischen Wissenstheorie stellen. Ein zweites Ziel ist es, jenes semantische Merkmal ausfindig zu machen, dem die Kontextabhängigkeit von Wissenszuschreibungen geschuldet ist.

---

[1] Denjenigen, um dessen Wissen bzw. Nichtwissen es geht, nenne ich das Subjekt, das Wissenssubjekt oder einfach X. Denjenigen, der von dem Subjekt sagt, es wisse oder wisse nicht, daß ein bestimmter Sachverhalt besteht, will ich den Zuschreiber oder auch den Sprecher nennen.

1 EINLEITUNG

> *Ich sitze mit einem Philosophen im Garten; er sagt zu wiederholten Malen „Ich weiß, daß das ein Baum ist", wobei er auf einen Baum in unserer Nähe zeigt. Ein Dritter kommt daher und hört das, und ich sage ihm: „Dieser Mensch ist nicht verrückt: Wir philosophieren nur".*
>
> L. Wittgenstein

1.1 WAS MAN WEISS

Man könnte eine Explikation des Wissensbegriffs damit beginnen, sich die historische Entwicklung bisheriger Explikationsversuche seit Platons Theaitetos (201c-210b) zumindest in Grundzügen zu verdeutlichen. Man könnte auch zahlreiche klare Fälle von Wissen auf ihre Gemeinsamkeiten und Unterschiede hin untersuchen. Weiter könnte man dem Leser einen Überblick über die in den letzten Jahren auf dem philosophischen Markt erschienenen Wissenstheorien anbieten. Oder man könnte eine systematisch geordnete Liste der Probleme und Fragen im Zusammenhang mit dem Wissensbegriff aufstellen. Nichts davon will ich tun. Statt dessen möchte ich eine stillschweigende Voraussetzung, die bei vielen Untersuchungen des Wissensbegriffs gemacht wird, aufzeigen und auf zwei oft vernachlässigte Unterscheidungen aufmerksam machen. Des weiteren werde ich drei Bedingungen, die als notwendige Bedingungen für Wissen in Frage kommen könnten, auf ihre Notwendigkeit hin untersuchen. Schließlich unterziehe ich noch einige erkenntnistheoretische Oppositionsverhältnisse einer kurzen Betrachtung.

Wer nun die Systematik oder Stringenz in diesen Überlegungen sucht, wird nicht fündig werden. Eine ausführliche Behandlung der aufgetauchten Probleme und eine zufriedenstellende Beantwortung der aufgeworfenen Fragen würde den hier abgesteckten Rahmen sprengen. Auch ist es nicht mein Ziel, dem Leser einen vollständigen oder systematischen Überblick über die gängigen erkenntnistheoretischen Positionen zu vermitteln. Es scheint mir nützlicher für die Zwecke dieser vorbereitenden Einstimmung, verschiedene Fragen wenigstens anzutippen, deren ausführliche Beantwortung je ein eige-

1.1.1 Verschiedene Konstruktionen mit „wissen"

Alan White hat sich - als einer von wenigen - am Anfang seines Buches *The nature of knowledge*[2] die Frage gestellt, welche sprachlichen Konstruktionen es mit „know" im Englischen gibt. Was sind, sprachlich gesehen, die Gegenstände des Wissens? Diese Überlegungen lassen sich zum großen Teil auf „wissen" im Deutschen übertragen. Einige Abweichungen gibt es allerdings; so gibt es z.B. für englische Sätze der Art „Ralph knows Paris" keine deutsche Entsprechung mit „wissen", da wir in diesen Sätzen „know" mit „kennen" übersetzen. In Anlehnung an die Überlegungen von White kann man mindestens folgende Arten von sprachlichen Konstruktionen mit „wissen" im Deutschen unterscheiden.[3]

(a) X weiß, wo A arbeitet.
(b) X weiß, wie man das Finanzamt betrügt.
(c) X weiß, wo man in der Stadt am besten essen kann.
(d) X weiß, wen A betrügt.
(e) X weiß, wie man Fahrrad fährt.
(f) X weiß, was in der Bibel steht.
(g) X weiß den Weg.
(h) X weiß, daß es regnet.
(i) X weiß, daß er Schmerzen hat.
(j) X weiß, ob Ralph der Mörder ist.

Auf „wissen" kann ein Interrogativpronomen und ein Verb im Indikativ folgen wie in (a). Es kann ein Interrogativpronomen und ein Verb in Verbindung mit „man" wie in (b) oder zusätzlich in Kombination mit einem Modalverb wie in (c) folgen. Auch kann auf „wissen" ein Interrogativpronomen und ein Verb im Indikativ wie in (d) folgen. (Im Englischen gibt es zudem die Möglichkeit, daß auf „wissen" ein Interrogativpronomen und ein Verb im Infinitiv folgt wie in „X knows whom to ask". Dies wird im Deutschen mit Hilfe einer „man"-Konstruktion wiedergegeben).

Eine Sonderstellung bei den Konstruktionen, die nach „wissen" folgen können, bildet nach Ansicht einiger Philosophen (allen voran Gilbert Ryle)

---

[2] Siehe hierzu White [1982].
[3] Siehe White [1982]: Kapitel 2.

das Interrogativpronomen „wie" in Verbindung mit einem Tätigkeitsverb wie in (e).

Und eine Mehrdeutigkeit kann sich ergeben, wenn auf „wissen" ein „was" folgt wie in (f). Denn das „was" kann sowohl als Relativpronomen als auch als Interrogativpronomen benutzt werden.[4] Wird es als Relativpronomen benutzt, so ist der folgende Schluß gültig: X weiß, was in der Bibel steht. In der Bibel steht, daß die Welt in sechs Tagen erschaffen wurde. Also: X weiß, daß die Welt in sechs Tagen erschaffen wurde.[5] Das „was" läßt sich hier paraphrasieren als „dasjenige, was": „X weiß dasjenige, was in der Bibel steht."

Wird „was" dagegen als Interrogativpronomen verwendet, so ist folgender Schluß gültig: X weiß, was in der Bibel steht. In der Bibel steht, daß die Welt in sechs Tagen erschaffen wurde. Also: X weiß, daß in der Bibel steht, daß die Welt in sechs Tagen erschaffen wurde. Das „was" läßt sich hier paraphrasieren als „was es ist, das": „X weiß, was es ist, das in der Bibel steht".

Schließlich kann auf „wissen" einfach ein Substantiv folgen wie in (g). (Im Englischen ist dies häufiger, da wir im Deutschen, wie erwähnt, bei solchen Substantivkonstruktionen meist „kennen" verwenden.) In diesen seltenen Fällen, in denen auf „wissen" ein Substantiv folgt, gibt es auch immer die Möglichkeit, eine entsprechende Konstruktion mit „kennen" zu bilden, wobei allerdings zwischen den beiden Konstruktionen ein Bedeutungsunterschied besteht. Man vergleiche: „X kennt den Weg" und „X weiß den Weg". Letzteres legt nahe, daß X weiß, wie man gehen muß, um zu dem Ziel zu gelangen. Es heißt aber nicht, daß er den Weg schon einmal gegangen ist. Sein Wissen kann er durch ein Studium der Landkarte erworben haben. Ersteres dagegen legt nahe, daß X mit dem Weg vertraut ist, daß er ihn schon mindestens einmal gegangen ist.[6]

Auf „wissen" kann natürlich auch ein Daß-Satz folgen wie in (h), wobei als ein Spezialfall derjenige Fall gilt, in dem es in dem Daß-Satz um einen momentanen Geisteszustand des Wissenden geht wie in (i).

Und schließlich kann auf „wissen" auch ein „ob" folgen wie in (j). Dieser Fall ist insofern besonders interessant, als er ein klares Gegenbeispiel gegen

---

[4] Vergl. hierzu Austin [1946]: 96. Austin bemerkt diesen Unterschied und versieht ihn mit dem Hinweis auf den Unterschied zwischen *quid* und *quod* im Lateinischen. „Was" als Interrogativpronomen wird im Lateinischen mit *quid* wiedergegeben. „Was" als Relativpronomen wird mit *quod* übersetzt.

[5] Das Wort „glauben" weist dagegen diese Mehrdeutigkeit nicht auf. Nach „glauben" kann „was" nur als Relativpronomen folgen:
1 X glaubt, was in der Bibel steht.
2 In der Bibel steht, daß die Welt in sechs Tagen erschaffen wurde.
Also: X glaubt, daß die Welt in sechs Tagen erschaffen wurde.
Aber aus 1 & 2 folgt nicht: X glaubt, daß in der Bibel steht, daß die Welt in sechs Tagen erschaffen wurde.

[6] Ähnliches gilt auch für „X weiß die Antwort" und „X kennt die Antwort": Letzteres legt eine gewisse Vorgeschichte, eine Vertrautheit mit dem Gegenstand der Untersuchung nahe, wie etwa in „X kannte ihre Antwort schon".

die weitverbreitete These von „wissen" als einem ausnahmslos faktiven Verb liefert. Wenn Holmes weiß, ob Green der Mörder ist, so folgt daraus nicht, daß Green der Mörder ist.[7]

So nimmt es auch nicht Wunder, daß Alan White diesen Fall gar nicht beachtet, wenn er nun behauptet, daß sich alle diese Konstruktionen (mit einer Ausnahme) in *Wissen, daß*-Konstruktionen überführen lassen.[8] (a) „X weiß, wo A arbeitet", wird zu: „Es gibt einen Ort, von dem X weiß, daß es der Ort ist, an dem A arbeitet". Und z.B. (e) „X weiß, wie man Fahrrad fährt" wird so zu: „Es gibt eine Art und Weise [*way*], von der X weiß, daß es die Art und Weise ist, wie man Fahrrad fährt". Lediglich bei dem *Wissen aufgrund von Bekanntschaft* [*knowledge by acquaintance*], welches im Deutschen eher ein Kennen als ein Wissen ist, gelingt diese Überführung nicht („X knows Paris" läßt sich nicht als ein Fall von *Wissen, daß* konstruieren). Damit sei aber nach Whites Meinung nicht gezeigt, daß es sich dabei um eine besondere Art von Wissen handelt; es sei vielmehr Wissen, daß auf eine besondere Art gewonnen wird.

Gilbert Ryle[9] dagegen vertritt die These, daß *Wissen, daß* und *Wissen, wie* wesentlich verschieden sind. Und manch einer - z.B. Roderick Chisholm - erwägt sogar die These, daß sich alles *Wissen, daß* auf ein *Wissen, wie*, reduzieren läßt[10]: Wissen, daß etwas der Fall ist, könnte die Fähigkeit sein, zutreffend anzugeben, was der Fall ist. Die meisten Philosophen haben sich jedoch bei ihren Versuchen der Explikation des Wissensbegriffs ohne weiteres auf *Wissen, daß* beschränkt. So herrscht in der Debatte über die Natur von Wissen oder von Wissenszuschreibungen Einhelligkeit darüber, daß es lediglich die eindeutigen Fälle von *Wissen, daß* sind, um die man sich kümmern muß. Auch die kontextualistischen Wissenstheorien bilden dabei keine Ausnahme. Es wird demnach im folgenden nur um solche Fälle gehen, die eindeutig dem Typ *Wissen, daß* zuzuordnen sind. Was hierbei jedoch eine heftige Kontoverse ausgelöst hat, ist die Frage, was für Entitäten es denn sind, die man weiß, wenn man weiß, daß P.

1.1.2 Gegenstände des Wissens

Was weiß man, wenn man weiß, daß P? Oder anders gefragt: Was sind die Gegenstände des Wissens? Sind es Fregesche Gedanken?[11] Sind es singuläre und generelle Russellsche Propositionen?[12] Oder sind es Stalnakers Diago-

---

[7] Siehe zu einer Analyse von „Ob"-Sätzen z.B. David Lewis [1982].
[8] Siehe White [1982]: Kapitel 2.
[9] Siehe hierzu Ryle [1949], Kapitel 2.
[10] Vergl. Chisholm [1957]: 15.
[11] Siehe Frege [1918].
[12] Siehe Russell [1910/11].

nalpropositionen?[13] Sind es vielleicht Lewissche Mengen möglicher Welten?[14] So könnte man noch eine Zeitlang weiter fragen.[15] Weiß X, wenn er weiß, daß es regnet, den Sinn von „Es regnet"? Weiß er den Inhalt von „Es regnet"? Oder weiß er die Proposition, die durch den Satz „Es regnet" ausgedrückt wird? Weiß er vielleicht, daß diese Proposition wahr ist? Oder weiß er, daß der Satz „Es regnet" wahr ist?

Auf die letzten beiden Fragen muß die Antwort doch wohl zweifelsohne nein lauten. Sicherlich kann man wissen, daß es regnet, ohne zu wissen, daß der Satz „Es regnet" wahr ist. Desgleichen kann man wissen, daß es regnet, ohne zu wissen, daß die Proposition, die durch diesen Satz ausgedrückt wird, wahr ist. (Oder ist dem nicht so? Vergl. Anmerkung 17.) Weiß man also eher einen Inhalt oder einen Sinn oder eine Proposition, wenn man weiß, daß es regnet?

Betrachten wir hierzu folgende Überlegung, die von Alan White[16] für den Glaubensbegriff vorgestellt wird und hier von mir auf den Wissensbegriff ausgedehnt wird: Das, was man glaubt oder weiß, wenn man glaubt oder weiß, daß es im Wald Feen gibt, ist das, was man sieht, wenn man sieht, daß es im Wald Feen gibt. Und genauso, wie es absurd ist zu sagen, daß jemand, der fürchtet, daß er all sein Geld verliert, die Proposition fürchtet, daß er all sein Geld verliert, ist es auch absurd zu sagen, daß jemand, der glaubt oder weiß, daß er all sein Geld verliert, die Proposition glaubt oder weiß, daß er all sein Geld verliert. Es ist ein weitverbreiteter Fehler anzunehmen, daß, nur weil man immer etwas glaubt oder weiß, es deshalb ein Ding oder Quasi-Ding gibt, eine Proposition etwa, das man glaubt oder weiß. Wenn man glaubt oder weiß, daß es zwölf Uhr ist, dann steht man dabei keineswegs zu einer Entität (auch nicht zu der Proposition, daß es zwölf Uhr ist) in einer gewissen Wissens- oder Glaubensrelation, so White.[17]

Wer diese Überlegung plausibel findet, wird vermutlich auch von der Idee, daß das, was man weiß, vielleicht sogar Mengen möglicher Welten sind, nicht sonderlich angetan sein. Denn wie schon erläutert wurde, folgt auf „wissen"

---

[13] Stalnaker vertritt die These, daß das, was man ausdrückt, wenn man z.B. eine Überzeugung äußert, nicht einfach eine normale Proposition ist, sondern eine Diagonalproposition [*diagonal proposition*]. Diese Diagonalproposition ist die Diagonale in dem, was Stalnaker einen Propositionalbegriff [*propositional concept*] nennt. Siehe hierzu Stalnaker [1978] & Stalnaker [1981].
[14] Lewis schreibt z.B. (in Lewis [1986]: 27), daß der Inhalt von jemands Wissen von der Welt durch die Klasse der epistemisch zugänglichen [*epistemically accessible*] Welten gegeben ist.
[15] Vergl. hierzu beispielsweise Wolfgang Spohns Überlegungen zu den Glaubensgegenständen (in Spohn [1997]).
[16] Siehe hierzu White [1982]: 53.
[17] Diese Überlegung steht in krassem Gegensatz etwa zu der Behauptung Stephen Schiffers, daß ein Übergang (Schiffer spricht hier von einer *something-form-nothing-transformation*) wie der von „Fido ist ein Hund" zu „Es ist wahr, daß Fido ein Hund ist" zu „Die Proposition, daß Fido ein Hund ist, ist wahr." denkbar harmlos ist. Die beiden letzteren Sätze sind pleonastisch äquivalent zu ersterem Satz, so Schiffer (siehe Schiffer [1996]b & Schiffer [im Erscheinen]).

nur in seltenen Fällen ein Substantiv (wie z.B. in „X weiß den Weg"). Und man muß dem Wissensbegriff, so scheint es, erst Gewalt antun, will man Fälle wie „X weiß den Inhalt von ..." oder „X weiß die Proposition ..." oder „X weiß die Menge der möglichen Welten ..." zu diesen Fällen zählen.

Aber schließlich muß X doch irgendetwas wissen, wenn er weiß, daß es regnet. Sicherlich. Dennoch möchte ich daraus, daß es Fälle von Wissen gibt und also Personen, die etwas wissen, nicht schließen, daß es hier eine wie auch immer geartete Entität geben muß, die da gewußt wird. Eher noch weiß man in diesen Fällen *um* etwas. In dem Bemühen also, in möglichst argloser und unkontroverser Art und Weise zu sprechen, halte ich folgendes am ehesten für eine solche Redeweise: Wenn X weiß, daß es regnet, dann weiß er um das Bestehen des Sachverhalts, daß es regnet. Ebensogut könnte man sagen: Wenn X weiß, daß es regnet, dann weiß er, daß der Sachverhalt, daß es regnet, besteht. Allgemeiner: Wenn X weiß, daß P, dann weiß er, daß der Sachverhalt, daß P, besteht.

Wie dem aber auch immer sei, eines ist klar: Das, was gewußt wird, was immer es auch sein mag, muß „irgendwie mit der Wirklichkeit zu tun haben". Gemeinhin drückt man dies mit der Bedingung aus, daß man nur wissen kann, was wahr ist. Man kann nur wissen, daß es regnet, wenn es wahr, i.e. der Fall ist, daß es regnet (wenn eben der Sachverhalt, daß es regnet, besteht).

1.2 WISSEN UND WISSENSZUSCHREIBUNG

1.2.1 WISSEN UND ZUSCHREIBUNGSAKTE

Fragt man nun, was es heißt, etwas zu wissen, so kann man sich überlegen, wie die notwendigen und zusammengenommen hinreichenden Bedingungen für Wissen wohl aussehen. Man überlegt, wie sich „X weiß, daß P, gdw..." zu einer wahren Aussage vervollständigen läßt. Statt dessen, so scheint es, könnte man auch fragen, unter welchen Umständen man wahrheitsgemäß von einer Person sagen kann, sie wisse, daß P. In diesem Fall gilt es zu überlegen, wie „Die Behauptung 'X weiß, daß P' ist wahr gdw..." zu einem wahren Satz zu vervollständigen ist. Es scheint auf der Hand zu liegen, daß für beide Fälle dieselbe Vervollständigung passend ist. Gibt es demnach keinen Unterschied zwischen der Tatsache, daß X weiß, daß P, und der Tatsache, daß eine Behauptung des Typs „X weiß, daß P" wahr ist? Tatsächlich gibt es zwischen beiden keinen Unterschied, wenn es bei zweiterem um den Inhalt des Behaupteten geht. „X weiß, daß P" ist genau dann wahr, wenn X weiß, daß P. Allerdings gibt es wohl einen Unterschied, wenn es im zweiten Fall um eine assertive Handlung geht. Nennen wir die Handlung des Wissen-Behauptens (ein bißchen ungelenk) den *Wissenszuschreibungsakt*. Vergleichen wir Wissen und Wissenszuschreibungsakte. Es kann Wissen ohne Zuschreiber und ohne einen Zuschreibungsakt geben. Wissen setzt keinen Zuschreiber und keinen Akt der Zuschreibung voraus. X kann auch dann wissen, daß P, wenn er der einzige Mensch im Universum ist und es nie einen Zuschreiber gegeben hat oder geben wird, und er selbst nie auf die Idee gekommen ist und kommen wird, sich selbst Wissen zuzuschreiben, i.e. einen Wissenszuschreibungsakt zu vollziehen. Wissen ist nicht etwas, das man tut, es ist keine Handlung. Ein Wissenszuschreibungsakt dagegen ist natürlich eine Tat, eine Handlung. Einen solchen Wissenszuschreibungsakt kann man dementsprechend wiederholen, man kann zu ihm ansetzen, ihn unterbrechen, und so weiter. All dies kann man mit Wissen nicht tun. Man kann einen Wissenszuschreibungsakt vollziehen, Wissen nicht. Man kann geneigt sein, zu behaupten zu wissen, aber man kann nicht geneigt sein zu wissen. Ein Wissenszuschreibungsakt kann dumm, ernsthaft, zögerlich, unpassend usw. sein, Wissen nicht. Und wir können fragen, welche Gründe jemand hat, einen Wissenszuschreibungsakt zu tätigen, nicht aber, welche Gründe er hat, zu wissen.[18] Rechtfertigen, mit Gründen zu stützen suchen und verteidigen kann man nur Handlungen, Behauptungen und dergleichen. Bei Wissen selbst kann man - solange man nicht behauptend äußert, es zu besitzen - also gar nicht in die Verlegenheit kommen, es rechtfertigen zu müssen. Erst und lediglich die Äußerung ist dasjenige, was - wenn überhaupt - einer Rechtfertigung bedarf. Es ließe sich somit die These vertreten, daß Wissen keine Rechtfertigung verlangt, weil es gar keine haben kann. Rechtfertigung kommt, wenn überhaupt, erst bei einem Wissenszuschreibungsakt ins Spiel. Nur wenn man behauptend äußert, daß eine Person (vielleicht man selbst) etwas weiß, kann man in die Lage kommen, die Behauptung rechtfertigen, begründen und erläutern zu müssen. Wissen gehört, im Gegensatz zu Überzeugungen oder Behauptungen, nicht zu den Dingen, für die man Gründe anführen und die man mit Hilfe von solchen Gründen rechtfertigen kann.

Mooresche Wissenszuschreibungsakte

Dies scheint aber nicht der einzige Unterschied zwischen Wissen und Wissenszuschreibungsakten zu sein. Es gibt Fälle, in denen man weiß, daß P, aber ein Wissens(selbst)zuschreibungsakt unangebracht oder komisch ist. So ist es z.B. mit der Behauptung „Ich weiß, daß ich Hände habe" oder mit der

---

[18] Siehe hierzu auch White [1982]: Kapitel 1, insbesondere Seite 6.

Behauptung „Fritz weiß, daß er Hände hat": Sie klingen in den allermeisten Kontexten (eigentlich in allen außer einem philosophischen, und letztlich sogar auch da) sehr befremdlich.[19] Aber wissen Fritz und ich denn nicht, daß wir Hände haben? Man weiß viel, von dem man nie behauptet, es zu wissen. Allerdings könnte man sich fragen, ob solche Dinge, die zu wissen man bei kaum einer Gelegenheit passend von sich oder anderen behaupten kann, überhaupt geeignete Gegenstände des Wissens sind. Vielleicht kann man deshalb nie passend behaupten, etwas dergleichen zu wissen, weil man so etwas gar nicht wissen kann?

Oder kann man es doch passend behaupten, aber eben nur unter hinlänglich ungewöhnlichen Umständen? Was aber ist damit gezeigt, daß man gewisse Dinge zu wissen nur unter sehr ungewöhnlichen Umständen passend behaupten kann? Sicherlich nicht, daß es Wissen ohne dazugehörige wahre Wissenszuschreibung geben kann. Es handelt sich dabei keineswegs um Fälle, in denen gewußt wird, eine entsprechende Wissenszuschreibung aber falsch wäre. Höchstens ist damit gezeigt, daß es Wissen geben kann, ohne daß es dazu eine in normalen Situationen sinnvolle oder passende Wissenszuschreibung gibt. Vielleicht ist damit auch nicht mehr gezeigt, als daß wir mit solchen Wissenszuschreibungen einfach Dinge behaupten würden, die ohnehin zu den konversational gegebenen Präsuppositionen gehören, und die zu behaupten schon allein aus diesem Grund nicht passend wäre.[20] Wir setzen diese Dinge voraus - vor allem Wissen. Vielleicht muß erst durch eine explizite „Stornierung"[21] einer solchen Präsupposition etwa durch eine skeptische Überlegung darüber, ob wir wissen können, daß wir Hände haben, der Boden für so eine Äußerung wie „Ich weiß, daß ich Hände habe" bereitet werden? Solch eine Äußerung wäre höchstens dann angebracht, wenn ihr eine skeptische Frage voranginge wie „Aber wissen wir denn, daß wir Hände haben?".

---

[19] Und es wird nicht nur gelegentlich behauptet, daß es G. E. Moore mit seiner Behauptung darüber, daß er wisse, daß dies eine Hand sei, und dies eine andere, nicht einmal gelungen sei, de facto etwas *zu behaupten*. Es wird sogar die These erwogen, es sei ihm nicht einmal gelungen, damit überhaupt nur *zu sagen*, daß etwas so und so sei. Vergleiche hierzu z.B. Charles Travis (Tarvis [1991]: 243).

[20] Angenommen, A sagt: „Fritz bringt seine Töchter zur Schule", so wäre es unpassend, wenn er dem noch hinzufügen würde: „Und Fritz hat Töchter", denn dies scheint er bereits mit der ersten Äußerung zu präsupponieren (oder vielleicht auch zu implizieren). Dies - so mag man einwenden - ist allerdings keine konversational gegebene Präsupposition (i.e. keine pragmatische Präsupposition), sondern eine semantische Präsupposition. Anhängern dieser Trennung hätte ich eher folgendes Beispiel anbieten sollen: Angenommen, einige Jungen suchen eine Wiese zum Fußballspielen: Sie finden eine Wiese, über die einer von ihnen sagt: „Diese Wiese ist flach genug". Es scheint nun, als wäre es für ihn unpassend hinzuzufügen: „Und diese Wiese ist flach genug zum Fußballspielen." Denn er scheint bereits mit der ersten Äußerung, gemacht bei einer für alle Beteiligten als solche erkennbaren Suche nach einer Fußballwiese, zu präsupponieren, daß er mit „flach" „flach genug zum Fußballspielen" meint.

[21] Vergl. hierzu Paul Grices These über die Stornierbarkeit von Implikaturen (Grice [1978] & [1981]).

1.2.2 Wissensselbstzuschreibung und Wissensfremdzuschreibung

Diese Überlegungen weisen auf eine weitere Unterscheidung hin, die man innerhalb des Bereichs der Wissenszuschreibungen treffen muß, die Unterscheidung nämlich zwischen einer Wissensselbstzuschreibung und einer Wissensfremdzuschreibung. Diese Unterscheidung ist z.B. insofern interessant, als man Wissensselbstzuschreibungen oft dazu benutzt, etwas ganz anderes zu tun, als tatsächlich von sich zu behaupten, man wisse etwas. Wohingegen man Wissensfremdzuschreibungen vorwiegend dazu benutzt, von einer Person zu behaupten, sie wisse etwas. Austin hat die These aufgestellt, daß eine Wissensselbstzuschreibung in mancher Hinsicht anders funktioniert als eine normale Fremdzuschreibung von Wissen. „Ich weiß, daß so-und-so" ist nicht immer eine Wissensbehauptung. Es kann ein Bericht, der Ausdruck einer Überzeugung, eine Versicherung etc. sein. Wie Austin sagt:[22] „Wenn ich sage 'Ich weiß', dann *können sich andere auf mich berufen, wenn sie sagen*, daß 'S P ist'".[23] Die Hauptverwendung von Wissensselbstzuschreibungen ist nach Austin also das Sich-Verbürgen.[24] Wenn man dagegen von einer anderen Person sagt, sie wisse, daß P, dann verbürgt man sich damit nicht in der gleichen Weise dafür, daß P. Aber daneben gibt es - und dies leugnet Austin keineswegs - noch viele andere Verwendungsmöglichkeiten einer Wissensselbstzuschreibung. Man kann mit einer Wissensselbstzuschreibung des Typs „Ich weiß, daß P" Verschiedenes tun, das vornehmlich mit P, weniger aber mit der eigenen epistemischen Position zu tun hat, vom P-Zustimmen

---

[22] Siehe Austin [1946]: 99.
[23] Alan White weist auf einen Unterschied zu explizit performativen Äußerungen hin, mit denen Austin „wissen" in gewisser Weise vergleichen will, und zwar auf folgenden: Während der Witz von performativen Äußerungen gerade darin besteht, daß man in ihnen nicht so sehr sagt, was man tut, sondern gerade das tut, was man sagt (wenn jemand also sagt „Ich verspreche", dann verspricht er damit), ist dies mit „wissen" keineswegs so. Denn wenn jemand sagt „Ich weiß", dann weiß er damit noch lange nicht - er behauptet eben nur zu wissen. Aber auch wenn sich Wissensbehauptungen in dieser Hinsicht von performativen Äußerungen unterscheiden, scheint Austin mit der Behauptung recht zu haben, daß man mit einer Wissensselbstzuschreibung Verschiedenes machen kann. Und tatsächlich mag es so sein, daß man mit einer Wissensselbstzuschreibung nur selten etwas über sich behauptet, sondern sich vielmehr dafür verbürgt, daß etwas so und so ist.
[24] Alan White vertritt dagegen in seinem Artikel „On Claiming To Know" (siehe White [1957]) die These, daß man mit einer Wissensselbstzuschreibung des Typs „Ich weiß, daß P" in den meisten Fällen doch eine Behauptung macht. G.J. Warnock (in Warnock & Cohen [1962]) behauptet dagegen, daß man zwar mit „Ich weiß, daß P" behaupten kann zu wissen, aber man könne damit auch vieles andere machen. Allerdings sei es kein Wunder, daß sich Philosophen so auf diese eine Verwendungsweise, das Behaupten, stützen, denn das Behaupten sei eine ihrer Lieblingsbeschäftigungen. Aber dabei übersähen sie die anderen, in alltäglichen Situationen üblichen Verwendungsweisen. Warnock schreibt (ebd. 32): „Wenn ein Philosoph sagt, daß „Ich weiß..." dazu da ist, um eine Behauptung zu machen, ist das so, wie wenn ein Kraftfahrzeugmechaniker sagt, daß Wasser dazu da ist, Motoren zu kühlen. Man versteht, wieso er dies sagt, aber man sollte zur Kenntnis nehmen, daß es nicht die ganze Geschichte ist."

über das P-Bekanntgeben hin zum Sich-für-P-Verbürgen. Ist dem so, dann sollte sich „Ich weiß, daß P" in vielen Fällen entweder als „Ich gebe Dir mein Wort, daß P", oder als „Ich stimme Dir zu, daß P", als „Es ist mir bekannt, daß P", oder als „Ich gebe zu, daß P" usw. paraphrasieren lassen. Dieser Behauptung eignet eine gewisse Plausibilität.

Nun mag es zwar interessant sein festzustellen, was man mit einer Wissenszuschreibung des Typs „Ich weiß, daß P" hauptsächlich tut. Man kann feststellen, daß diese Äußerung verschiedene Aufgaben in einer Konversation übernehmen kann; sie kann als Werkzeug zu verschiedenen konversationalen Zwecken dienen. Aber interessant dabei ist nicht so sehr die Feststellung, daß dies so ist, als vielmehr die Feststellung, daß mit so einer Wissensselbstzuschreibung meistens gar nichts über die eigene Person und die eigene epistemische Position gesagt wird, sondern in erster Linie etwas über P. Dagegen wird mit einer Wissensfremdzuschreibung durchaus etwas über eine Person und ihre epistemische Position gesagt. Egal ob man sich gerade mit „Ich weiß, daß P" dafür verbürgt, daß P, oder zustimmt, daß P, oder bekanntgibt, daß P, - in allen diesen Fällen legt man sich zunächst darauf fest, daß P. Man macht eine Aussage über P. In Fällen der Fremdzuschreibung dagegen macht man eine Aussage über eine Person und ihre epistemische Position. Dabei legt man sich auch darauf fest, daß P, aber sozusagen nur als Folge aus der Behauptung über die Person. Mit einer Äußerung wie „Fritz weiß, daß P" will man in den meisten Fällen tatsächlich eine Behauptung über Fritz machen. Man will einfach behaupten, so scheint es, daß Fritz in einer epistemischen Position ist, die es ihm ermöglicht, alle relevanten Zweifel auszuschließen. Oder einfacher: Fritz ist in einer epistemischen Position, die es ihm erlaubt, unserem Wissensstandard zu genügen. Mit Wissensselbstzuschreibungen und Wissensfremdzuschreibungen kann man also nicht nur Unterschiedliches machen, sondern auch Unterschiedliches sagen, und zwar kategorial Unterschiedliches: Einmal sagt man etwas über P, und ein andermal sagt man etwas über eine Person und ihre epistemische Position.

Zuschreibungen von Wissen über die eigenen Geisteszustände

Ein Sonderfall im Rahmen der Wissensselbstzuschreibung ist die Selbstzuschreibung von Wissen über die eigenen Geisteszustände. „Ich weiß, daß ich Schmerzen habe" scheint kaum eine echte Wissensbehauptung zu sein, denn sie unterscheidet sich (soweit man sie - pace Wittgenstein - als ein akzeptable Äußerung zuläßt) im Informationsgehalt eigentlich nicht von einer Äußerung wie „Ich habe Schmerzen". Man weiß nicht, was noch zu der Überzeugung, Schmerzen zu haben, dazu kommen müßte, um sie als Wissen bezeichnen zu können. Oder besser gesagt: Man weiß nicht, unter welchen Umständen man die Überzeugung, daß man Schmerzen hat, nicht als Wissen darüber, daß man Schmerzen hat, gelten lassen wollte. Man weiß nicht genau, was „jemand weiß, daß er Schmerzen hat" anderes heißen soll, als daß er glaubt, Schmerzen zu haben.

Oder gibt es vielleicht Fälle, in denen man glaubt, Schmerzen zu haben, und gar keine Schmerzen hat, und in denen es demnach auch nicht wahr ist, daß man weiß, daß man Schmerzen hat (obwohl man es doch glaubt)? Gibt es eine Diskrepanz zwischen dem Wissen, daß man Schmerzen hat, und der „bloßen" Überzeugung? Es mag den Fall geben, in dem jemand - etwa wenn er eine Spritze bekommt - glaubt, Schmerzen zu haben, einfach weil er fest erwartet, in diesem Moment Schmerzen zu haben, dann aber bei der zweiten Spritze (bei der er ein bißchen entspannter ist), zugeben muß, daß es eigentlich gar nicht weh tut. Wie sollen wir über diesen Fall reden? Wollen wir sagen: (a) Er hat bei der ersten Spritze gar keine Schmerzen, glaubt aber dennoch in dem Moment, Schmerzen zu haben, und gibt später zu, daß er sich geirrt hat? Oder (b): Er hat bei der ersten Spritze Schmerzen, und er glaubt auch, Schmerzen zu haben, muß aber bei der zweiten Spritze zugeben, daß es diesmal nun gar nicht weh tut. Oder (c): Er hat bei der ersten Spritze keine Schmerzen, und glaubt in dem Moment auch gar nicht, Schmerzen zu haben. Er ist einfach so aufgeregt, daß er die Schmerzerwartung für eine Schmerzempfindung hält oder etwas ähnliches.

Ich würde für (b) plädieren, einfach weil es mir nicht so scheint, als könnte man sich darüber irren, ob man Schmerzen hat. Schmerzen haben heißt, daß es weh tut. Kann man sich darüber irren, ob es weh tut? Ist die Behauptung „Fritz glaubt, daß ihm der Fuß weh tut, aber er tut ihm gar nicht weh." nicht ein begrifflicher Widerspruch? Sind eingebildete Schmerzen keine Schmerzen? Charakterisiert das Beiwort „eingebildet" die Schmerzen nicht als solche, die auf ungewöhnliche Weise entstanden sind, und nicht als solche, die gar keine Schmerzen sind? Wäre dem so, dann wäre die Überzeugung, Schmerzen zu haben, eine hinreichende Bedingung dafür, Schmerzen zu haben.

Bemerkenswert an dieser Art der Wissensselbstzuschreibung ist nun - abgesehen davon, daß man kaum Gelegenheit hat, sie sinnvoll zu äußern -, daß es nicht nur keine Diskrepanz zwischen der bloßen Überzeugung und dem Wissen gibt, sondern daß es zudem auch keine Diskrepanz zwischen der Gewißheit und dem Wissen oder zwischen der durch subjektiv gute Gründe (i.e. Gründe, die das Subjekt selbst für gute Gründe hält) gerechtfertigten Zuschreibung und der wahren Zuschreibung gibt. Falls es richtig ist, daß man nicht glauben kann, Schmerzen zu haben, ohne Schmerzen zu haben, so sollte es ebenfalls richtig sein, daß man sich nicht dessen gewiß sein kann, daß man Schmerzen hat, ohne Schmerzen zu haben. Denn wenn man sich dessen gewiß ist, daß P, dann glaubt man a fortiori auch, daß P. Und ebenso sollte man, falls man subjektiv gute Gründe für eine Selbstzuschreibung des Typs „Ich weiß, daß ich Schmerzen habe" hat, auch auf Basis dieser Gründe eine wahre Zuschreibung machen können. Denn wie könnte man subjektiv gute Gründe für eine derartige Selbstzuschreibung haben, ohne damit eine wahre Selbstzuschreibung vollziehen zu können? Wenn man glaubt, daß man gute Gründe dafür hat, daß eine Äußerung von „Ich weiß, daß ich Schmerzen habe" wahr ist, dann muß man auch glauben, daß man Schmerzen hat. Sonst könnte man von den Gründen kaum glauben, daß sie gute Gründe sind. Genauer gesagt wüßte man sogar, daß sie keine guten Gründe sind. Es reichte demnach zu glauben, oder sich dessen gewiß zu sein, oder subjektiv gute Gründe dafür zu haben, daß man Schmerzen hat, um zu wissen, daß man Schmerzen hat.

1.3 Bedingungen für Wissen

1.3.1 Wissen und Glauben

Im Zuge solcher Überlegungen gelangt man zu der Frage, welches denn überhaupt in normalen Fällen gewöhnlicher Wissensfremdzuschreibungen notwendige und hinreichende Bedingungen für Wissen sind. Viele Philosophen halten dabei folgendes für notwendig wahr: Eine Person X weiß höchstens dann, daß P, wenn sie glaubt, daß P. Und dies wiederum hat manch einen zu der Frage veranlaßt, ob denn das, was geglaubt wird oder geglaubt werden kann, überhaupt dasselbe ist wie das, was gewußt wird oder gewußt werden kann. Vertritt man die Ansicht, daß eine passende Überzeugung eine notwendige Bedingung für Wissen ist, so könnte man behaupten wollen, daß das Gebiet dessen, was gewußt werden kann, ein Teilgebiet dessen ist, was geglaubt werden kann. Ein Unterschied zwischen den beiden besteht dann z.B. darin, daß ersteres wahr (oder bestehend) sein muß, letzteres nicht. Alles, was gewußt werden kann, könnte dann auch geglaubt werden, aber nicht umgekehrt.

In scharfem Kontrast dazu steht die These, daß das, was gewußt werden kann, nicht das ist, was geglaubt werden kann, und vice versa. Zeno Vendler ist z.B. dieser Meinung.[25] Und auch Alan White versucht zumindest zu zei-

---

[25] Seiner Meinung nach gilt folgendes: Was geglaubt wird, ist subjektiv, was gewußt wird, ist objektiv. Das unmittelbare Objekt des Glaubens ist ein Bild der Wirklichkeit, das unmittelbare Objekt des Wissens ist die Wirklichkeit selbst. Wissen ist Zugriff auf das, was gegeben ist, Glauben ist ein Bild haben.

gen, daß es Objekte des Wissens gibt, die keine geeigneten Objekte des Glaubens sind. Er erläutert dies zunächst an folgendem Beispiel: Man kann fragen „Weißt Du, wer das gemacht hat?" oder „Weißt Du, wo das war?" oder „Weißt Du, wie man Canasta spielt?", aber man kann nicht fragen „Glaubst Du, wer das gemacht hat?" oder „Glaubst Du, wo das war?" oder „Glaubst Du, wie man Canasta spielt?". Man kann offensichtlich wissen, wer das gemacht hat, wo das war und wie man Canasta spielt. Aber man kann nicht glauben, wer das gemacht hat, wo das war oder wie man Canasta spielt. Im weiteren führt er an, daß es sich in Fällen, in denen „know" von einem Substantiv gefolgt wird, ebenfalls um Fälle handelt, in denen man „know" nicht durch „believe" ersetzen kann. Es gibt nun im Deutschen - wie erwähnt - nur sehr wenige Wissen+Substantiv-Konstruktionen. Als Beispiel könnte man hier aber z.B. folgendes anführen: Man kann den Weg wissen, aber man kann den Weg nicht glauben.

Whites erste Beispielgruppe liefert meines Erachtens keinen Hinweis auf einen echten Unterschied zwischen den Gegenständen des Wissens und denen des Glaubens. Denn die Schwierigkeit kann beseitigt werden, indem man anstelle von „glauben" synonyme Ausdücke verwendet wie etwa „eine Überzeugung darüber haben" oder „eine Meinung dazu haben". Man kann also fragen: „Hast Du eine Meinung dazu, wie man Canasta spielt?" oder „Hast Du eine Überzeugung darüber, wer das gemacht hat?". Und auch die Beispiele der zweiten Art scheinen keine gelungenen Gegenbeispiele gegen die These zu sein, daß man das, was man glauben kann auch wissen kann, und vice versa. Denn auch bei den Wissen+Substantiv-Konstruktionen gelangt man durch Einsetzung eines Synonyms von „glauben" zu sinnvollen Sätzen: „Hast Du eine Meinung dazu, welches der (richtige) Weg ist?" oder „Hast Du eine Überzeugung darüber, was die Antwort auf die Frage ist?" Diese Whiteschen Bedenken darüber, ob die Objekte des Wissens und des Glaubens dieselben sein können, werden folglich nicht durch seine Beispiele gestützt.

Unterschiede zwischen Wissen und Glauben

Dennoch gibt es natürlich Unterschiede zwischen Wissen und Glauben, die sich nicht darin erschöpfen, daß ersteres wahr und besonders gut begründet sein muß, letzteres nicht.[26] Einiges spricht dafür - und das ist ja auch nichts

---

Das, was geglaubt wird, kann wahr oder falsch sein, das, was gewußt wird, nicht. Siehe hierzu Vendler [1972].

[26] Roderick Chisholm (in Chisholm [1957]: 87) betont in solchem Zusammenhang, daß Wissen auf keinen Fall als eine „Spezies" von Glauben betrachtet werden darf: Wissen verhält sich zu Glauben nicht wie z.B. Falken zu Vögeln. Die Beziehung „gleicht mehr der Beziehung zwischen Ankommen und

Neues - , daß Wissen nicht einfach nur eine wahre und gerechtfertigte Überzeugung ist.

Man kann etwas fest oder weniger fest glauben.[27] Aber man kann etwas nicht fest oder weniger fest wissen. Wissen ist nicht abstufbar. Wissen ist eine Ganz-oder-gar-nicht-Angelegenheit.

Weiter bringt man Überzeugungen mit einem gewissen Anspruch zum Ausdruck, dem Anspruch darauf, daß man selbst am geeignetsten dazu ist, die Wahrheit dieser Bekundung zu beurteilen. Wenn X sagt, „Ich glaube, daß P", so kann die Wahrheit dieser Äußerung von fremder Seite nur aus besonderen Motiven heraus sinnvoll bezweifelt werden, etwa wenn man X unterstellt, lügen oder täuschen zu wollen. Will man ihm nichts dergleichen unterstellen, kann man natürlich dennoch Zweifel ausdrücken. Allerdings werden das eher Zweifel daran sein, daß X gute Gründe für diese Überzeugung hat, als Zweifel daran, daß X diese Überzeugung wirklich hat. Man zweifelt dann nicht an der Wahrheit der Behauptung, sondern an der Begründung für diese Behauptung. Mit Wissen ist dies anders. Man hat bei der Behauptung, etwas zu wissen, keinerlei Anspruch darauf, derjenige zu sein, der die Wahrheit des Behaupteten am besten beurteilen kann. Man kann sich leicht darüber irren, ob man tatsächlich weiß. Und von anderer Seite kann die Wahrheit einer Wissensäußerung des Typs „Ich weiß, daß P" bezweifelt werden, ohne dem Sprecher Täuschungsabsichten unterstellen zu müssen. Dabei bezweifelt man entweder, daß der Äußerer in der für Wissen nötigen epistemischen Position hinsichtlich P ist, oder man bezweifelt, daß P. Bei einer Überzeugungsbekundung wird man also eher an der Begründung für die Bekundung denn an ihrer Wahrheit zweifeln. Bei einer Wissensbehauptung heißt an ihrer Begründung zweifeln an ihrer Wahrheit zweifeln.

Ferner kann man zwar die Gründe für eine Wissensbehauptung als unzureichend betrachten, nicht aber bezweifeln, ob jemand gute Gründe für sein Wissen hat, denn man kann keine Gründe für sein Wissen haben (vergl. Abschnitt 1.2.1). Dagegen kann man sehr wohl Gründe für eine Überzeugung haben. (Und gute Gründe für die Überzeugung zu haben, daß P, heißt de facto gute Gründe für die Überzeugung oder die Behauptung zu haben, man wisse, daß P). Während Überzeugungen zu den Dingen gehören, für die man gute Gründe haben und die man begründen kann, gehört Wissen nicht zu diesen Dingen. Lediglich Überzeugungen oder Behauptungen sind durch

---

Reisen. Ankommen setzt Reisen voraus - man kann nicht ankommen, ohne gereist zu sein - aber Ankommen ist keine Spezies von Reisen".

[27] Aber allein dadurch, daß sich der Glaubensbegriff durch Adverbien wie „fest" oder „weniger fest" modifizieren läßt, ist noch nicht gezeigt, daß Glauben - wie z.B. David Lewis annimmt - eine Frage von Graden ist. Adverbiale Modifizierung ist nicht dasselbe wie numerisch erfaßbare Gradierung. (Zur These von den Glaubensgraden siehe z.B. Lewis [1996]: 555 & Lewis [1986]: 36 f. Dabei steht Lewis keineswegs allein mit dieser Meinung. So vertritt etwa auch Wolfgang Spohn die Auffassung, daß es Glaubensgrade gibt (vergl. Spohn [1997])).

Gründe zu stützen. Man sagt demnach: „Er glaubte, daß P, und er hatte gute Gründe für diese Überzeugung". Aber weder sagt man: „Er wußte, daß P, und er hatte gute Gründe für dieses Wissen", noch sagt man: „Er wußte, daß P, und er hatte gute Gründe zu wissen, daß P".

Wenn X glaubt, daß P, dann kann er sich zwar vielleicht darüber irren, ob er tatsächlich glaubt, daß P - vielleicht glaubt er doch eher, daß Q. Aber er wird sich höchst selten darüber irren, daß er *glaubt*, daß so und so, sei es P oder Q. Wenn X dagegen weiß, daß P, dann kann er sich dabei sehr wohl darüber irren, ob er jetzt weiß, daß P. Das heißt, wenn man X fragt, ob er glaubt, daß P, und er - ernsthaft und aufrichtig - bejaht, dann ist dies ein ziemlich verläßliches Zeichen dafür, daß er tatsächlich glaubt, daß P. Wenn man X dagegen fragt, ob er weiß, daß P, und er - ernsthaft und aufrichtig - bejaht, dann ist dies kein verläßliches, nicht einmal ein ziemlich verläßliches Zeichen dafür, daß er weiß, daß P.

Kurz gesagt: Glauben ist das, was man gerne einen „Geisteszustand" nennt. Bekundet jemand ernsthaft und aufrichtig eine Überzeugung, so wird man selten daran zweifeln, daß die Person diese Überzeugung hat. Behauptet jemand dagegen, etwas zu wissen, dann ist dies kein Grund, nicht daran zu zweifeln, daß er es tatsächlich weiß. Kurz: Wissen ist kein Geisteszustand - zumindest nicht in dem Sinn, in dem Glauben einer sein mag. Austin schreibt dazu:[28] „Wenn wir sagen wollen, daß 'ich glaube' und desgleichen 'ich bin mir sicher' und 'Ich bin mir dessen gewiß' Beschreibungen subjektiver mentaler oder kognitiver Zustände oder Einstellungen und was sonst noch alles sind, dann ist 'Ich weiß' nichts dergleichen, oder zumindest nicht nur so etwas: es hat eine andere kommunikative Funktion."

Ist Glauben eine notwendige Bedingung für Wissen?

Nichtsdestotrotz könnte natürlich eine notwendige Bedingung dafür, daß X weiß, daß P, darin bestehen, daß X auch glaubt, daß P. Vielleicht muß er sogar glauben (oder gar wissen), daß er weiß, daß P, um wissen zu können, daß P. Während in letzterem aber wohl eher - wenn überhaupt - eine Bedingung dafür zu sehen ist, daß X sich selbst mit guten Gründen Wissen zuschreiben darf, gilt ersteres in den Augen der meisten Philosophen ohne Zweifel als notwendige Bedingung für Wissen.[29] White allerdings, und mit ihm z.B. auch David Lewis, leugnet, daß Glauben eine notwendige Bedingung für Wissen

---
[28] Siehe Austin [1946]: 78 f.
[29] Natürlich gibt es eine Verwendung von „X glaubt, daß P", in der damit gesagt sein soll, daß X gerade nicht weiß, daß P. Er glaubt es nur. Dies ist aber nicht die hier betrachtete Verwendung.

ist. Seiner Meinung nach kann man derart unsicher darüber sein, ob P, daß man nicht einmal glaubt, daß P, und dennoch wissen, daß P. Ob man Wissen hat, zeigt sich. Man betrachte folgenden Dialog zwischen A und B:

> A: „Weißt Du, wie man den Safe öffnet?"
> B: „Ich glaube nicht." B öffnet den Safe.
> A: „Also wußtest Du es doch."

White möchte behaupten, daß man, wenn man etwas erfolgreich gemacht hat, wissen mußte, wie es ging - sonst hätte man es nicht erfolgreich machen können! Dabei übersieht White allerdings, daß man auch manches mit Glück oder aus Zufall erfolgreich machen kann. Zudem kann eingewandt werden, daß White damit höchstens gezeigt hat, daß man, um zu wissen, wie man etwas macht, nicht glauben muß, daß man weiß, wie man es machen muß. Aber er wollte etwas Stärkeres zeigen. Er wollte ja nicht nur zeigen, daß man wissen kann, daß P, ohne zu glauben, daß man weiß, daß P; er wollte vielmehr zeigen, daß man wissen kann, daß P, ohne zu glauben, daß P. Dies zeigt sein Beispiel aber nicht.

Ähnliches gilt auch für ein Beispiel, daß David Lewis vor Augen hat, wenn er behauptet, Glauben sei keine notwendige Bedingung für Wissen.[30] Der schüchterne Student weiß die Antwort auf die Prüfungsfrage ("Wann war die Schlacht bei Waterloo?"), hat aber nicht genug Selbstvertrauen, um zu glauben, daß es die richtige Antwort ist. Aber läßt sich nun dieser Fall adäquat wie folgt beschreiben: Der Student zeigt mit seiner Antwort, daß er weiß, daß die Schlacht bei Waterloo 1815 war, aber er glaubt nicht, daß sie 1815 war? Wäre dem so, so sollte er, Aufrichtigkeit vorausgesetzt, auf die Frage, ob er glaube, daß die Schlacht 1815 war, verneinend antworten. Hat er dann aber nicht einfach geraten? Und kann man dann noch sagen, er zeige mit seiner Antwort, daß er weiß, wann die Schlacht war? Wollte man von dem schüchternen Studenten nicht eher sagen, daß er lediglich nicht glaubt, daß er die Antwort weiß? Somit wäre auch mit solchen Beispielen wiederum nur gezeigt, daß man wissen kann, daß P, ohne zu glauben, daß man weiß. Es wäre aber damit nichts dazu geleistet zu zeigen, daß man wissen kann, daß P, ohne daß man glaubt, daß P.

1.3.2 WISSEN UND GEWISSHEIT

Gelegentlich wird nun nicht nur eine passende Überzeugung als notwendige Bedingung für Wissen angesehen, sondern auch die dazugehörige Gewißheit.

---

[30] Hier sei auf Abschnitt 2.3.2 und auf Lewis ([1996]: 556) verwiesen.

Muß sich X nicht dessen gewiß sein, daß P, um wissen zu können, daß P, so fragt man? Nun gibt es aber zwischen Gewißheit und Wissen ebenso markante Unterschiede wie zwischen Glauben und Wissen. Und während es nicht unplausibel sein mag, daß Glauben eine notwendige Bedingung für Wissen ist, ist es ziemlich unplausibel, daß gleiches für Gewißheit gelten soll.

Wissen impliziert, daß man richtig liegt: Man kann nicht wissen, daß P, wenn es nicht der Fall ist, daß P. Dagegen kann man sich sehr wohl dessen gewiß sein, daß P, obwohl es nicht der Fall ist, daß P. Man kann so aussehen, als sei man sich dessen gewiß, daß P. Aber man kann nicht so aussehen, als wüßte man, daß P.[31] Es gibt einen Gesichtsausdruck, der Gewißheit verrät, aber keinen, der Wissen verrät. Man kann die Miene der Gewißheit aufsetzen, und wenn man dies nicht etwa zu Täuschungszwecken tut, so läßt sich ohne Zusatzinformation daraus folgern, daß man sich im Moment einer Sache gewiß ist. Aber wenn man ein wissendes Gesicht macht, läßt sich daraus ohne weitere Information höchstens folgern, daß man glaubt zu wissen, nicht aber, daß man weiß. Wenn man glaubt, daß man sich dessen gewiß ist, daß P, dann ist man sich auch dessen gewiß, daß P. Dagegen muß man, wenn man glaubt, daß man weiß, daß P, deshalb noch lange nicht wissen, daß P. Kurz: Gewißheit ist, ähnlich wie Glauben, ein Geisteszustand, Wissen (nach wie vor) nicht.

Mit all dem ist aber noch nichts darüber gesagt, ob Gewißheit eine notwendige Bedingung für Wissen ist. „X weiß, daß P, aber er ist sich dessen nicht gewiß, daß P" klingt nicht nach einem begrifflichen Widerspruch. Aber wie steht es mit „X behauptet zu wissen, daß P, ist sich aber nicht dessen gewiß, daß P"? Mag man die Gewißheit, daß P, vielleicht deshalb leicht für eine notwendige Bedingung für Wissen halten, weil man ohne diese Gewißheit nicht mit gutem Grund behaupten kann, man wisse, daß P? Sollte Gewißheit also zumindest eine notwendige Bedingung für eine wahre Wissensselbstzuschreibung sein?

Wissenszuschreibung und Gewißheit

Sicherlich haben wir die Neigung (und die nötige Aufrichtigkeit), einen Wissenszuschreibungsakt vom Typ „X weiß, daß P" nur dann zu vollziehen, wenn wir glauben und uns dessen gewiß sind, daß P. Dies gilt gleichermaßen

---

[31] Zwar sagen wir manchmal, daß jemand so aussieht, als wüßte er dies oder das. Aber damit wollen wir eigentlich entweder sagen, daß der Betreffende so aussieht, als wolle er den Anschein erwecken, er wisse etwas, oder umgekehrt, daß er so aussieht, als wolle er verbergen, daß er etwas weiß. In keinem Fall aber kann dies als Zeichen dafür gelten, daß er tatsächlich weiß – höchstens dafür, daß er glaubt zu wissen. Wenn jemand dagegen so aussieht, als sei er sich dessen gewiß, daß so-und-so, dann ist dies ein gutes Anzeichen dafür, daß er sich tatsächlich dessen gewiß ist, daß so-und-so.

für Wissensselbstzuschreibungen und für Wissensfremdzuschreibungen. Sowohl die Behauptungen „Ich weiß, daß P, aber ich glaube nicht, daß P" oder „Fritz weiß, daß P, aber ich glaube nicht, daß P", als auch die Behauptungen „Ich weiß, daß P, aber ich bin mir dessen nicht gewiß, daß P" oder „Fritz weiß, daß P, aber ich bin mir dessen nicht gewiß, daß P" sind aus begrifflichen Gründen inakzeptabel. Aber die Tatsache, daß man sich und anderen nur dann Wissen darüber zuschreiben möchte, daß P, wenn man glaubt und sich dessen gewiß ist, daß P, sollte man nicht als Anzeichen oder gar als Beweis dafür mißverstehen, daß man keine wahre, P betreffende Wissenszuschreibung machen kann, ohne zu glauben und sich dessen gewiß zu sein, daß P. Angenommen, Christian behauptet von Fritz, dieser wisse, daß P. Weiter angenommen, Christian selbst glaubt weder noch ist er sich dessen gewiß, daß P. Er hat seine Äußerung vielmehr mit unverholener Ironie vorgebracht. Dennoch könnte sich seine Wissenszuschreibung als wahr herausstellen. Fritz könnte tatsächlich wissen, daß P. Und auch ein Mangel an Gewißheit von Seiten des Subjekts verhindert keineswegs eine wahre Wissensfremdzuschreibung: „X weiß, daß P, aber X ist sich dessen nicht ganz gewiß, daß P" mag oft genug eine sinnvolle und wahre Äußerung sein.[32]

Man könnte aber doch weiter insistieren, daß zwar vielleicht manches dafür spricht, daß die Gewißheit des Wissenssubjekts keine notwendige Bedingung für eine Fremdzuschreibung sein mag, daß Gewißheit aber dennoch bestimmt eine notwendige Bedingung für eine wahre Selbstzuschreibung sein muß. „Ich weiß, daß es regnet, aber ich bin mir dessen nicht gewiß, daß es regnet" klingt zugegebenermaßen mehr oder weniger unverständlich. Aber natürlich kann es sein, daß ich weiß, daß es regnet, ohne daß ich mir dessen gewiß bin, daß es regnet. Nur weil ein Wissenszuschreibungsakt nicht vollziehbar ist, muß der Inhalt der Zuschreibung nicht unzutreffend sein. Es muß zwischen der Vollziehbarkeit eines Wissenszuschreibungsaktes und dem Wahrheitswert des Inhalts der Wissenszuschreibung unterschieden werden. Die Tatsache, daß eine Behauptung komisch klingt, ist - wie z.B. Moores Paradox zeigt - kein Beleg dafür, daß die Behauptung falsch ist. Auch „Ich glaube, daß es regnet, aber es regnet nicht" klingt komisch. Aber natürlich kann es sein, daß ich glaube, daß es regnet, obwohl es nicht regnet. Es spricht

---

[32] A. D. Woozley argumentiert in seinem Artikel „Knowing and not Knowing" (Woozley [1953]) dafür, daß 'Ich weiß, daß P, obwohl ich mir dessen nicht sicher bin' nicht selbstwidersprüchlich ist (ebd. 152). Was an der Äußerung nicht in Ordnung ist, ist nicht, daß sie nicht wahr sein kann, sondern daß ich nicht darin gerechtfertigt sein kann, sie zu machen (ebd. 152). L. J. Cohen argumentiert gegen die These Woozleys (in Warnock & Cohen [1962]), daß das Wissenssubjekt sich nicht dessen gewiß sein muß, daß P, um wissen zu können, daß P. Auch er muß jedoch zugeben, daß es Fälle gibt, in denen man von jemandem sagen will, daß „seine Antwort auf unsere Frage zeigt, daß er wirklich weiß, daß P, obwohl ihm die tiefere Überzeugung fehlt, daß P" (ebd. 45).

also nichts für die Annahme, daß Gewißheit deshalb eine notwendige Bedingung für eine wahre Wissensselbstzuschreibung sein muß, weil „Ich weiß, daß es regnet, aber ich bin mir dessen nicht gewiß, daß es regnet" komisch klingt. Und schließlich scheint dies zumeist der Aufhänger für die These von Gewißheit als einer notwendigen Bedingung für Wissen zu sein.

1.3.3 WISSEN, RECHTFERTIGUNG UND GUTE GRÜNDE

Bisher läßt sich also folgendes festhalten: Die einzig gänzlich unumstrittene notwendige Bedingung für Wissen ist die Bedingung der Wahrheit: Man kann nicht wissen, daß P, wenn es nicht wahr ist, daß P. Aber auch eine entsprechende Überzeugung wird oft als eine notwendige Bedingung für Wissen angesehen: X muß glauben, daß P, um wissen zu können, daß P. Dagegen gibt es keine guten Gründe, Gewißheit darüber, daß P, als notwendige Bedingung für Wissen, daß P, zu fordern. Ist Wissen also nichts anderes als eine wahre Überzeugung? Tatsächlich wird dieser Standpunkt vertreten, zum Beispiel von Franz von Kutschera[33] und Crispin Sartwell[34]. Nichtsdestotrotz ist sich ein Großteil der philosophischen Welt darüber einig, daß Wissen mehr sein muß als eine wahre Überzeugung. Was muß noch hinzu kommen? Welches ist die dritte notwendige Bedingung für Wissen? Eine Standardantwort besagt: Das Subjekt muß gute Gründe, eine Rechtfertigung dafür besitzen, daß P, soll es wissen, daß P. Wissen als wahre gerechtfertigte Überzeugung zu betrachten war zumindest bis zur Veröffentlichung von Gettiers berühmten Dreiseiten-Artikel[35] durchaus en vogue. Allerdings verlangt eine Antwort auf die Frage, ob eine gerechtfertigte Überzeugung eine notwendige Bedingung für Wissen ist, ihrerseits Antworten auf die beiden folgenden Fragen:
(1) Was kann als Rechtfertigung für eine Überzeugung dienen? Anders gefragt: Wessen bedarf es, damit eine Überzeugung eine gerechtfertigte Überzeugung ist? (2) Bedarf jede Überzeugung einer Rechtfertigung, um gerechtfertigt zu sein?
ad (1) Die erste Frage ist die zentrale Frage im Streit zwischen Internalisten und Externalisten. D.h., die Frage ist zumindest dann zentral, wenn es sich um internalistische und externalistische Theorien der epistemischen

---

[33] Siehe hierzu z.B. von Kutschera [1982]: 16 ff. Allerdings ist der Glaubensbegriff, den von Kutschera hierbei zugrunde legt, ein ganz besonderer, mit dem dem Gewißheitsaspekt von Wissen Rechnung getragen werden soll: Die geglaubte Proposition muß für das Wissenssubjekt die Wahrscheinlichkeit 1 haben.
[34] Vergl. Sartwell [1991] & Sartwell [1992] - zu einer wohlmeinenden aber kritischen Auseinandersetzung mit den Argumenten von Kutscheras und Sartwells siehe Beckermann [1997].
[35] Siehe hierzu Gettier [1963].

Rechtfertigung handelt, oder um internalistische und externalistische Wissenstheorien, die den Begriff der Rechtfertigung zugrunde legen.

Vertreter internalistischer Wissenstheorien behaupten, daß eine Rechtfertigung für eine Überzeugung auf „internen Elementen"[36] oder „internen Zuständen" basiert. Ein interner Zustand ist dabei zunächst vage charakterisiert als ein Zustand, der dem Subjekt kognitiv und direkt zugänglich ist. Einfacher gesagt: Das Subjekt muß einen guten Grund (z.B. eine gerechtfertigte Überzeugung) haben, der für die zu rechtfertigende Überzeugung spricht bzw. sie rechtfertigen hilft. Dabei herrscht innerhalb des Internalismus Uneinigkeit darüber, ob diese guten Gründe dem Subjekt *de facto* zugänglich sein müssen, oder ob sie ihm nur *prinzipiell* zugänglich sein müssen.

Vertreter externalistischer Rechtfertigungstheorien dagegen behaupten, daß eine Rechtfertigung einer Überzeugung in externen Faktoren besteht. Unter einem externen Faktor wird hierbei lediglich ein nichtinterner Faktor verstanden. Der externe Faktor ist dem Subjekt nicht kognitiv und direkt zugänglich. Es kann sich dabei also nicht um eine Überzeugung oder ähnliches handeln. Ein externer rechtfertigungsstiftender Faktor ist nach Ansicht einiger Externalisten z.B. die Zuverlässigkeit des Prozesses, der die Überzeugung hervorzubringen dient. Nach Ansicht anderer Externalisten handelt es sich bei diesem externen Faktor eher um eine geeignete kausale Verknüpfung zwischen der Überzeugung und dem Sachverhalt, von dem die Überzeugung handelt. Für wieder andere ist der externe Faktor eine hinreichend hohe Wahrscheinlichkeit dafür, daß die Überzeugung wahr ist. Damit ist der Begriff der Rechtfertigung natürlich noch in keiner Weise geklärt. Gerade die Uneinigkeit darüber, was überhaupt als Rechtfertigung dienen kann, und die Zahl der unterschiedlichsten Antworten auf diese Frage deutet darauf hin, daß ein uneinheitlicher Rechtfertigungsbegriff im Spiel ist.

ad (2) Die zweite Frage steht im Mittelpunkt der Diskussion zwischen Fundamentalisten und Kohärenztheoretikern. In einfachen Worten läßt sich die fundamentalistische These folgendermaßen wiedergeben: Es gibt sich selbst rechtfertigende oder keiner Rechtfertigung bedürfende Überzeugungen, die dazu dienen können, andere Überzeugungen zu rechtfertigen. Die Kohärenztheoretiker dagegen behaupten, daß jede Überzeugung einer Rechtfertigung durch andere Überzeugungen bedarf, um selbst gerechtfertigt zu sein. Es gibt keine sich selbst rechtfertigenden Überzeugungen. (Dies wird in Abschnitt 1.4.1 noch ausgeführt).

Um diese beiden Fragen zufriedenstellend zu beantworten, muß aber der Begriff der Rechtfertigung selbst besser erläutert und einheitlicher verwandt werden, als dies gegenwärtig in der Literatur geschieht. Und dann erst kann die Frage beantwortet werden, ob Rechtfertigung eine notwendige Bedingung

---

[36] Siehe Bartelborth [1996]: 83.

für Wissen ist. Wenn die Rechtfertigung einer Überzeugung allerdings einfach das sein soll, was aus der Überzeugung, gesetzt sie ist wahr, Wissen macht, dann ist Rechtfertigung trivialerweise eine notwendige Bedingung für Wissen. Tatsächlich legen Fundamentalisten und Kohärenztheoretiker oft einen solchen Rechtfertigungsbegriff zugrunde. Auch die Erweiterung des Rechtfertigungsbegriffs vom Begriff des guten Grundes hin zum Begriff des verläßlichen (Kausal-) Prozesses deutet darauf hin, daß unter einer Rechtfertigung tatsächlich oft nur das verstanden wird, was aus einer wahren Überzeugung Wissen macht. Aus diesem Betrachtungswinkel wären alle Wissenstheorien rechtfertigungsbasierte Theorien. Allerdings scheint mir dieser Rechtfertigungsbegriffs wenig inhaltliche Deutlichkeit zu besitzen - (so wenig, daß mir scheint, man kann auf ihn getrost verzichten). Der Versuch, dem Begriff der Rechtfertigung mehr Gehalt zu geben, ist jedoch ein schwieriges Unterfangen, da vielerlei hier oft in einen Topf geworfen wird: So wird z.B. davon gesprochen, daß

(a) X berechtigt oder befugt [*warranted*] ist zu behaupten, daß P.
(b) X darin gerechtfertigt [*justified*] ist anzunehmen/zu behaupten, daß P.
(c) X gute Gründe hat anzunehmen/zu behaupten, daß P.
(d) R eine Rechtfertigung dafür ist anzunehmen/zu behaupten, daß P.
(e) X in seiner Überzeugung, daß P, gerechtfertigt ist.
(f) Xens Überzeugung, daß P, gerechtfertigt ist, und so weiter.

In Fall (a) ist vorausgesetzt, daß X in einer bestimmten Position ist, die ihm eine besondere Berechtigung oder eine besondere Befugnis gibt zu behaupten, daß P. Man könnte sich eine Gemeinschaft vorstellen, in der es allen bis auf einigen wenigen verboten ist, zu behaupten, daß P. Sie alle wären nicht berechtigt oder befugt zu behaupten, daß P.

Fall (b) könnte sich als ein Fall von (c) herausstellen, wenn man annimmt, daß man dann und nur dann gerechtfertigt ist, etwas anzunehmen oder gar zu behaupten, wenn man gute Gründe dafür hat. Kann man auch durch anderes darin gerechtfertigt sein, anzunehmen oder zu behaupten, daß P, als dadurch, daß man gute Gründe dafür hat, daß P? Man könnte zum Beispiel im Falle einfacher Wahrnehmungen die Ansicht vertreten, daß mich die Funktionstüchtigkeit meines Wahrnehmungsapparates darin gerechtfertigt sein läßt, anzunehmen oder zu behaupten, daß das Buch vor mir rot ist, ohne daß man hier sagen wollte, daß die Funktionstüchtigkeit ein guter Grund für diese Annahme oder Behauptung sei. Im Falle von Wahrnehmung und vielleicht auch Erinnerung könnte man demnach in Annahmen und Behauptungen gerechtfertigt sein, ohne über gute Gründe zu verfügen.

Bei Fall (c) muß zunächst noch differenziert werden. Man kann gute Gründe haben, ohne daß man sich dessen bewußt ist, daß es gute Gründe sind. Sei von X gesagt, er habe subjektiv gute Gründe für die Annahme, daß P, wenn er gute Gründe hat und sich dessen bewußt ist, daß es gute Gründe sind. Und sei von X gesagt, er habe objektiv gute Gründe für die Annahme, daß P, wenn er gute Gründe hat, ohne sich dessen bewußt zu sein, daß es gute Gründe sind.

Nun läßt sich noch weiter differenzieren. Denn gute Gründe für eine Annahme oder Behauptung können einerseits Gründe sein, die für die Wahrheit der Annahme oder Behauptung sprechen, und andererseits Gründe, die dafür sprechen, daß es unter den gegebenen Umständen sinnvoll oder nützlich ist, die Annahme oder Behauptung zu machen. Nach letzterer Lesart gelesen heißt (c) folgendes: (c)* „X hat Gründe, die es sinnvoll erscheinen lassen, unter den gegebenen Umständen anzunehmen/zu behaupten, daß P". Nach ersterer Lesart heißt (c) eher folgendes: (c)**„ X hat gute Gründe, die dafür sprechen, daß die Annahme oder Behauptung, daß P, wahr ist".

Die (c)**-Lesart mag naheliegender sein. Aber auch die (c)*-Lesart spielt in der Literatur eine Rolle. L. J. Cohen schreibt:[37] „Wenn du eine ziemlich erschöpfte Gruppe von Wanderern in schlechtem Wetter durch eine schwierige Gegend führst und dir des Wegs nicht ganz sicher bist, und niemand anderer als Führer besser wäre als du, dann bist du gerechtfertigt darin [*it is quite justifiable for you*], sie mit folgender Bemerkung anzuspornen 'Ich weiß, daß dies der richtige Weg ist'. Es mag sogar für alle sehr gefährlich sein, wenn du die Gruppe entmutigen würdest, indem du sie deine eigene Unsicherheit merken ließest, etwa dadurch, daß du nicht sagst, du wüßtest den Weg..." In einem gewissen Sinn hat man in dieser Situation durchaus gute Gründe dafür, zu behaupten, man wisse, daß so-und-so. Aber man hat eben keine guten Gründe für die Wahrheit der Behauptung. Man hat lediglich Gründe, die die Wissenszuschreibung unter den gegebenen Umständen sinnvoll erscheinen lassen.

Auch in Fall (d) muß zweierlei unterschieden werden. Denn unter einer Rechtfertigung kann entweder ein Sachverhalt oder eine Überzeugung verstanden werden. Man vergleiche: (i) Eine Rechtfertigung für seine Behauptung, X hätte das Bild geklaut, bildete die Tatsache, daß er gesehen hatte, wie X das Bild von der Wand nahm und versteckte. (ii) Eine Rechtfertigung für seine Behauptung fand er in seiner Überzeugung, daß niemand anders das Bild geklaut haben konnte.

Was nun die Fälle (e) und (f) betrifft, so scheint es unklar, ob hier überhaupt ein Unterschied eingefangen wird. Ist man nicht in seiner Überzeugung gerechtfertigt, wenn die Überzeugung gerechtfertigt ist? Oder kann Xens

---

[37] In Warnock & Cohen [1962]: 39.

Überzeugung, daß es regnet, gerechtfertigt sein, ohne daß X in dieser Überzeugung gerechtfertigt ist? Mir scheint, als würde der Streit zwischen Externalisten und Internalisten darüber, was eine Überzeugung gerechtfertigt sein läßt, gerade darin bestehen, daß die einen die Frage mit nein, die anderen sie mit ja beantworten wollen. Die Externalisten sagen etwa (mit Ausnahme der Probabilisten): Xens Überzeugung kann dadurch gerechtfertigt sein, daß sie auf verläßlichem Wege entstanden ist. Wenn aber Xens Überzeugung gerechtfertigt ist, so ist er auch in dieser Überzeugung gerechtfertigt. Die Internalisten dagegen behaupten: Es mag der Fall sein, daß Xens Überzeugung dadurch gerechtfertigt ist, daß sie auf verläßlichem Wege entstanden ist, oder auch nicht. Denn selbst wenn dem so ist, folgt daraus nicht, daß X in seiner Überzeugung gerechtfertigt ist. Er ist nämlich nur dann gerechtfertigt, wenn er zumindest prinzipiell um seine Rechtfertigung wissen kann, d.h. wenn sie ihm direkt kognitiv zugänglich ist.

Ich hoffe, es ist mir mit diesen kurzen Betrachtungen gelungen zu zeigen, wie mühselig es ist, sich einen Weg durch das begriffliche Labyrinth um den Rechtfertigungsbegriff zu bahnen. Mir scheint (wie vielen anderen auch, allen voran David Lewis, der den Rechtfertigungsbegriff explizit bei seiner Analyse des Wissensbegriffs vermeiden will[38]), als wären die vielversprechendsten Theorien des Wissens diejenigen, die gar nicht erst versuchen, Wissen über den Begriff der Rechtfertigung zu erläutern. Die kontextualistischen Theorien wählen diesen Weg. Selbstverständlich kann man auch hier von einer rechtfertigungsbasierten Theorie sprechen, wenn man den erwähnen schwachen Rechtfertigungsbegriff verwendet, dem zufolge eine Rechtfertigung einer Überzeugung genau das ist, was aus einer wahren Überzeugung Wissen macht. Wichtig ist hier lediglich, daß diese Theorien ohne den Begriff „Rechtfertigung" auskommen, so daß diesem Begriff keinerlei philosophische Last aufgebürdet werden muß, die zu tragen er nicht imstande ist.

1.4 ERKENNTNISTHEORETISCHE GEGENSPIELER

Es gibt einige erkenntnistheoretische Oppositionsverhältnisse. Der Externalismus steht dem Internalismus entgegen, die Kohärenztheorie dem Fundamentalismus, der Probabilismus dem Reliabilismus, der Invariantismus dem Kontextualismus, und so weiter.

Dabei ist zunächst zwischen Theorien der epistemischen Rechtfertigung und Theorien des Wissens zu unterscheiden, insofern es in ersteren nur um

---

[38] Vergl. hierzu Lewis [1996]: 550 f.

die Frage geht, wann eine Überzeugung gerechtfertigt ist. Diese Theorien sollen hier nicht weiter betrachtet werden.[39] Die Theorien des Wissens lassen sich wiederum unterteilen in diejenigen Theorien, die den Wissensbegriff explizit über den Rechtfertigungsbegriff definieren wollen, und diejenigen Theorien, die den Rechtfertigungsbegriff beiseite lassen wollen.

Innerhalb der rechtfertigungsbasierten Theorien des Wissen kann man weiter zwischen externalistischen und internalistischen Theorien unterscheiden.[40] Allerdings ist dies nur eine Grobklassifizierung. Die Etiketten „Externalist" und „Internalist" spezifizieren noch keine eigenständigen erkenntnistheoretischen Positionen. Denn die externalistische Grundthese besagt ja zunächst nur, daß die Rechtfertigung einer Überzeugung auf externen, dem Subjekt nicht direkt zugänglichen, Faktoren beruht. Die internalistische Grundthese steht dazu in direktem Widerspruch, indem sie besagt, daß die Rechtfertigung einer Überzeugung gerade auf internen, dem Subjekt direkt zugänglichen, Faktoren beruhen muß. Diese beiden Thesen sind für sich allein noch keine erkenntnistheoretischen Positionen. Es bedarf weiterer theoretischer Festlegungen, um den Grad an inhaltlicher Spezifität zu erreichen, der es gestattet, von einer Position zu sprechen. So gibt es innerhalb des externalistischen Lagers Probabilisten, Reliabilisten und Fundamentalisten. Innerhalb der internalistischen Reihen finden sich Kohärenztheoretiker und ebenso Fundamentalisten. Die feinkörnigere Einteilung ist folglich die in externalistische Fundamentalisten, internalistische Fundamentalisten, Probabilisten, und so weiter. Betrachten wir zunächst kurz die wohl meistdiskutierte erkenntnistheoretische Idee, die Idee des Fundamentalismus. Der erkenntnistheoretische Gegenspieler des Fundamentalisten ist, wie gesagt, der Kohärenztheoretiker.

1.4.1 FUNDAMENTALISMUS ODER KOHÄRENZTHEORIE

Zahlreiche erkenntnistheoretische Diskussionen haben sich an der Frage entfacht, ob der Fundamentalismus oder die Kohärenztheorie der plausiblere Ansatz sei.[41] In dieser Diskussion zwischen den Vertretern des Fundamentalismus und den Anhängern einer Kohärenztheorie werden von beiden Seiten zwei Annahmen geteilt: die Annahme, daß wir Wissen haben; und die Annahme, daß (Gettier zum Trotz) Wissen wahre und gerechtfertigte Überzeu-

---

[39] Siehe für einen Überblick über die verschiedenen Theorien der epistemischen Rechtfertigung z.B. Bartelborth [1996].
[40] Allerdings sind umgekehrt nicht alle externalistischen Theorien rechtfertigungsbasiert. Einige reliabilistische und einige probabilistische Ansätze bilden eine Ausnahme.
[41] Für eine detaillierte Aufschlüsselung des Spektrums möglicher fundamentalistischer bzw. kohärenztheoretischer Positionen sei auf Haack [1983] verwiesen.

gung ist. X weiß genau dann, daß P, wenn er glaubt, daß P, wenn es wahr ist, daß P, und wenn diese Überzeugung gerechtfertigt ist. Der Streit zwischen Vertretern der beiden Ansätze geht nun nicht darum, was Überzeugungen sind, noch darum, was Wahrheit ist, sondern vielmehr darum, was eine Überzeugung zu einer gerechtfertigten Überzeugung macht. Die Rechtfertigung ist dabei aber meist eben nur das, was eine wahre Überzeugung braucht, um als Wissen gelten zu können. Die strittige Frage ist, wann und wie eine Überzeugung gerechtfertigt ist.

In den Augen des Fundamentalisten ist eine Überzeugung dann gerechtfertigt, wenn sie sich entweder selbst rechtfertigt (d.h. keiner anderen Überzeugung zu ihrer Rechtfertigung bedarf), oder wenn sie durch solche sich selbst rechtfertigenden Überzeugungen irgendwie gestützt und damit gerechtfertigt werden kann. Demzufolge gibt es nach Ansicht des Fundamentalisten sich selbst rechtfertigende Überzeugungen, die andere Überzeugungen stützen können, die aber selbst keiner Stützung oder Rechtfertigung durch andere Überzeugungen bedürfen. Diese Überzeugungen konstituieren Wissen. Sie bilden das Fundament des empirischen Wissens.[42]

Dem Kohärenztheoretiker zufolge ist eine Überzeugung gerechtfertigt, wenn sie zu anderen (ebenfalls gerechtfertigten) Überzeugungen in einer bestimmten Beziehung der wechselseitigen Stützung steht. Ihm zufolge gibt es keine basalen wissensstiftenden Überzeugungen, die sich selbst rechtfertigen. Alle Überzeugungen bedürfen, wenn sie Wissen konstituieren sollen, der Rechtfertigung durch andere Überzeugungen. Es gibt kein ausgezeichnetes Fundament des empirischen Wissens.

Beiden Ansätzen liegt dabei nach Ernest Sosa ein einfaches Bild der Rechtfertigung einer Überzeugung durch andere Überzeugungen zugrunde, das er so beschreibt:[43] Eine Menge von Überzeugungen β rechtfertigt eine Überzeugung X genau dann, wenn X notwendigerweise gerechtfertigt ist, falls alle Elemente von β gerechtfertigt sind.

Die fundamentalistische Grundidee

Dem Fundamentalismus zufolge gibt es wenigstens einige Überzeugungen, die das Fundament des Wissens bilden. Was zeichnet diese Überzeugungen

---

[42] Es gibt zahlreiche Unterscheidungen allein innerhalb des fundamentalistischen Rahmens. So unterscheidet z.B. William Alston (in Alston [1976]) zwischen einem einfachen Fundamentalismus und einem iterativen Fundamentalismus. Laurence BonJour (in BonJour [1976]) unterscheidet zwischen einem starken und einem schwachen Fundamentalismus. Letzterer wird nach BonJour von Nicholas Rescher vertreten (in Rescher [1973]). Susan Haack unterscheidet (in Haack [1983]) zwischen dem reinen, dem unreinen und dem schwachen Fundamentalismus usw.
[43] Vergl. Sosa [1980]: 13.

aus? Sind sie irrtumsimmun, unkorrigierbar oder unbezweifelbar?[44] Zwar wird dergleichen oft in verschiedenen fundamentalistischen Positionen vorausgesetzt. Nichts dergleichen muß der Fundamentalist jedoch voraussetzen. Er kann sowohl auf die These mit der Irrtumsimmunität, als auch auf die These mit der Zweifelsimmunität und die These mit der Korrekturimmunität verzichten, ohne deswegen als Fundamentalist unglaubwürdig zu werden. Er muß lediglich voraussetzen, daß es Überzeugungen gibt, die selbst keiner Rechtfertigung bedürfen. Sosa stellt diese Überlegung ungefähr so dar:[45] Die Überzeugungen könnten hierarchisch angeordnet sein. Es gäbe also eine asymmetrische Relation zwischen verschiedenen Überzeugungen: Die einen Überzeugungen stützten die anderen, aber nicht umgekehrt. Folglich gäbe es eine Gruppe von Überzeugungen, die einen speziellen Status genössen. Sie wären auf eine gewisse Art nicht rechtfertigungsbedürftig oder vielmehr rechtfertigten sie sich selbst. Sie müssten aber deswegen weder notwendig irrtumsimmun, noch unkorrigierbar oder unbezweifelbar sein.

Nach Sosas Darstellung ist eine Hauptthese des Fundamentalismus die These, daß es selbst keiner Rechtfertigung durch andere Überzeugungen bedürfende Überzeugungen oder sich selbst rechtfertigende Überzeugungen gibt, die andere Überzeugungen stützen und damit Wissen konstituieren können.[46] Anders formuliert besagt die Hauptthese des Fundamentalismus, daß es Überzeugungen gibt, die nichtinferentiell sind (d.h. sie sind nicht im Laufe eines Überlegungsganges mit Rückgriff auf andere Überzeugungen er-

---

[44] William Alston unterscheidet (in Alston [1971]) im Zusammenhang mit diesem sog. privilegierten Zugang zu den eigenen momentanen Geisteszuständen dreierlei, das als epistemisches Privileg des Subjekts betrachtet werden kann: Während sich S in Z befindet, ist hinsichtlich der Proposition, daß er sich in Z befindet, aus logischen Gründen ausgeschlossen,
   (a)   daß S sich über den Wahrheitswert der Proposition irrt (= Irrtumsimmunität [*infallibility*])
   (b)   daß S sich über den Wahrheitswert der Proposition in Zweifel befindet
        (= Zweifelsimmunität [*indubitability*])
   (c)   daß S durch andere Personen in seiner Meinung über den Wahrheitswert der Proposition berichtigt werden kann (= Korrekturimmunität [*incorrigibility*]).

[45] Siehe hierzu Sosa [1980].

[46] Keith Lehrer (in Lehrer [1974]: 76) charakterisiert z.B. den Fundamentalismus durch die Bedingungen, die erfüllt sein müssen, damit eine Überzeugung eine basale Überzeugung ist: (1) Eine basale Überzeugung muß selbst-gerechtfertigt [*self-justified*] sein und darf nicht durch eine nicht-basale Überzeugung gerechtfertigt werden. (2) Eine basale Überzeugung muß entweder nichtwiderlegbar [*irrefutable*] sein oder, wenn doch widerlegbar, dann nur durch andere basale Überzeugungen. (3) Basale Überzeugungen sind derart, daß alle anderen Überzeugungen, die gerechtfertigt oder widerlegt sind, durch basale Überzeugungen gerechtfertigt oder widerlegt sind.
Für Sellars scheint die Hauptthese des Fundamentalismus dagegen die These zu sein, daß es basale Überzeugungen gibt, die nichtinferentiell sind, zugleich aber Wissen konstituieren können und a fortiori gerechtfertigt sind. Sellars leugnet die Möglichkeit solchen nichtinferentiellen, d.h. auf nichtinferentiellem Wege gewonnenen, Wissens (siehe Sellars [1963] Abschnitt VIII).

worben worden), und die dennoch sich selbst rechtfertigen und Wissen konstituieren können.

Der Fundamentalismus muß nun dafür argumentieren, daß es genug sich selbst rechtfertigende Überzeugungen gibt, um damit den ganzen Rest unseres empirischen Wissens stützen zu können.[47] Und er muß noch dazu erklären, wie man sich diese basalen, sich selbst rechtfertigenden, nichtinferentiellen und Wissen konstituierenden Überzeugungen vorstellen soll. Denn hier entsteht eine Schwierigkeit, die sich (in lockerer Anlehnung an Sosas Argument mit dem doxastischen Aufstieg[48]) folgendermaßen skizzieren läßt:[49]

(1) Eine Überzeugung Ü des Subjekts S ist höchstens dann Wissen, wenn sie gerechtfertigt ist.
(2) Ü ist höchstens dann gerechtfertigt, wenn S gute Gründe hat anzunehmen, daß sie wahr ist.
(3) S hat genau dann gute Gründe anzunehmen, daß Ü wahr ist, wenn er eine gerechtfertigte Überzeugung Ü* darüber hat, daß Ü höchstwahrscheinlich wahr ist.

Eine Überzeugung Ü des Subjekts S ist höchstens dann Wissen, wenn S eine Überzeugung Ü* (Ü ≠ Ü*) darüber hat, daß Ü höchstwahrscheinlich wahr ist.

Es gibt keine basalen Überzeugungen, die ohne Rückgriff auf irgendwelche anderen Überzeugungen Wissen konstituieren können.

Die kohärenztheoretische Grundidee

Nach Donald Davidson läßt sich das, was eine Kohärenztheorie auszeichnet, einfach in der These fassen, daß nichts als Grund für eine Überzeugung in

---

[47] Denn es ist anzweifelbar, ob, selbst wenn es solche sich selbst rechtfertigenden Überzeugungen gibt, diese als Fundament unseres empirischen Wissens genügen. Will man zum Zwecke der Erweiterung des Fundaments neben gewissen sich selbst rechtfertigenden Überzeugungen auch noch sich selbst rechtfertigende nichtpropositionale Geisteszustände wie z.B. Empfindungen und Wahrnehmungen zulassen, so ist man mit einem weiteren Problem konfrontiert: Wie sollen Geisteszustände ohne propositionalen Gehalt Überzeugungen rechtfertigen oder begründen können? Davidson drückt diesen Zweifel so aus: Empfindungen sind keine Gründe für Überzeugungen, sondern höchstens ihre Ursachen. Siehe Davidson [1983]: 277.
[48] Siehe hierzu Sosa [1980]: 16 ff.
[49] Ähnliche Darstellungen finden sich auch bei Sellars (Sellars [1863]) und BonJour (BonJour [1976]).

Frage kommt, was nicht selbst eine Überzeugung ist.[50] Laurence BonJour formuliert ein wenig ausführlicher zwei kohärenztheoretische Hauptthesen:[51]

> Die erste [These] lautet, daß alle epistemische Rechtfertigung für einzelne empirische Überzeugungen inferentiellen Charakter hat, und folglich, daß es keine basalen Überzeugungen und kein Fundament des Wissens gibt. Die zweite [These] besteht in den beiden Teilbehauptungen (a), daß der Rechtfertigungsregreß nicht ewig weitergeht, da dies sonst eine unendliche Anzahl unterschiedlicher Überzeugungen in Anspruch nehmen würde; vielmehr kehrt er kreisförmig in sich selbst zurück und bildet so ein geschlossenes System; und (b), daß die primäre Einheit epistemischer Rechtfertigung ein solches System ist, das mit Bezug auf seine interne Kohärenz gerechtfertigt ist.

Diese erste Grundthese der BonJourschen Kohärenztheorie soll aber nicht als die Behauptung verstanden werden, daß man zu jeder Überzeugung aufgrund eines Denkprozesses oder eines Schlusses kommt. Sie besagt lediglich, daß alle Überzeugungen nur aufgrund eines solchen Denkprozesses oder Schlusses gerechtfertigt werden können. Man muß zu ihrer Rechtfertigung auf andere Überzeugungen zurückgreifen. Man kann also zwar auf nichtinferentiellem Wege zu einer Überzeugung gelangen. Aber man kann sie nur inferentiell rechtfertigen.

Kann man aber z.B. eine aufgrund einer visuellen Wahrnehmung gewonnene Überzeugung (kurz: eine visuelle Überzeugung) tatsächlich nur inferentiell rechtfertigen? Nach BonJour kann eine visuelle Überzeugungen ihre Rechtfertigung nur auf dem Weg über folgendes Schlußschema (welches ebenfalls Sosas Argument mit dem doxastischen Aufstieg ähnelt) erhalten:

(i) Ich habe die spontane visuelle Überzeugung, daß auf dem Schreibtisch ein rotes Buch liegt.
(ii) Spontane visuelle Überzeugungen über die Farbe und allgemeine Klassifikation von mittelgroßen physikalischen Gegenständen sind unter (bestimmten) Bedingungen $B_1...B_n$ sehr wahrscheinlich wahr.
(iii) Die Bedingungen sind so wie in (ii) angegeben.

Meine Überzeugung, daß auf dem Schreibtisch ein rotes Buch liegt, ist sehr wahrscheinlich wahr.

Es liegt (wahrscheinlich) ein rotes Buch auf dem Schreibtisch.

Eine Überzeugung wie z.B. die Überzeugung, daß auf dem Schreibtisch ein rotes Buch liegt, rechfertigt sich also nach BonJour in keiner Weise selbst. Sie

---

[50] Vergl. hierzu Davidson [1983].
[51] Siehe BonJour [1976]: 241.

bedarf einer Rechtfertigung „von außen". Und sie erhält die Rechtfertigung durch die Gültigkeit des obigen Schlußschemas.⁵²

Betrachtet man nun eine visuelle Überzeugung, die sich nicht nach dem obigen Schema rechtfertigen läßt, so sollte eine derartige Überzeugung kein Wissen konstituieren können. Tatsächlich scheint BonJour dies mit Hilfe von Beispielen wie dem folgenden zeigen zu können: Fritz kommt von fern auf mich zu. Ich bin spontan der Überzeugung, daß Fritz auf mich zukommt. Er ist es auch tatsächlich. Dennoch weiß ich nicht, daß Fritz auf mich zukommt, da Überzeugungen, die unter solchen Bedingungen entstehen, nicht generell verläßlich sind (die Entfernung zwischen Fritz und mir ist zu groß). In diesem Fall ist also eine Prämisse der obigen Argumentation nicht erfüllt. Die Überzeugung, daß Fritz auf mich zukommt, ist folglich nach BonJour nicht gerechtfertigt. Und tatsächlich würden wir sagen, daß mir die Überzeugung in diesem Fall kein Wissen liefern kann.

Aber mindestens zwei Probleme ergeben sich für eine Kohärenztheorie à la BonJour. Auf das erste kann man mit folgenden Worten Donald Davidsons hinweisen:⁵³ „Weshalb sollte es ausgeschlossen sein, daß all meine Überzeugungen untereinander zusammenhängen und daß sie trotzdem in bezug auf die wirkliche Welt insgesamt falsch sind?" Der Kohärenztheoretiker müßte zeigen, daß eine kohärente Menge von Überzeugungen tatsächlich allein aufgrund ihrer Kohärenz zumindest vorwiegend wahre Überzeugungen beinhaltet. Das zweite Problem hat mit dem sogenannten Regreßargument zu tun. Sollte es tatsächlich keine Basis sich selbst rechtfertigender Überzeugungen geben, so scheint der Rechtfertigungsregreß zu keinem Ende kommen zu können. Jede gerechtfertigte Überzeugung ist durch andere Überzeugungen gerechtfertigt, die ihrerseits wiederum durch andere Überzeugungen gerechtfertigt sein müssen, und so weiter ad infinitum. Und die Behauptung ist nicht unplausibel, daß ein derartiger endloser Rechtfertigungsregreß bösartig ist. Denn offensichtlich könnte man in Anbetracht eines solchen Regresses keine tatsächlich gerechtfertigten Überzeugungen gewinnen. Lediglich konditionale Aussagen der Form „Wenn alle der Überzeugung Ü vorangehenden Überzeugungen gerechtfertigt sind, dann ist Ü ebenfalls gerechtfertigt" wären zulässig. Von einem Kohärenztheoretiker wäre also verlangt aufzuzeigen, wie er

---

⁵² In allgemeiner Form sieht das Schlußschema folgendermaßen aus (siehe BonJour [1976]: 252):
   (i)   Spontane Überzeugungen über G, in denen sich A exemplifiziert, sind sehr wahrscheinlich wahr, wenn Bedingungen $B_1...B_n$ erfüllt sind.
   (ii)   Ich habe die spontane Überzeugung, daß P (über Gegenstand G), die eine Exemplifizierung der Art A ist.
   (iii) Bedingungen $B_1...B_n$ sind erfüllt.
   Also: Meine Überzeugung, daß P, ist (wahrscheinlich) wahr.
   Also: (Wahrscheinlich) P.
⁵³ Siehe Davidson [1983]: 274.

den Rechtfertigungsregreß zu beenden gedenkt, ohne basale Überzeugungen annehmen zu müssen, die sich selbst rechtfertigen.

Gegenüberstellung

Die beiden Positionen lassen sich nach dem bisher Ausgeführten vereinfachend so charakterisieren: Der Fundamentalismus besagt, daß es basale, sich selbst rechtfertigende (oder gar keiner Rechtfertigung bedürfende) Überzeugungen gibt, die Wissen konstituieren und andere Überzeugungen stützen (d.h. zu ihrer Rechtfertigung beitragen) können. Die Kohärenztheorie dagegen besagt, daß es keine Überzeugungen gibt, die sich selbst rechtfertigen; jede Überzeugung bedarf zu ihrer Rechtfertigung anderer Überzeugungen.

Der Kohärenztheoretiker müßte nun erstens erklären, wieso ein kohärentes Überzeugungssystem allein schon aufgrund seiner Kohärenz zumindest vorwiegend wahre Überzeugungen enthalten sollte. Zweitens sollte er den Begriff der Kohärenz erläutern. Und drittens müßte er zeigen, daß sich dem Rechtfertigungsregreß jegliche Bösartigkeit nehmen läßt, ohne daß man basale Überzeugungen annehmen muß, die sich selbst rechtfertigen.

Der Fundamentalist dagegen scheint prima facie einen besseren Stand zu haben. Er wäre allerdings dann vor eine ernsthafte Schwierigkeit gestellt, wenn der Kohärenztheoretiker tatsächlich gezeigt hätte - wie er sich zumindest zu zeigen bemühte -, daß es keine basalen wissensstiftenden Überzeugungen geben kann.

Hat der Kohärenztheoretiker dies gezeigt? Bringt er nicht vielleicht zweierlei durcheinander? Denn nur dadurch, daß man, will man einen Wissensanspruch rechtfertigen oder verteidigen, argumentativ vorgehen und auf andere gerechtfertigte Überzeugungen zurückgreifen muß, ist noch nicht gezeigt, daß es keine Überzeugungen gibt, die sich selbst rechtfertigen und Wissen konstituieren können. Es ist zweierlei, ob eine Überzeugung gerechtfertigt ist, und wie sie gerechtfertigt werden kann. Meine Überzeugung, daß vor mir ein rotes Buch liegt, kann allein aufgrund der Tatsache *gerechtfertigt sein* und Wissen konstituieren, daß die Wahrnehmungsbedingungen normal sind und unter solchen Bedingungen entstandene Überzeugungen gewöhnlich wahr sind. Sie kann aber natürlich nur dadurch von mir *gerechtfertigt werden*, daß ich Gründe, sprich andere gerechtfertigte Überzeugungen, dafür anführe, daß diese Überzeugung wahrscheinlich wahr ist. Will ich also behaupten, daß ich weiß, daß dort ein rotes Buch liegt, und fordert man von mir eine Verteidigung dieses Wissensanspruchs, so werde ich dabei auf Hintergrundüberzeugungen zurückgreifen müssen. Aber daraus, daß ich zur Rechtfertigung meiner Überzeugung anderer Überzeugungen bedarf, folgt nicht, daß meine Überzeugung über das rote Buch nicht auch ohne diese anderen Überzeugungen gerechtfertigt sein kann. Man kann gerechtfertigte Überzeugungen ohne Rückgriff auf andere Überzeugungen gewinnen, sie aber dennoch vermutlich nur mit eben einem solchen Rückgriff rechtfertigen.

Wollte der Kohärenztheoretiker zeigen, daß man nur auf inferentiellem Weg Wissen gewinnen kann, so müßte er zeigen, daß ich z.B. nur dann wissen kann, daß ich ein rotes Buch sehe, wenn ich zugleich auch Überzeugungen über Wahrnehmungsbedingungen und ähnliches habe. Angenommen nun, ich sehe ein rotes Buch und gewinne spontan (i.e. nichtinferentiell) die Überzeugung, ein rotes Buch zu sehen. Weiter angenommen, die Wahrnehmungsbedingungen und mein visuelles System sind de facto normal. Und noch weiter angenommen, ich habe keinerlei Überzeugungen über Wahrnehmungsbedingungen und die Zuverlässigkeit solcher Überzeugungen im allgemeinen. Weiß ich unter diesen Umständen nicht, daß ich ein rotes Buch sehe? Ich könnte meinen Wissensanspruch kaum verteidigen, das ist wahr. Aber hängt mein Wissen nicht eher davon ab, ob die Wahrnehmungsbedingungen tatsächlich Standardbedingungen sind, als davon, ob ich irgendwelche Überzeugungen über solche Standardbedingungen habe? Wäre dem so, so hätte der Kohärenztheoretiker nicht gezeigt, daß es keine basalen, nichtinferentiellen, wissensstiftenden Überzeugungen geben kann. Er hätte lediglich gezeigt, daß man zur Verteidigung eines Wissensanspruchs auf andere Überzeugungen zurückgreifen muß. Und das scheint so trivial, daß es wohl kaum jemand leugnen wollte.

Nun haben die beiden eben betrachteten Theorien aber noch ein Problem gemeinsam. Denn wie Edmund Gettier gezeigt hat, kann Wissen gar nicht ohne weiteres als wahre gerechtfertigte Überzeugung analysiert werden. Es muß zumindest, so scheint Gettier deutlich gemacht zu haben, noch eine weitere Bedingung hinzukommen. Vielleicht muß die dritte Bedingung auch einfach nur spezifiziert werden. Vielleicht muß die Überzeugung auf eine in zu präzisierender Weise zuverlässige Art und Weise erworben werden, oder die Rechtfertigung für die Überzeugung darf nicht widerlegt sein, oder die Tatsache, daß P, muß in passender Weise mit der Überzeugung, daß P, verknüpft sein, und so weiter. Diese und ähnliche Fragen sind es, über deren korrekte Beantwortung nun zwischen den Probabilisten und den Reliabilisten Uneinigkeit herrscht.

1.4.2 Probabilismus oder Reliabilismus[54]

Der Probabilist vertritt nach John Pollock die folgende These:[55] Eine Person ist genau dann gerechtfertigt [*justified*], P zu glauben, wenn die Wahrscheinlichkeit von P hoch genug ist. Dabei herrscht keine Einigkeit darüber, welcher Wahrscheinlichkeitsbegriff hier zugrunde gelegt werden sollte: Handelt es sich um subjektive Wahrscheinlichkeit, um Glaubensgrade? Dann müßte das Subjekt P nur entsprechend fest glauben, um darin gerechtfertigt zu sein, P zu glauben. Das kann es nicht sein. Handelt es sich vielleicht um Wahrscheinlichkeit im Sinne von relativer Häufigkeit? Angenommen, meine Münze kommt bei 90 von 100 Würfen mit der Zahl nach oben zum Liegen. Bin ich dann darin gerechtfertigt, zu glauben, daß sie auch beim nächsten Mal mit der Zahl nach oben landen wird? Oder handelt es sich um die Wahrscheinlichkeit des Eintreffens eines Einzelereignisses, um die Neigung [*propensity*] der Münze, bei diesem Wurf mit der Zahl nach oben zu landen?

Der Probabilismus ist hier, wie gesagt, nur als eine Theorie des Wissens, und nicht als eine Theorie der epistemischen Rechtfertigung von Interesse. Aber es ist nicht nur schwierig, den bei einer probabilistischen Theorie des Wissens involvierten Wahrscheinlichkeitsbegriff anzugeben. Eine probabilistische Theorie des Wissen vertreten zu wollen scheint ohnehin ein Kampf auf verlorenem Posten zu sein. Denn was wäre die Grundthese einer solchen Theorie? Doch ungefähr dies: X weiß, daß P, gdw. P wahr ist, X glaubt, daß P, und P wahrscheinlich ist. Aber nun denke man an das Lotteriebeispiel: Man spielt in der Lotterie. Weiß man, daß man verlieren wird? Schließlich ist es bei genügend Losen und nur wenigen Gewinnlosen sehr wahrscheinlich, daß man verlieren wird.[56] Dennoch weiß man wohl nicht, daß man verlieren wird.

Die reliabilistischen Positionen, die den Begriff der Rechtfertigung als zentralen Begriff bei der Analyse des Wissensbegriffs zugrunde legen, möchte ich beiseite lassen, und lediglich einen Blick auf die nicht explizit rechtfertigungsbasierten reliabilistischen Theorien werfen. Diese Form des Reliabilismus wurde vor allem in Gegenzug gegen Gettiers berühmten Artikel entwickelt.[57] Nachdem sich die Bedingung der Rechtfertigung als unzureichend herausgestellt hatte, wurden zahlreiche Versuche unternommen, eine

---

[54] Probabilist und Reliabilist sind allerdings insofern keine echten Gegenspieler, als es bei ihnen (im Gegensatz zu den anderen erwähnten Positionen) nicht der Fall ist, daß der eine genau das leugnet, was der andere behauptet.
[55] Siehe hierzu Pollock [1986]: 106.
[56] Siehe zur Diskussion dieses Lotteriebeispiels auch Henry Kyburg (Kyburg [1961]) und Carl Hempel (Hempel [1962]).
[57] Vergl. hierzu Anmerkung 63.

neue dritte Bedingung für Wissen zu formulieren.[58] Der gemeinsame Nenner dieser Vorschläge ist der Gedanke, daß es unter anderem von externen Faktoren wie der Zuverlässigkeit des Überzeugungsbildungsprozesses oder ähnlichem abhängt, ob eine Person Wissen hat.

Von Robert Nozick stammt z.B. folgender Vorschlag:[59] S weiß, daß P, gdw. gilt: (1) P ist wahr. (2) S glaubt, daß P. (3) Wenn P nicht wahr wäre, würde S auch nicht glauben, daß P. (4) Wenn P wahr wäre, würde S glauben, daß P. Mit Bedingung (4) soll sichergestellt werden, daß S nicht nur glaubt, daß P, wenn P de facto wahr ist. S soll auch - im Jargon der möglichen Welten gesprochen - in benachbarten möglichen Welten, in denen P wahr ist, glauben, daß P. Die Bedingungen (1) und (2) sind unumstritten. Und in Bedingung (3) soll der Intuition Rechnung getragen werden, daß man nicht von jemand sagen will, er wisse, daß P, wenn er in den Situationen, in denen P gar nicht wahr ist, dennoch glauben würde, daß P. (Siehe hierzu auch Abschnitt 3.1.2).

Alvin Goldman[60] machte folgenden Vorschlag zu einer kausalen Theorie des Wissens. (Allerdings veränderte sich Goldmans Position in den letzten Jahren[61]; schließlich ist er bei einer kontextualistischen Theorie des Wissens angekommen, die in Abschnitt 2.1.1 kurz erläutert wird.): S weiß, daß P, gdw. die Tatsache P in einer passenden Weise kausal mit S' Überzeugung über P verbunden ist. Als passende Weisen der kausalen Verbindung gelten (i) Wahrnehmung, (ii) Erinnerung, (iii) eine kausale Kette, die einem gewissen Muster entsprechen muß (welches hier nicht erläutert werden soll), oder (iv) eine Kombination aus (i), (ii) und (iii).

Auch Peter Unger macht einen interessanten Vorschlag.[62] Ein Subjekt weiß (zu einem Zeitpunkt t), daß P, wenn es in keiner Weise zufällig [*accidental*] ist, daß er darin recht hat, daß P. Allerdings ist Unger nun in der Bredouille, angeben zu müssen, unter welchen Umständen es in keiner Weise zufällig ist, daß jemand darin recht hat, daß dies oder das der Fall ist. Und dies scheint kein leichtes Unterfangen zu sein.

Vielen dieser reliabilistischen Versuche eignet eine gewisse Plausibilität. Auf Nozicks Versuch werde ich später, wie erwähnt, noch zurückkommen. Die meisten dieser und ähnlicher Versuche waren also Vorschläge zu einer

---

[58] Lehrer und Paxson versuchen z.B. (Gettier zum Trotz), zumindest basales Wissen weiterhin als eine wahre und vollständig gerechtfertigte Überzeugung zu verstehen, wollen für nichtbasales Wissen jedoch noch eine weitere Bedingung hinzunehmen. Nichtbasales Wissen besitzt man nur, wenn man eine vollständig gerechtfertigte, wahre und nichtwiderlegte Überzeugung hat. Lehrer und Paxson kombinieren den Reliablisimus mit der fundamentalistischen Grundidee, derzufolge es basale wissensstiftende Überzeugungen gibt. Siehe hierzu Lehrer und Paxson [1969].
[59] Siehe hierzu Nozick [1981]: 172-178.
[60] Siehe Goldman [1967].
[61] Vergl. hierzu z.B. Goldman [1979].
[62] Siehe Unger [1968].

„Nach-Gettier"-Analyse von Wissen.[63] Allerdings sah es so aus, als gäbe es für jede neu vorgeschlagene Analyse immer auch Gegenbeispiele. Die Frage lag nahe, ob Wissen entweder tatsächlich nicht definierbar sei[64], oder ob es vielleicht einfach kein Wissen gebe, oder ob man nach einem ganz anderen Ansatz, einer neuen Idee zur Analyse Ausschau halten sollte. Die Ergebnislosigkeit des Spiels der Vorschläge und Gegenbeispiele deutete darauf hin, daß jede derartige Analyse von Wissen (als einer wahren und bestimmten anderen Bedingungen gehorchenden Überzeugung) für manche Situationen zwar vielleicht passend, für andere jedoch unpassend war. Was konnte man daraus lernen? Brauchte man vielleicht eine Analyse von Wissen, die sich den unterschiedlichen Situationen anpassen konnte? Sollte eine Analyse die Unterschiedlichkeit der Situationen, in denen der Wissensbegriff angewandt werden kann, in Betracht ziehen? Anders gefragt: Hat Wissen eine situationsabhängige Komponente, die bei den bisherigen Analysevorschlägen übersehen oder vernachlässigt worden war? Und wenn ja, wie läßt sich diese Komponente beschreiben?

1.4.3 Kontextualismus oder Invariantismus

Eine Theorie des Wissens, die in den letzten Jahren vermehrt diskutiert wird[65], hat versucht, dieser Situations- oder Kontextabhängigkeit, die eine Analyse des Wissensbegriffs offensichtlich erschwert, Rechnung zu tragen. Entsprechend wird sie als kontextualistische Wissenstheorie bezeichnet. Dabei handelt es sich eigentlich nicht um eine einheitliche Theorie, sondern um eine Reihe verschiedener Ansätze, denen lediglich die Grundidee gemeinsam ist: die Idee nämlich, daß bei der Entscheidung der Frage, ob ein Subjekt X weiß, daß ein gewisser Sachverhalt besteht, kontextuelle Faktoren eine wichtige Rolle spielen. Genauer gesagt behauptet der Kontextualist, daß der Wahrheitswert einer Wissenszuschreibung in Abhängigkeit von gewissen kontextuellen Faktoren variieren kann. Denn die Wahrheit einer Wissenszuschreibung hänge davon ab, ob das Subjekt dem angelegten Wissensstandard

---

[63] Siehe für weitere Versuche (neben den eben erwähnten Ansätzen von Nozick, Unger und Goldman), die Analyse von Wissen nach Gettier zu verbessern, z.B. auch Sosa [1964], Lehrer & Paxson [1969], Lehrer [1965], Clark [1963] (für Kritik an Clark siehe ebenfalls Sosa [1964] und Saunders & Champawat [1964]) und Skyrms [1967].
[64] J. Kellenberger vertritt z.B. diese Auffassung (in Kellenberger [1971]). Er stellt fest, daß eine Wissenszuschreibung, gegeben gewisse Umstände, wahr sein kann, während dieselbe Wissenszuschreibung, gegeben andere Umstände, falsch sein kann. Er schließt daraus, daß es keine notwendigen und hinreichenden Bedingungen für Wissen geben kann!
[65] Diese Theorie wird zwar vermehrt diskutiert, aber das heißt nicht, daß sie viel diskutiert wird. Sie findet sogar in einer so ausgezeichneten Einführung in die Wissenstheorie wie der von Robert Audi (Audi [1998]) nicht einmal Erwähnung.

1.4 Erkenntnistheoretische Gegenspieler

genügt. Und dieser Wissensstandard kann nach Meinung des Kontextualisten von Zuschreibungssituation zu Zuschreibungssituation variieren.

Die semantische Gegenthese zum Kontextualismus besagt, daß es eine derartige Kontextabhängigkeit nicht gibt. Dies ist die These des Invariantismus. Der eigentliche Gegenspieler des Kontextualisten ist folglich weder der Kohärenztheoretiker, noch der Fundamentalist, weder der Probabilist noch der Reliabilist, sondern der Invariantist.[66] Der Kontextualismus in seiner allgemeinsten Form bleibt neutral im Streit zwischen Fundamentalisten und Kohärenztheoretikern: Er ist mit beiden Ansätzen veträglich. Allerdings ist er nur insofern mit ihnen verträglich, als man beide Ansätze zumindest modifizieren müßte, wollte man sie mit einem Kontextualismus kombinieren. Der Kontextualismus ist mit der Idee verträglich, daß es fundamentale, sich selbst rechtfertigende Überzeugungen gibt. Was jedoch als eine solche sich selbst rechtfertigende Überzeugung gilt, mag dabei von Kontext zu Kontext variieren. Der Kontextualismus ist ebenso verträglich mit der Idee, daß jede Überzeugung anderer Überzeugungen zu ihrer Rechtfertigung bedarf. Aber was in einem Kontext als eine solche rechtfertigungsstiftende Überzeugung gilt, mag dann in einem anderen Kontext nicht als eine solche gelten. Nicht ohne Grund wird John Austin gern als einer der geistigen Väter des Kontextualismus bezeichnet. Er nimmt die kontextualistische Idee vorweg, wenn er schreibt[67]: „Welche Art von Satz geäußert wird, um für was Belege zu liefern, hängt wiederum von den Umständen des einzelnen Falls ab; es gibt keine Art von Satz, die *als solche* Beleg-liefernd [*evidence-providing*] ist, so wie es auch keine Art von Satz gibt, die *als solche* überraschend, oder zweifelhaft, oder gewiß, oder unkorrigierbar oder wahr ist."[68]

Dem Kontextualisten zufolge ist eine Wissenszuschreibung genau dann wahr, wenn das Wissenssubjekt dem jeweiligen Wissensstandard genügt; dieser Wissensstandard kann von Kontext zu Kontext variieren. Der Invariantist leugnet, daß der Wahrheitswert einer Wissenszuschreibung in Abhängigkeit von kontextuellen Faktoren variieren kann. Ihm zufolge ist eine Wissenszuschreibung genau dann wahr, wenn das Wissenssubjekt dem über alle Kontexte hinweg invarianten Wissensstandard genügt.

---

[66] Den Terminus „Invariantismus" habe ich von Peter Unger übernommen. Allerdings verwendet Unger den Terminus in einem etwas anderen Zusammenhang. Er verwendet ihn, um seine These von der semantischen Relativität zu stützen. Seiner Ansicht nach gibt es nicht unbedingt nur *eine richtige* Semantik für eine bestimmte Gruppe von Sprechern. Er versucht diese These mit dem Hinweis auf den Konflikt zwischen zwei semantischen Ansätzen, eben dem Invariantismus und dem Kontextualismus, zu belegen. Siehe hierzu Unger [1984].

[67] Siehe Austin [1962]: 111.

[68] Eine Ausarbeitung dieser Idee wird ihm also, so hofft der Kontextualist, ein hilfreiches Werkzeug in der Skeptizismusdebatte und in der damit eng verschränkten Debatte um die Geschlossenheit von Wissen unter gewußter logischer Folgerung an die Hand geben. James White etwa versucht die Idee weiter auszuarbeiten (in James White [1991]), um damit gegen Argumentationen für die Geschlossenheit von Wissen unter gewußter Folgerung angehen zu können.

Skeptizismus und absolutes Wissen

Invariantist und Kontextualist teilen die Annahme, daß Wissen in einem zu spezifizierenden Sinn absolut ist. Dahinter steht die Überlegung, daß es merkwürdig klingt, von irrtumsanfälligem oder unvollkommenem Wissen zu sprechen. „X weiß, daß es regnet, aber er kann nicht alle Zweifelsmöglichkeiten ausschließen" klingt in vielen Ohren nicht sonderlich plausibel. Diese These von der Absolutheit von Wissen scheint aber in den Händen eines Skeptikers unweigerlich zu der Annahme zu führen, daß es nicht einmal über gewöhnliche Sachverhalte Wissen gibt. Denn der Skeptiker macht es sich gerade zur Aufgabe, darauf hinzuweisen, daß man nie alle Zweifelsmöglichkeiten auszuschließen in der Lage ist. Während der Invariantist diesen Überlegungen beipflichtet, ist es ein Hauptanliegen des Kontextualisten, einen Weg zu finden, auf dem sich der Skeptizismus vermeiden und dennoch zugleich die Absolutheit von Wissen beibehalten läßt.[69] Bevor aber die invariantistische und die kontextualistische Konsequenz aus diesen Überlegungen näher betrachtet wird, soll zunächst geklärt werden, was unter der skeptischen Herausforderung zu verstehen ist.

Als allgemeines Schema einer skeptischen Argumentation sei hier Keith DeRoses Darstellung vorgestellt:[70] Sei H eine skeptische Hypothese wie etwa: „Ich bin ein aus dem Schädel entnommenes Hirn in einem Tank, das auf irgendeine Weise so stimuliert wird, daß es genau die Sinnesempfindungen hat, die ich habe." Sei O eine normale Sachlage in der externen Welt, etwa die, daß ich Hände habe. Die Bedrohung durch den Skeptiker ensteht maßgeblich durch seine Behauptung, daß wir von solchen normalen Sachlagen eigentlich gar nicht wissen können. Die Grundstruktur vieler skeptischer Argumente sieht nach DeRose, grob gesagt, so aus:

(1) Ich weiß nicht, daß nicht-H.
(2) Wenn ich nicht weiß, daß nicht-H, dann weiß ich nicht, daß O.

Also: Ich weiß nicht, daß O.

Erstaunlich an solchen Argumenten ist nun, daß viele Philosophen und Nichtphilosophen beide Prämissen für einleuchtend und den Übergang zur Konklusion für zwingend halten, die Konklusion selbst aber für inakzeptabel.

---

[69] So gab es in den letzten Jahren (oder Jahrzehnten) einige Philosophen - Stanley Cavell etwa oder auch Peter Unger und natürlich Michael Williams - die im Rahmen einer ernsthaften Auseinandersetzung mit dem Skeptizismus kontextualistische Ideen diskutieren (siehe z.B. Cavell [1979], Unger [1986], Williams [1996]). In neuester Zeit haben z.B. Hilary Putnam [1998] oder Marcus Willaschek [2000] eine kontextualistische ‚Lösung' der Skeptizismusproblematik vorgeschlagen.
[70] Siehe DeRose [1995]: 1.

Will man dieses Rätsel lösen, darf man nicht einfach nur überlegen, welche der beiden (oder ob beide) Prämissen falsch sein könnte(n), sondern man muß zudem auch zeigen, wieso sie zunächst für plausibel gehalten wurde(n). Der Skeptiker versucht mit dem Vortrag solcher Überlegungen zu zeigen, daß er jederzeit alle (oder zumindest fast alle[71]) Wissensbehauptungen widerlegen kann, selbst so einleuchtende Behauptungen wie die, man wisse, daß man Hände habe. Er scheint zeigen zu können, daß wir nie (oder fast nie) wahrheitsgemäß behaupten können, wir wüßten etwas. Irritierend dabei ist, daß uns der Skeptiker nicht irgendwelches ungewöhnliche und komplizierte Wissen absprechen will, sondern daß er berechtigt zu sein scheint, uns unser ganz alltägliches Wissen um ganz alltägliche Sachverhalte abzusprechen.

Die invariantistische Konsequenz

Der Invariantist wird durch das skeptische Argument nun zu folgender Überlegung angestiftet: Wissen ist insofern absolut, als man alle Zweifelsmöglichkeiten ausschließen können muß, um etwas zu wissen. Der Wissensstandard ist aber invariant. Er ist folglich immer so hoch, daß man ihm nur genügen kann, wenn man tatsächlich alle Zweifelsmöglichkeiten auszuschließen in der Lage ist. Der Skeptiker kann nun zeigen, daß man nie in der Lage ist, alle Zweifelsmöglichkeiten auszuschließen. Also kann man dem Wissensstandard nie genügen. Also weiß man nie etwas. Folglich sind alle unsere affirmativen Wissenszuschreibungen falsch. Kurz, der Invariantist nimmt die Falschheit vieler alltäglicher Wissenszuschreibungen, die in gutem Glauben gemacht werden, sehenden Auges in Kauf.

Die kontextualistische Konsequenz

Der Kontextualist dagegen versucht, dem Skeptiker wirkungsvoll Einhalt zu gebieten, indem er dafür argumentiert, daß man auch dann etwas wissen kann, wenn man nicht alle denkbaren Zweifelsmöglichkeiten ausschließen kann, und sich somit in keiner unangreifbar starken epistemischen Position befindet. Damit will er natürlich nicht behaupten, daß man, um etwas zu wissen, immer nur einige beliebige - oder am Ende gar keine - Zweifelsmöglichkeiten ausschließen können muß. Wodurch wird aber bestimmt, welche

---

[71] Über die Antwort auf die Frage, ob es Sachverhalte gibt, über die man in dem Sinn vollkommenes Wissen haben kann, daß man tatsächlich alle rivalisierenden Alternativen ausschließen kann, ist man nicht einer Meinung. Die eigenen Geisteszustände wären hier sicherlich die aussichtsreichsten Kandidaten.

Zweifelsmöglichkeiten man jeweils ausschließen können muß, und welche nicht? Dem Kontextualisten zufolge ist es nun eben der Kontext, bzw. sind es gewisse kontextuelle Faktoren, die bestimmen, welche Möglichkeiten, daran zu zweifeln, daß P, das Subjekt ausschließen können muß, um zu wissen, daß P. Im alltäglichen Kontext gehört meist gar nicht so viel dazu, etwas zu wissen, während es durchaus anspruchsvollere Kontexte geben mag, in denen man in einer ausgesprochen guten epistemischen Position sein muß, um etwas zu wissen. Der Kontextualist versucht also, dafür zu argumentieren, daß die Wahrheit oder Falschheit unserer Wissenszuschreibung von kontextuellen Faktoren wie z.B. unseren Konversationszielen und -zwecken abhängt, und nicht von einem für alle Zeit invarianten Wissensstandard.

Manche Bemühungen wurden nun unternommen, genauer zu bestimmen, von welchen kontextuellen Faktoren der Wahrheitswert einer Wissenszuschreibung abhängt. Einige dieser Versuche sollen im folgenden Teil kurz, drei weiter ausgearbeitete Theorien ausführlicher dargestellt werden.

2   KONTEXTUALISMUS

> *Maybe epistemology is the culprit. Maybe this extraordinary pastime robs us of our knowledge. Maybe we do know a lot in daily life; but maybe when we look hard at our knowledge, it goes away.*
>
> D. Lewis

2.1 Entwürfe zu einer kontextualistischen Theorie

Die kontextualistische Grundidee ist aus dem Wunsch heraus entstanden, einerseits Wissen als absolut, als das Ausschließen aller Zweifelsmöglichkeiten zu verstehen, andererseits aber auch dem Skeptiker Einhalt zu gebieten bei seinem Spiel, für alle noch so weit hergeholten Möglichkeiten zu verlangen, daß man sie ausschließen kann, will man Wissen besitzen. Fred Dretske bezeichnet in Folge solcher Überlegungen Wissen als einen Zustand, bei dem nicht alle, sondern lediglich alle relevanten Alternativen ausgeschlossen sind. Und welche Alternativen jeweils relevant sind, hängt von kontextuellen Faktoren ab. David Lewis greift diesen Gedanken auf, indem er folgende notwendige und hinreichende Bedingung für Wissen formuliert:[72] X weiß genau dann, daß P, wenn durch Xens Informationslage alle Zweifelsmöglichkeiten bis auf diejenigen ausgeschlossen sind, die legitimerweise ignoriert werden können. Auch hier hängt es von kontextuellen Faktoren ab, welche Möglichkeiten legitimerweise ignoriert werden dürfen, und welche nicht. Keith DeRose macht sich diese Idee ebenfalls zu eigen. Er behauptet, daß es nicht nur von der tatsächlichen Stärke von Xens epistemischer Position abhängt, ob X etwas weiß, sondern auch von der erforderlichen Stärke seiner epistemischer Position. Und diese erforderliche Stärke der epistemischen Position eines Subjekts wird durch kontextuelle Faktoren bestimmt. Bevor nun die drei Ansätze von Fred Dretske, David Lewis und Keith DeRose eingehender untersucht werden, möchte ich kurz einige teils nur grob skizzierte Vorschläge zu einer kontextualistischen Theorie des Wissens betrachten.

---

[72] Siehe Lewis [1996].

2.1.1 GAIL STINE UND ALVIN GOLDMAN: WISSEN UND RELEVANTE ALTERNATIVEN

Die bekannteste kontextualistische Theorie ist die Theorie mit den relevanten Alternativen[73], wie sie in ähnlicher Weise z.B. von Gail Stine, Alvin Goldman[74] und auch Fred Dretske vertreten wird.[75] Während Stine und Goldman es aber bei einer mehr oder weniger skizzenhaften Darstellung eines kontextualistischen Ansatzes belassen haben, hat sich Fred Dretske um eine detailliertere Darstellung bemüht. Nicht zuletzt aus diesem Grund ist er wohl der meistdiskutierte Vertreter der Theorie mit den relevanten Alternativen. Sein Ansatz wird in Kapitel 2.2 ausführlicher betrachtet.

In ihren Grundzügen besagt diese Theorie mit den relevanten Alternativen nun, daß eine Person genau dann weiß, daß P, wenn sie eine wahre Überzeugung darüber hat, daß P, und alle relevanten Alternativen dazu, daß P, auszuschließen in der Lage ist. Dabei ist man sich im einzelnen keineswegs darüber im Klaren, wie die Menge der relevanten Alternativen zu charakterisieren ist.

Gail Stine etwa ist der Meinung, daß wir unter normalen Umständen ziemlich genau wissen, welche Alternative eine relevante Alternative ist und welche keine relevante Alternative ist.[76] Aber sie gibt zu, daß es eine Grauzone gibt, Fälle, in denen wir uns nicht so sicher sind. Für diese eher ungewöhnlichen Umstände gilt ihrer Ansicht nach folgendes: Eine Alternative ist nur dann relevant, wenn es einen Grund gibt anzunehmen, daß sie wahr ist (i.e. daß sie besteht).[77] Des weiteren vertritt sie die Ansicht, daß man unter Umständen wissen kann, daß P, ohne spezielle Belege dafür zu haben, daß P. Die These, daß man für Wissen immer Belege braucht, ist ihrer Ansicht nach nicht nur übertrieben, sondern geradezu falsch. Man brauch nicht für alles, was man weiß, Belege. Manches weiß man einfach, ohne hinreichende Belege vorweisen können zu müssen. Zwar wird normalerweise bei einer Äußerung des Typs „X weiß, daß P" präsupponiert, daß die Alternative, daß non-P, eine

---

[73] Erste Anklänge zu einer solchen Theorie finden sich schon früher, wie bereits erwähnt z.B. bei John Austin (vergl. etwa Austin [1946] & [1962]).
[74] In früheren Artikeln (siehe z.B. Goldman [1967]) gibt Goldman, wie bereits in der Einleitung erwähnt wurde (vergl. Kapitel 1.4.2), eine andere Antwort auf die Frage, wann eine Person S weiß, daß P. Er vertritt dort eine kausale Theorie des Wissens.
[75] Auch z.B. Mark Heller oder David Shatz greifen diese Idee mit den relevanten Alternativen auf und überlegen, wie sich die Menge der relevanten Alternativen am besten charakterisieren ließe. Heller stellt dazu den Ansatz mit den relevanten Alternativen gegen Nozicks Ansatz mit den kontrafaktischen Konditionalen, wird aber meines Erachtens dem Aspekt der Kontextabhängigkeit in der Idee mit den relevanten Alternativen nicht gerecht (siehe Heller [1989]. Auch Shatz überlegt, ob sich der Begriff der Relevanz mittels kontrafaktischer Konditionale erhellen läßt (siehe hierzu Shatz [1981]).
[76] Siehe hierzu Stine [1976].
[77] Vergl. Stine [1976]: 252. Dies soll aber nicht gleichgesetzt werden mit der Behauptung, daß eine Alternative dann relevant ist, wenn es einen Grund gibt anzunehmen, daß sie wahr sein könnte. Damit bezieht Stine Stellung gegen Fred Dretske, der behauptet, daß eine relevante Alternative eine Alternative ist, die realisiert hätte sein können, wären die Umstände andere gewesen (vergl. Stine [1976]: 253).

relevante Alternative ist. Folglich muß man eigentlich ausschließen können, daß non-P, um zu wissen, daß P. Dennoch kann die Präsupposition, daß die Alternative, daß non-P, relevant ist, (im Griceschen Sinne) storniert werden (sie ist *cancellable*).[78] In diesen Fällen kann man wissen, daß P, ohne Belege haben zu müssen, auf deren Basis man ausschließen könnte, daß non-P. Von solchen Propositionen kann man demnach auch dann wissen, wenn man über keinerlei Belege zu ihrer Stützung verfügt. Allerdings klingt es in den Fällen, in denen es gar keine relevante Alternative ist, daß non-P, oft komisch zu sagen, jemand wisse, daß P. (So klingt „X weiß, daß das Zebra kein geschickt angemaltes Maultier ist" komisch, wenn es überhaupt keine relevante Alternative ist, daß das Zebra ein angemaltes Maultier ist). Aber nur weil es komisch klingt, muß es ja nicht falsch sein.

Alvin Goldman nimmt hinsichtlich der Frage, welche Alternativen relevant sind, einen ähnlichen Standpunkt ein wie Gail Stine.[79] Ihm zufolge sagt man von einer Person, daß sie weiß, daß P, wenn sie P (als bestehend) von relevanten Alternativen (als nicht bestehend) unterscheiden kann.[80] Zu der Frage, welche Alternativen relevant sind, äußert er sich auch nicht sonderlich ausführlich. Klar wird aber, daß nicht alle logisch möglichen Alternativen relevant sind. Goldman deutet an, daß solche Alternativen relevant sind, die als relevant erachtet werden. Dies ist verträglich mit seiner Annahme, daß es nicht von vornherein festgelegt ist, welche Alternativen in welchen Kontexten relevant sind. D.h. es ist nicht der Fall, daß im semantischen Gehalt von „wissen" Regeln enthalten sind, die in allen möglichen Umständen genau bestimmen, welche Alternativen in den jeweiligen Umständen relevant sind, und welche nicht.[81] Vielmehr glaubt Goldman, daß jemand, der einer Person X Wissen darüber zuschreibt, daß P, dabei einige relevante Alternativen im Auge hat, von denen X P unterscheiden können muß, ohne aber eine klar abgegrenzte Menge von relevanten Alternativen im Sinn zu haben. Dennoch mag es durchaus Regularitäten geben, die entscheiden, welche Alternativen eine Person als relevant erachtet.[82] Aber diese Regularitäten sind nicht Teil des semantischen Gehalts von „wissen". Z.B. werde die Wahrscheinlichkeit einer Alternative mit der Wahrscheinlichkeit korrelieren, daß sie als relevant be-

---

[78] Vergl. hierzu Anmerkung 21.
[79] Siehe Goldman [1976].
[80] Siehe hierzu Goldman [1976]: 772.
[81] Dabei scheint offen zu bleiben, ob nicht im semantischen Gehalt von „wissen" die „Regel" enthalten ist, daß eben genau alle diejenigen Alternativen relevant sind, die für relevant erachtet werden, ohne daß aber damit immer schon im vorhinein eine klar definierte Menge von relevanten Alternativen bestimmt würde.
[82] Ich werde in Abschnitt 3.1.2 und in Abschnitt 3.1.3 versuchen, die Goldmansche Idee, daß diejenigen Alternativen relevant sind, die für relevant erachtet werden, aufzugreifen, und eine solche erwähnte Regularität aufzuweisen.

trachtet wird.[83] Oder je ähnlicher eine Alternative der wirklich bestehenden Situation ist, mit desto größerer Wahrscheinlichkeit wird diese Alternative als relevant erachtet werden.

Goldman macht in diesem Zusammenhang bereits auf einen wichtigen Unterschied aufmerksam, auf den Unterschied zwischen der Situation des potentiellen Wissenssubjekts und der Situation des Sprechers oder Wissenszuschreibers. Nicht nur Merkmale der Situation des Subjekts sondern auch Merkmale der Situation des Zuschreibers können beeinflussen, welche Alternativen relevant sind. Wenn der Zuschreiber sich etwa in einer Situation befindet, in der Descartes' Täuscherdämonhypothese gerade erörtert wurde, wird er vielleicht auch diese Alternative als relevant erachten.[84]

Neben denjenigen Philosophen, die die kontextualistische Idee in eine Theorie mit den relevanten Alternativen eingebaut wissen wollten, gibt es auch einige, die die Idee in einen anderen Rahmen einpassen wollen. Bei zweien dieser Versuche steht der Begriff der epistemischen Rechtfertigung im Vordergrund.

2.1.2 David Annis und Robert Hambourger: Wissen und epistemische Rechtfertigung

David Annis[85] geht es ausschließlich um eine kontextualistische Theorie epistemischer Rechtfertigung. Aber auch wenn Annis' Theorieskizze keine Skizze einer kontextualistischen Theorie des Wissens ist, ist sie doch für die vorliegenden Überlegungen interessant. Denn man könnte geneigt sein, folgendermaßen zu überlegen (und z.B. Robert Hambourger tut dies dann auch in ähnlicher Weise): Wenn schon Xens epistemische Rechtfertigung für seine Behauptung, daß P, von kontextuellen Parametern beeinflußt wird, muß dann nicht auch sein Wissen darüber, daß P, von derartigen Parametern abhängig sein? Anders gefragt: Wenn X in einem Kontext epistemisch gerechtfertigt ist zu behaupten, daß P, nicht aber in einem anderen Kontext, muß dies nicht auch für sein Wissen darüber, daß P, gelten? Dies scheint natürlich vor allem dann eine erwägenswerte These, wenn man annimmt, daß Wissen aufs engste mit epistemischer Rechtfertigung verbunden ist. Unter diesem Gesichtspunkt könnte Annis' Ansatz als Ausgangsbasis für eine rechtfertigungsbasierte kontextualistische Theorie des Wissens dienen.

Eine Person S ist nach Annis epistemisch gerechtfertigt, die Wahrheit einer Aussage A zu behaupten, wenn sie gewisse Entgegnungen entkräften

---

[83] Siehe Goldman [1976]: 776.
[84] Siehe Goldman [1976]: 776.
[85] Siehe Annis [1987].

kann. Dieses Spiel von Behauptung und Entgegnung wird mit Hinblick auf ein gewisses vorrangiges epistemisches Ziel gespielt: das Ziel, wahre Überzeugungen zu haben und falsche Überzeugungen zu vermeiden. Dieses Ziel muß sowohl S als auch S' Opponenten [*objectors*] unterstellt werden. Es gibt allerdings auch Situationen, in denen von S für die Rechtfertigung seiner Überzeugung keinerlei Begründung verlangt wird - er muß keinerlei Entgegnungen entkräften können. Solche Überzeugungen nennt Annis kontextuell grundlegende Überzeugungen. (Dennoch wäre eine kontextualistische Theorie nach Annis' Meinung eine attraktive Alternative sowohl zum traditionellen Fundamentalismus, als auch zu dessen Gegenspieler, der Kohärenztheorie - wenngleich sich diese Idee mit den kontextuell grundlegenden Überzeugungen nicht so sehr wie eine Alternative sondern eher wie die Grundidee zu einem 'fundamentalistischen Kontextualismus' ausnimmt.)

In den meisten Fällen wird jedoch von S verlangt werden, gewisse Entgegnungen entkräften zu können. Die beiden naheliegenden Entgegnungen auf S' Behauptung, daß A wahr ist, sind: (i) S ist nicht in der richtigen Position, um zu wissen, daß A wahr ist. (ii) A ist nicht wahr. Daraufhin wird S nun verschiedene Gründe $g_1 ... g_n$ für die Wahrheit von A anführen. Dennoch mag es so sein, daß S trotz dieser Gründe gewisse Entgegnungen nicht entkräften kann. Aber muß S denn alle Entgegnungen entkräften können? Nein. Zur Beantwortung der Frage, welche Entgegnungen S entkräften können muß, schlägt Annis folgendes vor:

(a) Zunächst muß die Entgegnung Ausdruck eines echten Zweifels sein. Es darf keine Entgegnung sein, die nur einen möglichen und sehr unwahrscheinlichen Zweifel ausdrückt, einen Zweifel, den niemand wirklich ernstnimmt. (b) Zudem muß es ein Zweifel sein, der in einer Situation des wirklichen Lebens entstanden ist. Anders gesagt, es muß ein Zweifel sein, dem die Opponenten eine hohe Wahrscheinlichkeit zusprechen. (c) Der Kontext spielt ebenfalls eine Rolle bei der Beantwortung der Frage, welche Entgegnungen S entkräften können muß. So bestimmt der Kontext z.B. die passende Opponentengruppe. Im Falle der Frage etwa, ob S gerechtfertigt ist zu behaupten, daß Polio durch ein Virus verursacht wird, bestimmt der Kontext, in dem diese Frage gestellt wird, welche Entgegnungen S entkräften können muß. Denn er bestimmt, welches die passende Gruppe von Opponenten ist. Ist S medizinisch durchschnittlich gebildet, wird seiner Begründung, er hätte es in einer Zeitschrift gelesen, nichts entgegnet werden. Die passende Opponenten-Gruppe besteht aus ebenfalls medizinisch durchschnittlich gebildeten Personen. Ist es dagegen eine wichtige medizinische Prüfung, muß er mit weiteren Entgegnungen rechnen. Die Gruppe der Opponenten besteht hier aus Ärzten und medizinischem Fachpersonal. (d) Darüber hinaus wird S umso mehr Entgegnungen entkräften müssen, je mehr auf dem Spiel steht. (e) Außerdem bestimmen auch die tatsächlichen - in S' Gesellschaft praktizierten - sozialen Normen der Rechtfertigung, welche Entgegnungen S entkräften können muß.

Mit diesen Vorschlägen hat Annis natürlich noch keine gänzlich zufriedenstellende Antwort auf die Frage geliefert, welche Entgegnungen jemand entkräften können muß, um wahrheitsgemäß behaupten zu können, daß P. Dennoch scheint nicht bloß der Grundgedanke einleuchtend, daß die Rechtfertigung (i.e. die guten Gründe) für die Behauptung, daß P, von kontextuellen Parametern abhängt. Auch einige seiner Überlegungen dazu, welche Entgegnungen man entkräften können muß, sind plausibel. Und es scheint ebenfalls plausibel, daß die Güte der Gründe einer Person dafür, daß P, dadurch getestet werden kann, inwieweit die Person in der Lage ist, Entgegnungen zu entkräften.

Auch Robert Hambourger[86] geht von dem Begriff der epistemischen Rechtfertigung aus, genauer gesagt von dem Begriff der epistemisch gerechtfertigten Wissensbehauptung [*epistemically justified knowledge claim*]. Er stellt zunächst die These auf, daß es in unterschiedlichen Situationen unterschiedliche Standards der Gewissenhaftigkeit [*standards of caution*] gibt. In unterschiedlichen Situationen muß man unterschiedlich gewissenhaft sein bei der Behauptung, man wisse, daß so und so. Denn an diesen Standards der Gewissenhaftigkeit wird gemessen, ob eine Wissensbehauptung gerechtfertigt ist. Dabei scheinen diese von Situation zu Situation variierenden Standards der Gewissenhaftigkeit Standards dafür zu sein, wieviel Belege man in der jeweiligen Situation dafür haben muß, daß P, um gerechtfertigt behaupten zu können, man wisse, daß P. So kann man mit nur wenigen Belegen dafür, daß P, in Umständen, die einen laxen Standard der Gewissenhaftigkeit verlangen, gerechtfertigt sein zu behaupten man wisse, daß P, ohne deshalb in Umständen gerechtfertigt zu sein, die einen strengeren Standard verlangen.[87] Hambourger führt ein Beispiel an, um dies zu veranschaulichen. Wenn ein Freund ihn fragte, ob er wisse, wann Cäsar gestorben ist, so würde er antworten „Ja, 44 v. Chr.", wenn der Freund lediglich seine Hilfe bei einem Kreuzworträtsel bräuchte. Wenn er ihn dagegen im Zuge der Vorbereitungen zu einer Publikation fragte, würde er nicht behaupten, die Antwort zu wissen. Er würde lediglich sagen, er glaube, daß Cäsar 44 v. Chr. gestorben ist.

Im weiteren versucht Hambourger dafür zu argumentieren, daß nicht nur die Rechtfertigung einer Wissensbehauptung, sondern auch die Wahrheit derselben von solchen Standards der Gewissenhaftigkeit abhängt. Denn, so überlegt er, gäbe es nur einen einzigen invarianten Standard für die Wahrheit einer Wissensbehauptung, so müßte dieser Standard sehr niedrig sein, wollte

---

[86] Siehe hierzu Hambourger [1987].
[87] Vergl. Hambourger [1987]: 245.

man nicht dem Skeptiker ins offene Messer laufen. Ein solcher sehr niedriger Standard ist aber aus verschiedenen Gründen unplausibel, etwa dem folgenden: Angenommen, jemand fragt uns, ob wir wissen, ob es schon sechs Uhr ist, da er ein Ferngespräch führen wolle. Wir wissen nun, daß der Betreffende sehr auf sein Geld achtet und in diesen Dingen sehr empfindlich und leicht reizbar ist. Hier wäre also besondere Gewissenhaftigkeit von unserer Seite geboten. Wir würden nun vielleicht sagen, wir glauben, es sei bereits sechs Uhr, aber wir wissen es nicht genau. Zwar gehen unsere Uhren eigentlich immer richtig, aber wir haben sie länger nicht nachgestellt. Gibt es nun einen einzigen invarianten laxen Standard für die Wahrheit einer Wissensbehauptung, so genügen wir diesem Standard wohl auch in diesem Fall. Die Behauptung zu wissen, daß es schon sechs Uhr ist, wäre also aus unserem Mund sicherlich wahr gewesen. Dann hätten wir aber in dieser eben beschriebenen Situation etwas Falsches gesagt, indem wir vorsichtig zu bedenken gaben, wir wüßten es nicht ganz sicher. Denn de facto wußten wir es doch – da ja unsere diesbezügliche Behauptung zweifelsohne wahr gewesen wäre. Also war es falsch zu behaupten, wir wüßten es nicht ganz sicher. Dies scheint aber doch sehr unplausibel. Hambourger kommt aufgrund dieser und ähnlicher Überlegungen zu dem Schluß, daß auch die Wahrheit einer Wissensbehauptung von situationsabhängigen Standards der Gewissenhaftigkeit abhängt. Ausgehend vom Begriff der epistemischen Rechtfertigung und der These von den siuatuationsabhängigen Standards der Gewissenhaftigkeit gelangt Hambourger so zur Grundannahme kontextualistischer Theorien des Wissens: Die Wahrheit einer Wissenszuschreibung kann von Äußerungsituation zu Äußerungssituation in Abhängigkeit von kontextuellen Faktoren variieren.

Bei den beiden im folgenden dargestellten Ansätzen steht der Begriff der epistemischen Rechtfertigung nicht mehr im Vordergrund. Vielmehr geht es nun darum aufzuzeigen, in welchem Maße Wissen vom sozialen Umfeld beeinflußt wird.

2.1.3 GILBERT HARMAN UND STEWART COHEN: WISSEN UND SOZIALE FAKTOREN

Gilbert Harman versucht, die Abhängigkeit von Wissen von sozialen Faktoren deutlich zu machen. Hat man aber erst einmal erkannt, daß Wissen von sozialen Faktoren abhängt, und zwar von solchen, die eine bestimmte relevante soziale Gruppe betreffen, so ist es kein großer Schritt mehr zu der kontextualistischen These, daß der Wahrheitswert einer Wissenszuschreibung davon abhängen mag, in welcher sozialen Gruppe die Wissenszuschreibung gemacht wird. Stewart Cohen macht diesen Schritt, Gilbert Harman unternimmt ihn aber noch nicht.

Gilbert Harman versucht auf die soziale Komponente von Wissen hinzuweisen, indem er Beispiele liefert, die plausibel machen sollen, daß es bei der Antwort auf die Frage, ob X weiß, daß P, entscheidend sein kann, ob es in Xens sozialem Umfeld Belege (wenn auch irreführender Art) dagegen gibt, daß P.[88] Er unterscheidet dabei Gegenbelege von zweierlei Art, je nachdem, ob das Subjekt in den Besitz der Belege kommen kann oder nicht. Im letzteren Fall müssen die Belege aber zumindest im Besitz der relevanten sozialen Gruppe sein, der das Subjekt angehört (- ohne daß das Subjekt aber eben selbst in den Besitz dieser Belege kommen könnte).

Als ein Beispiel eines Belegs der ersten Art führt Harman folgendes an:[89] Mary findet heraus, daß Norman in Italien ist, indem sie in seinem Büro anruft und die Auskunft erhält, daß er in Italien ist. Angenommen nun, Norman möchte Mary zu der Überzeugung bringen, daß er in San Francisco ist. Er schreibt einen Brief, in dem er angibt, in San Francisco zu sein. Er schickt diesen Brief aus Italien an einen Freund in San Francisco, der ihn von dort aus weiter an Mary schickt. Dieser Brief liegt nun in dem Stapel mit der ungeöffneten Post vor Mary, während sie in Normans Büro anruft und erfährt, daß er in Italien ist. Weiß sie nun, daß er in Italien ist? Nach Harman weiß sie es nicht. Denn hätte sie den Brief geöffnet, würde sie glauben, daß Norman nicht in Italien ist. Hier handelt es sich um einen Fall, in dem dem Subjekt die - wenn auch irreführenden - Belege zugänglich sind.

Ein Beispiel für einen Beleg der zweiten Art findet sich in folgender Geschichte: Jane liest in der Zeitung, daß Dr. Kirby einem Attentat zum Opfer fiel. Allerdings wurde die Nachricht von offizieller Stelle dementiert. Und diese Dementi wurden in vielen Zeitungen publiziert. Aber Jane weiß nichts von diesen Dementi. Sie ist nicht im Besitz dieser, wenn auch irreführenden, Gegenbelege zu ihrer Überzeugung, daß Dr. Kirby ermordet wurde. Man könnte sich nun zudem vorstellen, daß sie gar nicht in den Besitz dieser Gegenbelege gelangen kann, da sie z.B. im Gefängnis sitzt. Dennoch weiß sie auch in dieser Situation nach Harman nicht, daß Dr. Kirby ermordet wurde. Denn in der Gruppe, zu der sie gehört, sind diese Gegenbelege verfügbar, auch wenn sie ihr nicht zugänglich sind.

Somit können nach Harman sowohl Belege, die einer Person zugänglich sind, als auch solche, die ihr nicht zugänglich sind, wohl aber einem Großteil der relevanten sozialen Gruppe, welcher sie angehört, ihr Wissen „untergraben". Das heißt, beide Arten von Belegen können dazu führen, daß eine Person unter bestimmten Umständen allein aufgrund des Vorhandenseins

---

[88] Siehe Harman [1980].
[89] Vergl. hierzu Harman [1980]: 164 f.

derartiger Belege um einen Sachverhalt nicht weiß, obgleich sie möglicherweise derlei Wissen hätte, gäbe es diese Belege nicht. Der für die vorliegenden Zwecke wesentliche Punkt der Harmanschen Überlegungen liegt in der Behauptung, daß Wissen durch Belege untergraben werden kann, über die man selbst nicht verfügt, die aber anderen Mitgliedern einer relevanten Gruppe, der man angehört, verfügbar sind.

Während Harman also zu zeigen versucht, daß es von sozialen Faktoren abhängt, ob Belege, die man nicht besitzt, das eigene Wissen untergraben können, will Stewart Cohen nun zeigen, daß es von sozialen Faktoren abhängt, ob Belege, die man besitzt, das eigene Wissen untergraben können.[90] Er betrachtet dazu zunächst den Begriff des epistemischen Grundes. Dieser Begriff ist seiner Ansicht nach ein fundamentaler Bestandteil des Wissensbegriffs. Ihn interessiert die Frage, wann man gute Gründe hat zu glauben, daß q. Gute Gründe haben eine Prima-facie-Struktur; das soll heißen, sie sind widerlegbar [*defeasible*]. Sei r ein prima facie guter Grund zu glauben, daß q. Dann ist d ein Widerleger des Grundes r, wenn r und d zusammen kein guter Grund dafür sind zu glauben, daß q.[91] Die Relevanz eines Widerlegers rangiert nun von „offensichtlich" [*obvious*] bis hin zu „sehr subtil". Man kann einen Widerleger d besitzen, dessen Relevanz für die Überlegung, ob q, man jedoch nicht erkennt, weil d ein sehr subtiler Widerleger ist. Cohen erläutert den Begriff der Offensichtlichkeit nur insofern, als er ihn als einen psychologischen Begriff bezeichnet, dessen Anwendung in dem vorliegenden Rahmen immer eine Spezifikation der Gruppe oder Person vorangehen muß, für die etwas offensichtlich oder nicht offensichtlich sein soll. Genauer gesagt müssen wir nach Cohen ein intersubjektiv bestimmtes Argumentationsniveau oder eine intersubjektiv bestimmte Fähigkeit zu vernünftigem Denken [*reasoning ability*] voraussetzen, an der wir die Offensichtlichkeit der Relevanz von Widerlegern messen. Normalerweise setzen wir dabei einfach die Fähigkeit zu vernünftigem Denken der relevanten sozialen Gruppe voraus, der wir angehören. Was er aber darunter versteht, daß die Relevanz eines Widerlegers gemessen an der Fähigkeit zu venünftigem Denken einer Person oder Gruppe von Personen offensichtlich ist, erläutert Cohen nicht. Es scheint aber, als wolle er darunter einfach verstanden wissen, daß die Relevanz eines Widerlegers dann für eine Gruppe G offensichtlich ist, wenn der Widerleger von normalen Mitgliedern von G als solcher erkannt wird.

Wenn nun ein Widerleger an der Fähigkeit zu vernünftigem Denken einer relevanten sozialen Gruppe gemessen offensichtlich ist, wird er ein *intersubjektiv evidenter Widerleger* genannt. Entsprechend wird ein intersubjektiv nicht

---

[90] Siehe Cohen [1986] & Cohen [1987].
[91] Genauer gesagt unterscheidet Cohen in Anlehnung an John Pollock (in Pollock [1974]) zwei Typen von Widerlegern. Aber diese Unterscheidung ist hier nicht weiter von Bedeutung.

evidenter Widerleger ein *intersubjektiv opaker Widerleger* genannt. Ein Widerleger, der, an der Fähigkeit zu vernünftigem Denken eines Subjekts S gemessen, offensichtlich ist, wird ein *subjektiv evidenter Widerleger* genannt. Und entsprechend wird ein Widerleger, welcher, an dieser Fähigkeit von S gemessen, nicht offensichtlich ist, ein *subjektiv opaker Widerleger* genannt. Folgendes kann nun festgehalten werden:[92]

> Subjekt S hat genau dann ideal gute Gründe zu glauben, daß q, wenn S prima facie gute Gründe r hat zu glauben, daß q, und es gilt: Für jeden im Besitz von S befindlichen Widerleger von r als einem Grund zu glauben, daß q, besitzt S einen wiederherstellenden [*restoring*] Widerleger.[93]

> Subjekt S hat genau dann intersubjektiv gute Gründe zu glauben, daß q, wenn S prima facie gute Gründe r hat zu glauben, daß q, und es gilt: Für jeden im Besitz von S befindlichen intersubjektiv evidenten Widerleger von r als einem Grund zu glauben, daß q, besitzt S einen intersubjektiv evidenten wiederherstellenden Widerleger.

> Subjekt S hat genau dann subjektiv gute Gründe zu glauben, daß q, wenn S prima facie gute Gründe r hat zu glauben, daß q, und es gilt: Für jeden im Besitz von S befindlichen subjektiv evidenten Widerleger von r als einem Grund zu glauben, daß q, besitzt S einen subjektiv evidenten wiederherstellenden Widerleger.

Wissen erfordert [*entails*] nun nach Cohen gute Gründe. Genauer gesagt zeigt Cohen anhand von Beispielen, daß Wissen sowohl subjektiv gute Gründe als auch intersubjektiv gute Gründe erfordert - aber es erfordert keine ideal guten Gründe. Demzufolge hängt die Wahrheit einer Wissenszuschreibung des Typs „X weiß, daß q" davon ab, ob das Wissenssubjekt intersubjektiv gute Gründe hat zu glauben, daß q. Sie hängt nicht davon ab, ob das Subjekt ideal gute Gründe hat zu glauben, daß q. Ob ein Grund ein intersubjektiv guter Grund ist, hängt aber nun von der Fähigkeit zu vernünftigem Denken der Gruppe der Zuschreiber ab. Um zu wissen, daß q, muß das Subjekt jeden als intersubjektiv evident geltenden Widerleger (gemessen an der Fähigkeit zu vernünftigem Denken der Gruppe der Zuschreiber) der Gründe für seine Überzeugung, daß q, selbst wieder widerlegen können. Im Kontext der Zuschreiber wird also ein Standard für die Offensichtlichkeit der Relevanz von Widerlegern festgelegt. Alle an diesem Standard gemessen offensichtlichen Widerleger, i.e. alle intersubjektiv evidenten Widerleger, muß das Subjekt widerlegen können, um zu wissen, daß q.

---

[92] Siehe hierzu Cohen [1987]: 6 f.
[93] Ein wiederherstellender Widerleger ist ein Widerleger eines Widerlegers.

Wissen hat insofern eine soziale Komponente, als es von solchen intersubjektiven Standards abhängt, ob ein Widerleger Wissen „untergräbt" oder nicht. Diese Standards werden normalerweise anhand der Fähigkeit zu vernünftigem Denken der sozialen Gruppe der Zuschreiber bestimmt. (Cohen gibt allerdings zu bedenken, daß die Standards vielleicht auch durch die Fähigkeit zu vernünftigem Denken eines Zuschreibers allein bestimmt werden können. Manchmal kann der Standard sogar einfach durch die Absichten des Zuschreibers darüber, welcher Standard angewandt werden soll, festgelegt werden. Die Absichten des Zuschreibers können somit unter Umständen bestimmen, welcher Standard angelegt wird.) Wissenszuschreibungen sind also wahr oder falsch relativ zu einem kontextsensitiven Standard der Offensichtlichkeit der Relevanz von Widerlegern.[94] Cohen schreibt hierzu:[95]

> Eine bessere Art und Weise, die Angelegenheit zu betrachten, besteht darin anzunehmen, daß Wissenszuschreibungen (oder Leugnungen) indexikalisch oder kontextsensitiv sind. Die anzuwendenden Standards sind durch den Kontext der Zuschreibung bestimmt. Der Wahrheitswert einer Zuschreibung hängt dann von dem Status der im Besitz des Subjekts befindlichen Widerleger ab, relativ zu den Standards, die im Kontext der Zuschreibung angewandt werden.

Der Wahrheitswert einer Wissenszuschreibung ist folglich nach Cohen unter anderem von dem Kontext der Wissenszuschreiber abhängig. Diese Abhängigkeit nennt Cohen Kontextsensitivität oder Indexikalität.

2.1.4 ZUSAMMENFASSUNG

Dieser Abriß einiger Entwürfe zu einer kontextualistischen Theorie des Wissens läßt sich knapp so zusammenfassen: Nach Gail Stine muß eine Person keineswegs alle Alternativen zu P ausschließen können, um zu wissen, daß P. Sie muß lediglich die relevanten Alternativen ausschließen können. Und gewöhnlich ist eine Alternative lediglich dann relevant, wenn es Gründe gibt anzunehmen, daß sie besteht. Goldman fängt eine meines Erachtens ähnlich plausible, aber auch ähnlich unstrittige (weil mit wenig inhaltlicher Deutlichkeit versehene) Intuition ein, indem er behauptet, daß diejenigen Alternativen relevant sind, die als relevant erachtet werden. Dabei muß weder der Zuschreiber bei jeder Wissenszuschreibung eine klar abgegrenzte Menge von

---

[94] Für eine kritische Anmerkungen zu Cohens Ansatz siehe z.B. Christopher Hookway [1996]. Hookway argumentiert darüberhinaus in diesem Artikel dafür, daß man sich beim Bemühen um eine erkenntnistheoretische Theorie nicht so sehr auf Aussagen oder Behauptungen beschränken sollte, sondern daß man vielmehr der Logik und Semantik von Fragen besondere Aufmerksamkeit schenken sollte. Er will Wissen nicht als eine Beziehung zwischen einer Person und einer Proposition verstanden wissen, sondern als Beziehung zwischen einer Person und einer Frage (vergl. Hookway [1996]: 12).
[95] Siehe Cohen [1987]: 15.

relevanten Alternativen im Sinn haben, noch muß die Menge der jeweils relevanten Alternativen durch den semantischen Gehalt von „wissen" festgelegt sein. Besonders wichtig am Goldmanschen Ansatz ist darüberhinaus die Unterscheidung zwischen der Situation des Subjekts, dem Wissen zugeschrieben werden soll, und der Situation des Zuschreibers.

David Annis gesteht einem Subjekt S nur dann zu, in einer Wissensbehauptung gerechtfertigt zu sein, wenn S in der Lage ist, ernsthafte und adäquate Entgegnungen zu entkräften und seriöse Zweifel auszuräumen. Robert Hambourger dagegen verlangt von einem Subjekt S unterschiedliche Gewissenhaftigkeit beim Aufstellen von Wissensbehauptungen. Die jeweilige Äußerungssituation legt fest, wieviele Belege S braucht, um erstens gerechtfertigt behaupten zu können, er wisse, daß P, und um zweitens tatsächlich zu wissen, daß P.

Nach Gilbert Harman weiß ein Subjekt S - trotzdem es glaubt, daß P - unter Umständen allein schon deshalb nicht, daß P, weil es Gegenbelege gegen S's Überzeugung gibt, die der relevanten Gruppe zur Verfügung stehen, der S angehört. Dies kann auch dann der Fall sein, wenn S selbst nicht über diese Gegenbelege verfügen kann, und auch dann, wenn die Gegenbelege irreführend sind. Nach Stewart Cohen muß normalerweise bei der Beantwortung der Frage, ob ein Subjekt S (in einer sozialen Gruppe G) weiß, daß P, die Fähigkeit zu vernünftigem Denken in G berücksichtigt werden. Denn unter Berücksichtigung dieser Fähigkeit zu vernünftigem Denken in G wird ein intersubjektiver Standard dafür festgelegt, wie offensichtlich die Relevanz eines Widerlegers W gegen S' Gründe dafür, daß P, sein muß, damit W als ein intersubjektiv evidenter Widerleger gilt. S muß alle intersubjektiv evidenten Widerleger widerlegen können, um zu wissen, daß P. Die Fähigkeit zu vernünftigem Denken innerhalb der relevanten sozialen Gruppe von S legt folglich fest, welche Widerleger (seines Grundes r dafür, daß P) S widerlegen können muß, um auf der Basis von r zu wissen, daß P. Die Behauptung, daß das Subjekt S weiß, daß P, kann also, geäußert in Gruppe G_1, wahr sein, und, geäußert in Gruppe G_2, falsch sein. Diese Kontextabhängigkeit von Wissenszuschreibungen bezeichnet Cohen als Indexikalität.

2.2 Fred Dretskes Theorie mit den relevanten Alternativen

2.2.1 Die Idee

Der prominenteste Vertreter der Theorie mit den relevanten Alternativen ist Fred Dretske. Seinen Überlegungen geht eine Unterscheidung zwischen zwei

2.2 Fred Dretskes Theorie mit den relevanten Alternativen

verschiedenen Arten von Wissen voran, dem von ihm so genannten Tatsachenwissen [*factual knowledge*] und dem Wissen über Dinge. Bei seinen Betrachtungen zum Wissensbegriff geht es ihm ausschließlich um Tatsachenwissen. Dieses Wissen hat - wie der Name verheißt - Tatsachen zum Gegenstand, wie etwa die Tatsache, daß es regnet, oder die Tatsache, daß heute Donnerstag ist. Wenn X weiß, daß es heute regnet (oder allgemeiner, wenn X weiß, daß P, wobei „P" die Beschreibung einer beliebigen Tatsache ist), dann ist dies ein Fall von Tatsachenwissen.

Nach Dretske ist dieses Tatsachenwissen in folgendem Sinn absolut: Wenn X weiß, daß es regnet, und Y weiß, daß es regnet, dann ist es unsinnig zu behaupten, X wisse dies besser als Y. Entweder man weiß, daß P, oder man weiß es nicht. Und weiß man es, dann kann man es nicht besser oder schlechter wissen.[96] Tatsachenwissen ist eine „Ganz-oder-gar-nicht-Angelegenheit". Diese Zurückweisung der Abstufbarkeit von Wissen erinnert an Peter Ungers These von den absoluten Begriffen. So nimmt es auch nicht wunder, daß Dretske sich auf Unger bezieht und betont, er stimme mit ihm darin über, daß „Wissen" ein absoluter Begriff sei. Allerdings gibt es einen nicht unwesentlichen - von Dretske jedoch bagatellisierten - Unterschied zwischen Unger und Dretske hinsichtlich des Grundes für die Absolutheit von „Wissen".

Nach Unger ist der Begriff des Wissens insofern absolut, als er den absoluten Begriff der Gewißheit voraussetzt. Es gibt seiner Ansicht nach basale absolute Begriffe. Dazu gehören z.B. „flach" und „gewiß".[97] Diese Begriffe lassen sich nach Unger fast nie zutreffend auf Dinge oder Personen in der Welt anwenden. Denn etwas ist z.B. nur dann flach, wenn es keinerlei Unebenheit aufweist. Was in der Welt ist aber so beschaffen, daß es keinerlei Unebenheit aufweist? Nichts ist so beschaffen, denn immer läßt sich noch etwas finden, das flacher ist, und darin zeigt sich, daß ersteres eben doch nicht frei von jeglicher Unebenheit war. Neben diesen basalen absoluten Begriffen gibt es andere, nichtbasale absolute Begriffe, die zumindest zum Teil durch die basalen absoluten Begriffe definiert sind. Solche Begriffe sind z.B. „wissen" oder „Würfel". Auch solche nichtbasalen absoluten Begriffe treffen eigentlich auf nichts in der Welt tatsächlich zu. Unger schreibt:[98] „Und so wie basale absolute Begriffe generell nicht auf die Welt angewandt werden können, so lassen sich auch andere absolute Begriffe, die zumindest zum Teil durch die basalen Begriffe definiert sind, nicht auf die Welt anwenden. Folglich sprechen wir ebenfalls unwahr, wenn wir von einem Gegenstand oder einer Person in der Welt sagen: 'Das ist ein Würfel' oder 'Er weiß, daß es

---

[96] Anders verhält es sich natürlich mit Wissen von Dingen. Dabei wird im Deutschen aber gewöhnlich von „Kennen" gesprochen: „X kennt die Gegend besser als Y".
[97] Siehe Unger [1975]: 49.
[98] Siehe hierzu Unger [1975]: 49.

regnet'. Denn ein Gegenstand ist nur dann ein Würfel, wenn er eine flache Oberfläche hat, und, so werde ich argumentieren, eine Person weiß nur dann, daß etwas so und so ist, wenn sie sich dessen gewiß ist." (Der basale absolute Begriff in diesem Zusammenhang ist also „gewiß". Und Wissen setzt Gewißsein voraus.)

Dretske stimmt also mit Unger darin überein, daß es absolute Begriffe gibt. Und „wissen", „flach" oder „leer" gehören auch seiner Meinung nach dazu. Aber er führt die Absolutheit von „Wissen" auf die Forderung nach absoluter Rechtfertigung zurück.[99] Jemand wisse nur dann, daß P, wenn er absolut gerechtfertigt sei zu glauben, daß P (und P wahr ist). Deshalb könne, wenn X wisse, daß P, Y dies nicht besser wissen, denn er könne kaum „absoluter" gerechtfertigt sein zu glauben, daß P. Wann aber ist eine Person absolut gerechtfertigt zu glauben, daß P? Eine Person ist nach Dretske dann absolut gerechtfertigt zu glauben, daß P, wenn ihre Rechtfertigung zwingend ist. Es gilt: (a) X weiß, daß P, wenn X absolut gerechtfertigt ist zu glauben, daß P. (b) X ist absolut gerechtfertigt zu glauben, daß P, wenn X eine zwingende Rechtfertigung dafür hat zu glauben, daß P. Mit dieser Redeweise von der „zwingenden" Rechtfertigung verweist Dretske auf eine seiner früheren Erläuterungen des Wissensbegriffs.[100] Dort gibt er als notwendige und hinreichende Bedingung dafür, daß X (auf der Basis von R, wobei „R" ebenfalls einen Sachverhalt oder eine Tatsache beschreiben soll) weiß, daß P, an, daß X einen zwingenden Grund R hat zu glauben, daß P. Es gilt also weiter: (c) X hat eine zwingende Rechtfertigung zu glauben, daß P, wenn er einen zwingenden Grund R hat zu glauben, daß P. Und (d) X hat dann und nur dann einen zwingenden Grund R zu glauben, daß P, wenn gilt:[101]

(1) R ist ein zwingender Grund für P.
(2) X glaubt ohne Vorbehalt, Zweifel oder Frage, daß P der Fall ist, und er glaubt dies auf der Basis von R.
(3) (i) X weiß, daß R der Fall ist, oder
    (ii) R ist ein Erfahrungszustand von X (von dem man vielleicht nicht sinnvoll sagen kann, daß X weiß, daß R der Fall ist; wenigstens hat es keinen Sinn mehr zu fragen, woher X es weiß).

---

[99] Dabei spricht Dretske sowohl davon, daß „Wissen" ein absoluter Begriff ist (vergl. z.B. Dretske [1981]: 366) als auch davon, daß Wissen absolut ist (ebd. 363).
[100] Siehe Dretske [1971].
[101] Siehe Dretske [1971]: 136.

2.2 Fred Dretskes Theorie mit den relevanten Alternativen 63

Dabei gilt weiter: (e) R ist ein zwingender Grund für P, wenn gilt: R wäre nicht der Fall, wenn P nicht der Fall wäre, oder anders: Gegeben R, ist es (physikalisch) unmöglich, daß non-P.[102]

Eine Person muß also, um (auf der Basis von R) zu wissen, daß P, in R einen zwingenden Grund haben zu glauben, daß P. Denn dadurch ist sie absolut gerechtfertigt zu glauben, daß P. Und ist sie absolut gerechtfertigt zu glauben, daß P, so weiß sie, daß P. Wissen ist nach Dretske folglich insofern absolut, als es eine absolute oder zwingende Rechtfertigung verlangt.

Abgesehen von der Differenz zwischen Unger und Dretske hinsichtlich der Quelle der Absolutheit von Wissen stimmt Dretske der Ungerschen Charakterisierung der absoluten Begriffe zu. So sei es z.B. richtig, daß etwas nur dann flach ist, wenn es keinerlei Unebenheiten aufweist. Aber - überlegt Dretske - daraus folgt nicht, daß es nichts gibt, was wirklich flach ist. Denn *was als Unebenheit zählt*, ist doch eine Frage, die von Situation zu Situation verschieden beantwortet werden kann und muß. Untersucht man im Labor unter dem Mikroskop eine Oberfläche auf ihre Flachheit hin, so zählt sicherlich etwas anderes als Unebenheit, als wenn man über die Flachheit einer Landschaft spricht. Je nach Kontext verwendet man andere Unebenheitskriterien. Ähnlich muß auch bei der Anwendung des Wissensbegriffs dessen kontextabhängige Komponente in Betracht gezogen werden. Sicherlich weiß X nur dann, daß P, wenn er alle Alternativen zu P ausschließen kann. Aber was überhaupt als Alternative zählt, i.e. welche Alternativen relevant sind, mag von Situation zu Situation verschieden sein. Demnach haben solche absoluten Begriffe auch einen - wie Dretske es ausdrückt - relationalen Charakter. Er nennt diese Begriffe entsprechend „relational absolute Begriffe".[103] Ähnlich wie eine Fläche nur dann flach ist, wenn sie keinerlei relevante (i.e. in diesem Kontext als Unebenheit zählende) Unebenheiten aufweist, weiß X nur dann, daß P, wenn er *alle relevanten Alternativen* zu P ausschließen kann.

Kriterien

Eine der wichtigsten Fragen in diesem Zusammenhang ist folglich, wie sich entscheiden läßt, welche Alternativen jeweils relevant sind. Dazu gibt Dretske einige Kriterien an:

(1) Nach Dretske behauptet X, wenn er sagt, er wisse, daß A seine Schreibmaschine an *B* verkauft habe, etwas anderes, als wenn er sagt, er wis-

---
[102] Dretskes Erläuterungen zu der Frage, wie dieses Konditional „R wäre nicht der Fall, wenn P nicht der Fall wäre" genau zu lesen ist, spielen für die weiteren Betrachtungen keine Rolle (vergl. dazu Dretske [1971]: 124).
[103] Siehe hierzu Dretske [1981]: 367.

se, daß A seine Schreibmaschine an B *verkauft* habe.[104] Zugrunde liegt hier eine Annahme Dretskes, dergemäß Sätze bei gleichem Wortlaut verschiedene Bedeutung haben können[105], wenn in ihnen vorkommende Ausdrücke verschieden betont werden.[106] Er nennt diesen Vorgang des Betonens *gegenüberstellendes Fokussieren* [*contrastive focusing*].[107] So können die beiden obigen Sätze allein dadurch verschiedene Bedeutung haben, daß die Betonung auf unterschiedlichen in ihnen vorkommenden Ausdrücken liegt. Dieses gegenüberstellende Fokussieren kann nun dazu dienen, die Menge der relevanten Alternativen einzuschränken. Wenn X behauptet zu wissen, daß A seine Schreibmaschine an *B* verkauft hat, dann muß er lediglich solche Möglichkeiten ausschließen können, in denen A sie etwa an C oder an D oder an E verkauft hat. Wenn er dagegen zu wissen behauptet, A habe seine Schreibmaschine an B *verkauft*, dann muß er ausschließen können, daß A sie verschenkt oder verliehen hat oder ähnliches. Demnach bedarf es bei einer Wissenszuschreibung einer Analyse der Intonation, der Wortstellung, und all dem, was sonst noch dazu benutzt werden kann, deutlich zu machen, welche Ausdrücke in welcher Hinsicht gegenüberstellend fokussiert werden, um zu entscheiden, welche Alternativen bei dieser Zuschreibung relevant sind.

(2) Wenn wir behaupten, etwas zu wissen, geben wir oft die Quelle unseres Wissens oder den Informationskanal an. Wir sagen etwa: „Ich weiß, daß P, denn ich sah, daß P" oder „...ich las in der Zeitung, daß P" oder „...ich erinnere mich, daß P." Dretske ist nun der Meinung, daß die Möglichkeit der Unzuverlässigkeit dieser Informationskanäle immer eine irrelevante Möglichkeit ist, d.h. eine Möglichkeit, die wir nicht ausschließen können müssen. Wir können die Zuverlässigkeit unserer Informationskanäle als gegeben ansehen.

(3) Als drittes kommt Dretske auf ein Kriterium zu sprechen, das zwar gemeinhin als bedeutsam erachtet wird, wenn es um die Frage geht, welche Alternativen bei einer Wissenszuschreibung relevant sind. Dretske erwähnt dieses Kriterium jedoch nur, um zu zeigen, daß es - dem ersten Anschein zum Trotz - bei dieser Frage nicht von Wichtigkeit ist. Dem Kriterium zufolge muß man in einer Situation, in der besonders viel auf dem Spiel steht, mehr Möglichkeiten ausschließen können als in einer „normalen" Situation. Je wichtiger es ist, daß man tatsächlich weiß, daß P, desto mehr Alternativen zu P sind relevant. Fährt man z.B. mit dem Auto durch die Wüste, so muß man, um zu wissen, daß der Tank noch voll ist, mehr Möglichkeiten aus-

---

[104] Vergl. Dretske [1972].
[105] Vergl. hierzu Dretske [1972]: 412.
[106] Diese Betonung kann durch einen emphatischen Tonfall zuwege gebracht werden o.ä.. Sie kann aber auch einfach durch den Kontext deutlich werden. Wenn X auf die Frage, ob er seine Schreibmaschine B geschenkt habe, antwortet, daß er sie B verkauft hat, wird nahegelegt, daß der Fokus in seiner Antwort auf „verkauft" gerichtet ist.
[107] Siehe Dretske [1981]: 373.

2.2 Fred Dretskes Theorie mit den relevanten Alternativen 65

schließen können als im normalen Stadtverkehr. Man muß etwa noch die Möglichkeit ausschließen können, daß die Tankuhr plötzlich stehengeblieben ist oder ähnliches – so heißt es. Dretske leugnet dies. Es mag zwar sein - so gibt er zu - , daß man sich in der Wüste nicht einfach gutgläubig auf die Tankanzeige verlassen sollte. Man sollte sie unter solchen Umständen vernünftigerweise einer genauen Prüfung unterziehen, um so die Möglichkeit ausschließen zu können, daß sie falsch geht. Aber wenn man dies nicht tut, und sich dennoch auf sie verläßt (und sie geht tatsächlich richtig und zeigt zudem einen vollen Tank an), dann weiß man auch, daß der Tank noch voll ist.

An anderer Stelle kommt Dretske noch einmal auf diese pragmatische Dimension von Wissen zu sprechen. In diesem Zusammenhang behauptet er, daß (soziale und) pragmatische Faktoren wie etwa die Verfügbarkeit von Gegenbelegen, die Interessen von Sprecher und Zuhörer, oder auch die Wichtigkeit und Signifikanz des Gewußten, lediglich Einfluß darauf nehmen können, ob es *vernünftig sei zu sagen, jemand wisse etwas*, nicht aber darauf, *ob etwas gewußt werde*.[108]

(4) Nun hat sicherlich die Relevanz einer Möglichkeit auch damit zu tun, wie weit hergeholt diese Möglichkeit ist. Dretske wendet sich im Laufe seiner Überlegungen nun der Frage zu, wann eine Möglichkeit zu weit hergeholt ist, als daß sie relevant sein könnte. Dafür findet sich so leicht keine Entscheidungshilfe. Für Dretske scheint aber klar zu sein, daß jede Möglichkeit, die das Subjekt selbst für möglicherweise bestehend hält, nicht zu weit hergeholt sein kann. Falls das Subjekt von einer alternativen Möglichkeit A glaubt, daß sie vielleicht besteht (falls es also glaubt, daß es sich bezüglich P irren könnte, da vielleicht eher A besteht), dann weiß es nicht, daß P. Das Subjekt darf nicht glauben, daß möglicherweise non-P, soll es wissen, daß P.

(5) Letztlich kommt Dretske im Zuge dieser Überlegungen auf eine einfache Formel: Eine Möglichkeit wird dadurch relevant, daß sie tatsächlich als Möglichkeit in der bestehenden Situation existiert.[109] Was aber soll das heissen? Betrachten wir zur Verdeutlichung ein weiteres seiner Beispiele: Ein Vogelbeobachter sieht an einem See in Wisconsin eine Gadwell Ente. Er erkennt sie an der für Gadwell Enten charakteristischen Zeichnung. In der Nähe ist ein Ornithologe, der die Annahme vertritt, daß einige Sibirische Seetaucher in diese Gegend gezogen sind. Sibirische Seetaucher sind fast ununterscheidbar von Gadwell Enten. Lediglich im Flug erkennt man die unterschiedliche Zeichnung am Bauch. Der Vogelbeobachter hat besagte Gadwell Ente nicht im Flug gesehen. Weiß er nun, daß er tatsächlich eine Gadwell Ente gesehen hat? Angenommen, die Annahme des Ornithologen ist unfun-

---
[108] Siehe Dretske [1981]: 367.
[109] Siehe Dretske [1981]: 377.

diert oder sogar unmöglich wahr, da Sibirische Seetaucher nicht über gewisse geographische Grenzen (zwischen Wisconsin und Sibirien) hinweg ziehen können. Weiß der Vogelbeobachter unter diesen Umständen, daß es sich um eine Gadwell Ente handelt? Oder angenommen, es gibt gar keinen Ornithologen, sondern nur ein Gerücht von seiner Anwesenheit. Muß der Vogelbeobachter nun die Möglichkeit ausschließen können, daß es in dieser Region Sibirische Seetaucher gibt? Sicherlich sollten wir nicht zulassen, daß das Gerücht um einen Ornithologen den Vogelbeobachter seines Wissens „beraubt". Das hieße dem Skeptiker die Hand zu reichen. Nach Dretske sind nun allein die Möglichkeiten relevant, die in der vorliegenden Situation tatsächlich existieren. Nehmen wir an, daß Sibirische Seetaucher gar nicht nach Wisconsin ziehen können, da sie gewisse geographische Barrieren nicht überschreiten können. So ist die Möglichkeit, daß es sich bei dem Vogel um einen solchen Sibirischen Seetaucher handelt, keine in dieser Situation tatsächlich existierende Möglichkeit. Denn so wie die Dinge nun einmal liegen, können Sibirische Seetaucher eben (in dieser Welt) nicht nach Wisconsin ziehen. Es ist eine logische Möglichkeit, aber keine - so Dretske - tatsächlich existierende Möglichkeit. Und damit ist es keine relevante Möglichkeit.

Zusammenfassend läßt sich folgendes festhalten: X weiß, daß P, wenn X alle relevanten Alternativen zu P auszuschließen in der Lage ist. Welche Alternativen in einer Situation relevant sind, ist von Situation zu Situation verschieden. Aber es gibt Entscheidungshilfen bei der Frage, welche Alternativen jeweils relevant sind: (1) Relevant sind die Alternativen, die mit dem Bestehen des von X als bestehend behaupteten Sachverhalts unverträglich sind. (2) Relevant sind alle Möglichkeiten, die das Subjekt für möglicherweise bestehend hält. (Falls das Subjekt glaubt, daß es sein könnte, daß q, dann ist es eine relevante Alternative, daß q.) (3) Relevant sind alle in der Situation des Subjekts tatsächlich existierenden Möglichkeiten.

2.2.2 KRITIK

Die Grundidee der Dretskeschen Theorie ist zweifelsohne einleuchtend. Ein Subjekt muß, um zu wissen, daß P, nicht alle Alternativen zu P, sondern lediglich die relevanten Alternativen auszuschließen in der Lage sein. Die Menge der relevanten Alternativen kann von Situation zu Situation in Abhängigkeit von kontextuellen Faktoren variieren. Die Kriterien allerdings, welche zur Bestimmung der in einer Situation jeweils relevanten Alternativen dienen sollen, sind weniger plausibel.

Thomas macht eine Wissenszuschreibung. Er behauptet zu wissen, daß Maria das Piano an Christian verkauft hat. Diese Wissenszuschreibung muß nun nach Dretskes *erstem Kriterium* daraufhin untersucht werden, was Thomas

2.2 Fred Dretskes Theorie mit den relevanten Alternativen

eigentlich behauptet hat. Erst dann wird ersichtlich, welche Alternativen Thomas in der Lage sein muß auszuschließen, soll die Wissensbehauptung wahr sein. Genauer gesagt hängt es nach Dretske von den in der Betonung deutlich werdenden Absichten und Interessen des Zuschreibers ab (ob er etwa behaupten möchte zu wissen, daß Maria das Piano an *Christian* verkauft hat, oder ob er behaupten möchte zu wissen, daß Maria das Piano an Christian *verkauft* hat), welche Alternativen relevant werden. An anderer Stelle betont Dretske aber, daß die soziale oder pragmatische Komponente, zu der er auch die Interessen der Zuschreiber zählt, keine Bedeutung dafür hat, ob etwas gewußt wird. Sie hat lediglich Bedeutung dafür, ob es vernünftig (*reasonable*) - nicht wahr! - ist zu sagen, jemand wisse etwas. Dretske widerspricht sich. Zum einen behauptet er, daß die Interessen der Zuschreiber auf die Menge der relevanten Alternativen Einfluß nehmen können. Und auf diesem Umweg über die Menge der relevanten Alternativen nehmen die Interessen der Zuschreiber natürlich auch Einfluß darauf, ob die jeweilige Wissenszuschreibung wahr ist. Zum anderen aber betont er, daß die Interessen der Zuschreiber keinen Einfluß darauf nehmen, ob etwas gewußt wird (i.e. ob die Wissenszuschreibung wahr ist), sondern lediglich darauf, ob es vernünftig ist, von jemandem zu sagen, er wisse etwas.

Dretskes *zweites Kriterium* ist ebenfalls nicht unproblematisch. Mit diesem Kriterium soll die Unzuverlässigkeit des Informationskanals als relevante Alternative ausgeschlossen werden. Dies ist aber sicherlich eine unzulässige Verallgemeinerung. Angenommen, wir überlegen, ob Christian weiß, daß das Kino um acht Uhr anfängt. Wir wissen, daß Maria ihm sagen wollte, wann das Kino anfängt, und daß das Kino tatsächlich um acht Uhr anfängt. Aber wir wissen auch, daß Maria fast immer die Anfangszeiten von Veranstaltungen durcheinander bringt. Wir haben also allen Grund zu der Annahme, daß sie sie auch diesmal durcheinander gebracht hat, und Christian eine falsche Anfangszeit genannt hat. Die Alternative, daß Maria Christian eine falsche Anfangszeit für das Kino gesagt hat, ist demnach eine relevante Alternative, selbst wenn sich Maria in diesem Fall ausnahmsweise nicht geirrt haben sollte. Der Informationsweg, auf dem Christian zu dem Wissen kommen sollte, daß das Kino um acht Uhr anfängt, ist unzuverlässig. Es lassen sich aber auch ganz einfache Gegenbeispiele ausmalen. Man denke nur an Halluzinationen oder Sinnestäuschungen. Es scheint reichlich Fälle zu geben, in denen die Möglichkeit der Unzuverlässigkeit des Informationskanals eine relevante Alternative ist.

Dretskes *drittes Kriterium* bringt ebenfalls Schwierigkeiten mit sich. Zur Veranschaulichung beschreibt er eine Situation, in der jemand mit dem Auto in die Wüste fährt. In dieser Situation kann das Leben davon abhängen, ob man noch Benzin im Tank hat. Sollten nun in einer solchen Situation, in der besonders viel davon abhängt, ob man mit der Wissensbehauptung richtig liegt, nicht mehr Alternativen ausgeschlossen werden können müssen als in anderen, harmloseren Situationen?[110] Dretske antwortet mit nein. Nun scheint Dretske mit seinem Wüstenbeispiel allerdings ohnehin nicht so sehr eine Situation zu schildern, in der es besonders wichtig ist zu wissen, daß der Tank noch voll ist. Vielmehr handelt es sich hier um eine Situation, in der es besonders wichtig ist, daß der Tank noch voll ist. Weder für den Wüstenfahrer selbst noch für andere Beteiligte ist es von besonderer Bedeutung, ob der Fahrer tatsächlich weiß, daß sein Tank noch voll ist. Dagegen ist es von entscheidender Bedeutung, ob der Tank tatsächlich noch voll ist. Die interessante Frage in diesem Zusammenhang ist nicht die Frage „Weiß X, daß P?", sondern die Frage „Ist es der Fall, daß P?".

Angenommen, unser guter Freund Fritz fährt in die Wüste. Wir überlegen, ob er weiß, daß sein Tank voll ist. Wir haben die besten Gründe für die Annahme, daß sein Tank tatsächlich voll ist, denn wir haben gerade selbst sein Auto getankt und untersucht. Wir wissen also, daß der Tank voll ist. Fritz hat, als wir ihm sein Auto eben übergeben haben, auf die Tankuhr geschaut. Er hat keinen Grund zu der Annahme, daß die Tankuhr kaputt ist. Weiß Fritz, daß der Tank voll ist? Ich denke, wir sollten nicht zögern zu sagen, daß er es weiß. Und er scheint dies unabhängig davon zu wissen, ob er mehr Alternativen ausschließen kann als in harmloseren Situationen. Das heißt, wir schreiben ihm dieses Wissen unabhängig davon zu, wieviel für ihn oder für uns auf dem Spiel steht. Wichtig ist lediglich, daß der Tank voll ist.

Folgendes wird also durch das hohe Risiko bewirkt: Wir als Zuschreiber wollen sicher gehen, daß der Tank tatsächlich voll ist, bevor wir von Fritz sagen wollen er wisse, daß der Tank voll ist. D.h. wir als Zuschreiber zögern, uns selbst Wissen darüber zuzuschreiben, daß der Tank voll ist. Als Folge davon zögern wir, Fritz Wissen darüber zuzuschreiben. Wenn wir aber schließlich zu der Überzeugung kommen, daß der Tank voll ist, dann werden wir von Fritz nicht verlangen, mehr Alternativen ausschließen zu können als in einer entsprechenden gewöhnlichen Situation.

Handelt es sich hier aber nicht doch um eine Situation, in der es besonders wichtig ist zu wissen, nur daß es eben nicht für das Wissenssubjekt sondern für die Zuschreiber besonders wichtig ist? Ich bin mir nicht so sicher, denn auch für die Zuschreiber ist es in dieser Situation nur von minderer Bedeutung, ob sie tatsächlich wissen, daß der Tank noch voll ist. Es geht nach wie vor hauptsächlich darum, ob der Tank voll ist, und weniger darum, ob dies von jemandem gewußt wird.[111]

---

[110] Siehe hierzu Dretske [1981]: 375.
[111] Sofern man dies so klar auseinanderhalten kann. Denn besonders bei einer Selbstzuschreibung von Wissen ist es schwer, die Aussage „Ich weiß, daß P" von der Aussage „P" abzulösen, da man sich mit ersterem gerade auf zweiteres festlegt. So mag es auch in diesem Fall sein. Die Zuschreiber verlangen

2.2 Fred Dretskes Theorie mit den relevanten Alternativen

Es gibt aber natürlich auch Fälle, in denen es tatsächlich darum geht, ob jemand weiß, daß P. So z.B. in folgender Situation: A und B machen einen Einbruch. Nach dem Einbruch erfährt B, daß auf dem Grundstück normalerweise einige scharfe Hunde frei herumlaufen. Er wirft A vor, sein Leben leichtsinnig in Gefahr gebracht zu haben. A behauptet gewußt zu haben, daß die Hunde an dem betreffenden Abend eingesperrt waren. B nimmt seine Anschuldigung nur zurück, nachdem ihm A gezeigt hat, daß er wirklich alle erdenklichen Zweifelsmöglichkeiten, die B nun einfallen, ausgeschlossen hat, i.e. daß er wirklich wußte, daß an diesem Abend keine Hunde auf dem Grundstück waren. Hier geht es also nicht so sehr darum, ob tatsächlich keine Hunde auf dem Grundstück waren, sondern darum, ob B A zugestehen will, tatsächlich gewußt zu haben, daß an diesem Abend keine Hunde auf dem Grundstück waren. In solchen Situationen mögen offensichtlich - entgegen Dretskes Behauptung - Alternativen relevant werden, die in einer normalen „unwichtigen" Zuschreibersituation jeglicher Relevanz entbehren.

Dretskes *viertes Kriterium* soll entscheiden helfen, welche Möglichkeiten zu weit hergeholt sind, um relevant sein zu können. Dretske kommt zu dem Ergebnis, daß alle diejenigen Möglichkeiten nicht zu weit hergeholt sind, von denen das Wissenssubjekt glaubt, daß sie bestehen könnten, die also für das Subjekt epistemische Möglichkeiten, doxastische Alternativen, sind. Betrachten wir auch hier ein Beispiel. Wir überlegen, ob wir von unserem Freund Ralph, der ein notorischer Zweifler und ein sehr vorsichtiger Mensch ist, sagen sollen, er wisse, daß das Kino um acht Uhr anfängt. Christian hat Ralph erzählt, daß das Kino um acht Uhr anfängt. Aber Maria erzählt uns nun, daß sie Ralph vorhin gefragt hat, wann das Kino anfängt, und er ihr geantwortet hat, daß Christian ihm - wenn ihn seine Erinnerung nicht täusche - gesagt habe, daß das Kino um acht Uhr anfange. Aber - so Ralph weiter - vielleicht täusche ihn seine Erinnerung ja doch. Vielleicht habe Christian eine ganz andere Zeit erwähnt, oder das Kino habe inzwischen seine Öffnungszeiten geändert, oder die Abendvorstellung falle heute ganz aus. Ralph sagt dies nicht nur so. Er hält es wirklich für möglich, daß ihn plötzlich seine Erinnerung täuscht und ähnliches, obwohl er nicht den geringsten Grund hat, etwas derartiges anzunehmen. Sollen wir von Ralph sagen, er wisse, daß das Kino um acht Uhr anfängt? Ich denke, wir würden und sollten es von ihm sagen – auch wenn er selbst zweifelt. Demnach sind nicht alle für das Wissenssubjekt epistemischen Möglichkeiten dadurch allein schon relevante Alternativen.

Nach Dretskes *fünftem Kriterium* sind alle diejenigen Möglichkeiten relevante Alternativen, die in der Wissenssituation tatsächlich existierende Möglichkei-

---

von sich selbst, aufgrund der Wichtigkeit der Sache, mehr Alternativen ausschließen zu können als unter anderen Umständen. Aber sie verlangen dies in erster Linie, um überhaupt auch nur behaupten zu können, daß der Tank noch voll ist, und nur in zweiter Linie, um behaupten zu können, daß sie dies auch wüßten. Aber das ist wohl gemeinhin so bei Wissensselbstzuschreibungen.

ten sind. Was soll es heißen, daß eine Möglichkeit tatsächlich existiert? Wann ist die Möglichkeit, daß es sich bei einer von einem Vogelbeobachter beobachteten Gadwell Ente an einem See in Wisconsin um einen Sibirischen Seetaucher handelt, eine, die tatsächlich existiert? Wenn Sibirische Seetaucher tatsächlich manchmal nach Wisconsin ziehen? Oder wenn sie zumindest dorthin ziehen könnten? Oder wenn sie gerade dorthin auf dem Weg sind? Nach Dretske ist die Möglichkeit, daß es sich bei dem Vogel um einen solchen Sibirischen Seetaucher handelt, keine in dieser Situation tatsächlich existierende Möglichkeit, wenn Sibirische Seetaucher gar nicht nach Wisconsin ziehen können, weil sie z.B. gewisse geographische Barrieren nicht überschreiten können. Dann aber scheint es so, als könnte Dretske nicht leugnen, daß folgendes eine tatsächlich existierende Möglichkeit ist: Jemand nimmt einen Sibirischen Seetaucher gefangen und läßt ihn genau unter des Vogelbeobachters Augen frei, vielleicht sogar, um diesen zu täuschen. Ist diese Möglichkeit deshalb eine relevante Möglichkeit, d.h. eine Möglichkeit, die der Vogelbeobachter ausschließen können muß, um zu wissen, daß er eine Gadwell Ente gesehen hat? Man würde wohl gemeinhin sagen nein. Der Begriff der in einer bestimmten Situation tatsächlich existierenden Möglichkeit ist einfach nicht klar genug, um hier in Form eines Kriteriums dienstbar gemacht werden zu können.

Dretske behauptet, daß die Interessen der Zuschreiber, die Wichtigkeit zu wissen u.ä. keinen Einfluß darauf nehmen können, ob jemand etwas weiß, sondern lediglich darauf, ob es vernünftig ist, von jemandem zu sagen, er wisse etwas. Offensichtlich nehmen jedoch bei seinem ersten Kriterium die Interessen der Zuschreiber Einfluß auf die Menge der relevanten Alternativen. Und von der Menge der relevanten Alternativen hängt es nach Dretskes eigener Formulierung maßgeblich ab, ob jemand etwas weiß. Also nehmen die Interessen der Zuschreiber doch Einfluß darauf, ob jemand etwas weiß. Dretskes zweites, viertes und fünftes Kriterium sind nicht zufriedenstellend. Sein drittes Kriterium hat in der von ihm angebotenen Formulierung nicht mit Wissen an sich, sondern nur mit Wahrheit zu tun. Formuliert man aber ein Beispiel, in dem es nun tatsächlich für den Zuschreiber besonders wichtig ist, daß das Subjekt weiß, dann zeigt sich, daß in solchen Situationen durchaus mehr Alternativen relevant sind als in „normalen" Situationen. Dretskes eigene Beispiele widerlegen somit seine These, daß die Interessen und Standards der Zuschreiber keinen Einfluß darauf nehmen, ob jemand etwas weiß.

Wollte Dretske aber im Lichte dieser Kritik seine Beispiele ändern und seine These beibehalten, daß die Interessen der Zuschreiber (und etwaige andere Faktoren der Situation der Zuschreiber) keinen Einfluß auf die Wahrheit einer Wissenszuschreibung nehmen, so würde er kaum mehr ein Kontextualist genannt werden können. Zu leugnen, daß überhaupt irgendwelche Faktoren der Situation des Zuschreibes die Menge der relevanten Alternativen beeinflussen können, heißt den kontextualistischen Grundgedanken verneinen. Denn dann lassen sich nicht nur viele Beispiele, die der Kontextualist zu erklären versucht, nicht mehr erklären. Es läßt sich auch dem Skeptiker nicht mehr so leicht Einhalt gebieten. Der Kontextualist kann dem Skeptiker nur dann etwas entgegen halten, wenn er erklären kann, wieso der Skeptiker - *qua Wissenszuschreiber* (besser gesagt: Wissensleugner) - durch das Erwähnen von Zweifelsmöglichkeiten Alternativen relevant machen kann, die normalerweise nicht relevant sind. Eine Theorie also, die lediglich Faktoren der Situation des Wissenssubjekts Einfluß auf die Menge der relevanten Alternativen und damit auf die Wahrheit einer Wissenszuschreibung nehmen läßt, sollte nicht als eine kontextualistische Theorie bezeichnet werden. (Dies wird in Abschnitt 2.5 noch genauer ausgeführt).

2.3 DAVID LEWIS' THESE VOM LEGITIMEN IGNORIEREN

2.3.1 VOM ELIMINIEREN UND IGNORIEREN

David Lewis geht - ähnlich wie Fred Dretske - davon aus, daß Wissen absolut oder irrtumsimmun [*infallible*] sein muß.[112] Und er geht - wie die meisten Kontextualisten - zugleich davon aus, daß eine der Hauptattraktionen einer kontextualistischen Wissenstheorie darin besteht, dem Skeptiker endlich eine vernünftige Erwiderung auf seine skeptischen Überlegungen geben zu können. Die erste dieser beiden Annahmen führt Lewis zu etwa folgenden Überlegungen. Wissen soll irrtumsimmun sein. Um sicheres, stabiles Wissen - Wissen, das diesen Namen wirklich verdient - zu haben, muß man in der Lage sein, alle Zweifel auszuräumen. Demnach sollte sicherlich gelten, daß man, wenn man P weiß, alle Möglichkeiten, in denen P nicht gilt (kurz auch: alle Non-P-Möglichkeiten), auszuschließen in der Lage ist. Dementsprechend gibt Lewis eine Definition des Wissensbegriffs, die auf der Annahme der Irrtumsimmunität von Wissen fußt. Genauer gesagt gibt er eine notwendige und hinreichende Bedingung dafür, wann ein Subjekt S Wissen von einer Proposition P hat:[113]

---

[112] Siehe Lewis [1996]: 549.
[113] Vergl. Lewis [1996]: 551.

Subjekt S weiß genau dann Proposition P, wenn S' Information (Belege) alle Möglichkeiten eliminiert, in denen non-P gilt.[114]

Diese Defintion bedarf einiger erläuternder Worte. Propositionen werden im Rahmen der Lewisschen Theorie verstanden als Mengen möglicher Welten.[115] Wichtig ist in diesem Zusammenhang dabei aber lediglich folgendes: Nimmt man gegenüber einer solchen Proposition eine propositionale Einstellung (z.B. Glauben) ein, so läßt sich dies charakterisieren als eine Selbstzuschreibung einer Eigenschaft.[116] Es gibt mögliche Welten, in denen P gilt. Und es gibt solche, in denen P nicht gilt. Wenn man eine bestimmte Proposition P glaubt, dann geschieht nach Lewis folgendes: Man hat eine Überzeugung über sich selbst, nämlich die, in einer Welt zu leben, in der P gilt. D.h. man schreibt sich selbst die Eigenschaft zu, in einer Welt aus der Menge derjenigen Welten zu leben, in denen P gilt. Man glaubt also eine Proposition P, wenn man sich selbst die Eigenschaft zuschreibt, in einer Welt zu leben, in der P gilt. Ähnliches kann nun auch für Wissen gelten:[117] X weiß genau dann Proposition P, wenn er weiß, daß er in einer Welt aus der Menge derjenigen Welten lebt, in denen P gilt. Und X weiß, daß er in einer Welt aus der Menge derjenigen Welten lebt, in denen P gilt, wenn seine Information alle diejenigen Möglichkeiten ausschließt, in denen er in einer Welt lebt, in der P nicht gilt, i.e. in der non-P gilt. Kurz: X weiß, daß P, wenn seine Information alle Non-P-Möglichkeiten ausschließt.

Wann gilt nun eine Möglichkeit als eliminiert bzw. nicht eliminiert („eliminieren" und „ausschließen" sollen sich hier füreinander ersetzen lassen)? Eine Möglichkeit M ist für ein Subjekt S nicht eliminiert, wenn die gesamten Wahrnehmungserlebnisse und Erinnerungen von S in M seinen gesamten Wahrnehmungserlebnissen und Erinnerungen in der Wirklichkeit vollständig

---

[114] Anders gesagt: S weiß P gdw. P in all denjenigen Möglichkeiten gilt, die nicht durch S's Belege eliminiert werden. Daraus folgt, daß alle notwendigen Propositionen immer gewußt werden, denn sie gelten in allen Möglichkeiten, und a fortiori in all den Möglichkeiten, die durch die Information, die ein beliebiges Subjekt besitzt, nicht eliminiert werden. Allerdings folgt nicht, daß man eine notwendige Wahrheit in jeder „Verkleidung" erkennt. Man muß nicht alle möglichen Formulierungen einer notwendigen Wahrheit als solche erkennen (siehe hierzu Lewis [1996]: 551-552).

[115] Lewis' Metaphysik der möglichen Welten möchte ich bei den vorliegenden Überlegungen gänzlich ausblenden. Dennoch werde ich nicht umhin kommen, gewisse Redeweisen zu übernehmen, die seiner Metaphysik zu verdanken sind. So werde ich z.B. nicht davon sprechen, daß man die Möglichkeit ausschließt, daß so-und-so. Statt dessen werde ich davon sprechen, daß man Möglichkeiten ausschließt, in denen so-und-so; im besonderen werde ich davon sprechen, daß man Möglichkeiten ausschließt, in denen gewisse Propositionen gelten.

[116] Siehe hierzu Lewis [1979]a.

[117] Vergl. hierzu Lewis [1979]a: 139. An dieser Stelle schreibt Lewis lediglich, daß manche Überzeugungen und manches Wissen nicht propositional verstanden werden können, sondern besser zu verstehen sind als Selbstzuschreibungen von Eigenschaften. Er läßt an dieser Stelle offen, ob alles Wissen so verstanden werden kann (oder muß). An andere Stelle scheint er aber im Zusammenhang der Diskussion um enge oder weite Individuierung von Überzeugungen die Ansicht zu vertreten, daß sich alle Überzeugungen als Selbstzuschreibungen von Eigenschaften verstehen lassen (vergl. hierzu Lewis [1994]).

2.3 David Lewis' These vom legitimen Ignorieren

gleichen. Eine Möglichkeit wird nicht dadurch eliminiert, daß irgendein propositionaler Gehalt eines Erlebnisses mit ihr „konfligiert". Sie wird durch die Existenz eines Erlebnisses eliminiert: M ist eine durch die Existenz eines Erlebnisses E eliminierte Möglichkeit für S, wenn in M das Subjekt S E nicht hat. (Und Erlebnisse sind im Rahmen des Lewisschen Ansatzes über ihre funktionale Rolle, also ihre typischen Ursachen und Wirkungen, definiert.) Nehmen wir an, wir fragen uns, ob S weiß, daß es regnet. Wir fragen weiter, ob S die Möglichkeiten ausschließen kann, in denen es nicht regnet. Wir sehen, daß er aus dem Fenster schaut, daraufhin einen Regenmantel anzieht und einen Schirm zur Hand nimmt. Er hat, so wollen wir weiter annehmen, beim Aus-dem-Fenster-Schauen ein Erlebnis, das typischerweise die Überzeugung hervorruft, daß es regnet, und ihn sich einen Regelmantel anziehen und einen Schirm zur Hand nehmen läßt. Demnach kann er durch dieses Wahrnehmungserlebnis beim Aus-dem-Fenster-Schauen alle Möglichkeiten ausschließen, in denen er aus dem Fenster schaut und nicht diese Überzeugung gewinnt oder keinen Regenmantel anzuziehen oder Schirm zur Hand zu nehmen geneigt ist. In diesen Möglichkeiten wäre sein Wahrnehmungserlebnis verschieden von dem Wahrnehmungserlebnis, das er de facto gerade hatte. Was die Möglichkeiten ausschließt, ist demnach nicht sein etwaiger Gedanke des Inhalts, daß es regnet, sondern das Wahrnehmungserlebnis beim Aus-dem-Fenster-Schauen.

Aber kann man denn tatsächlich zu einem gegebenen Sachverhalt bzw. zu einer gegebenen Proposition jemals „alle" diejenigen Möglichkeiten eliminieren, in denen er nicht besteht bzw. sie nicht gilt? Versteht man „alle" hier im strikten Sinn des Wortes, so gerät man unweigerlich in skeptizistische Abgründe. Kaum jemals (vielleicht sogar niemals) sind wir in der Lage, wirklich alle denkbaren Zweifel auszuräumen - d.h. kaum jemals können wir alle alternativen Möglichkeiten ausschließen. Sobald man darüber nachdenkt, welche Zweifelsmöglichkeiten es gibt, kommt man unausweichlich zu der Feststellung, daß es eine unüberschaubare Anzahl von Zweifelsmöglichkeiten gibt, die auszuschließen man nicht in der Lage ist. Diese Tatsache macht sich der Skeptiker zunutze.

Will man die skeptizistischen Untiefen umschiffen, muß man „alle" in einem weniger strengen Sinn lesen. Zugleich soll die Absolutheit von Wissen aber nicht aufgegeben werden. Lewis schlägt folgendes vor: Wenn wir davon reden, daß wir alle Möglichkeiten eliminieren können, dann meinen wir natürlich nur alle Möglichkeiten innerhalb eines gewissen Bereichs. D.h. wir ignorieren immer eine ganze Menge von Möglichkeiten, die außerhalb des Bereichs liegen - Möglichkeiten, die nicht relevant sind.

Wissen bleibt insofern absolut, als S alle Alternativen zu P eliminieren muß, um P zu wissen. Und der Skeptizismus wird umgangen, indem unter allen Alternativen lediglich alle die Alternativen verstanden werden, die relevant sind und die also nicht ignoriert werden dürfen. Lewis formuliert dies etwa folgendermaßen:[118]

> S weiß genau dann Proposition P, wenn durch S' Belege alle Alternativen zu P eliminiert werden - bis auf diejenigen Alternativen, die legitimerweise ignoriert werden.[119]

Damit wird einer weiteren (neben der Intuition über die Absolutheit von Wissen) ausgeprägten Intuition zum Wissensbegriff Rechnung getragen. Dieser Intuition zufolge - man könnte sie die Common-sense-Intuition nennen - wissen wir doch eigentlich eine ganze Menge. Ich weiß, daß heute Montag ist. Ich weiß, daß ich am Schreibtisch sitze. Ich weiß, wie das Wetter ist, ich weiß dies und das. Wenn wir „alle" im strikten Sinn lesen, dann handelt es sich bei diesem Alltagswissen nicht um Wissen, denn hinsichtlich all solcher Sachverhalte sind wir kaum jemals in der Lage, alle Zweifelsmöglichkeiten auszuschließen. Liest man dagegen „alle Möglichkeiten" als „alle nicht legitimerweise ignorierbaren Möglichkeiten", und kann man zudem plausibel machen, daß in diesen Fällen viele Möglichkeiten legitimerweise ignoriert werden dürfen, so läßt sich das Alltagswissen bewahren - es bleibt dabei, daß wir eine ganze Menge wissen.

Die Regeln

Nun muß geklärt werden, wie die Menge der Möglichkeiten zu bestimmen ist, die in einem gegebenen Kontext legitimerweise ignoriert werden dürfen. Denn es dürfen nicht einfach nach Belieben Möglichkeiten ignoriert werden. Das Ignorieren muß ja legitim sein. Hierzu hat Lewis eine Reihe von Regeln aufgestellt, die regeln sollen, was legitimerweise zu ignorieren ist, und was

---

[118] Vergl. hierzu Lewis [1996]: 554. Lewis formuliert seine Definition wörtlich wie folgt: „S weiß, daß P gdw. S's Belege alle Möglichkeiten eliminieren, in denen non-P - Psst - bis auf diejenigen Möglichkeiten, die wir legitimerweise ignorieren." Da in dieser sotto voce Vorbehaltsklausel Möglichkeiten erwähnt werden sollen, die eigentlich nicht erwähnt werden dürfen, da ein Erwähnen ihnen bereits die Eigenschaft raubt, legitimerweise ignorierbar zu sein (siehe dazu im Text die Bemerkungen zur Regel 8), möchte Lewis mit dem „Psst" deutlich machen, daß es eigentlich schon zu viel ist, diese Möglichkeiten auch nur mit leiser Stimme zu erwähnen.

[119] Wir können hier, wie Lewis bemerkt, statt von „ignorieren" ebensogut auch von „präsupponieren" sprechen. Wir könnten also auch sagen: Es konfligiert immer eine ganze Menge von Möglichkeiten mit unseren Präsuppositionen - diese Möglichkeiten sind nicht relevant. Wir präsupponieren Proposition q genau dann, wenn wir alle Möglichkeiten ignorieren, in denen non-q gilt. Und wir ignorieren genau die Möglichkeiten legitimerweise, die mit unseren legitimen Präsuppositionen konfligieren. Gerechtfertigtes Präsupponieren geht einher mit gerechtfertigtem Ignorieren.

nicht. Dabei handelt es sich um fünf Verbotsregeln und um vier Erlaubnisregeln.

(1) Die Regel mit der Wirklichkeit: Diese Regel besagt, daß das Ignorieren der Wirklichkeit nie legitim ist. Genauer gesagt ist die Wirklichkeit die Möglichkeit, die weder ignoriert werden darf, noch - einleuchtenderweise - eliminiert werden kann (oder wenn doch, z.B. durch Fehlinformation, dann wollten wir ohnehin nicht mehr von Wissen sprechen). Die Wirklichkeit ist die Möglichkeit, die übrigbliebe, wenn alle anderen Möglichkeiten entweder legitimerweise ignoriert würden oder eliminiert wären.

(2) Die Regel mit der Überzeugung: Diese Regel besagt, daß alles, was das Subjekt glaubt und glauben sollte, weil Information und Argumente ihn dies gerechtfertigt glauben ließen, nicht ignoriert werden darf. Wenn S glaubt, daß er von einem Täuscherdämon die ganze Zeit betrogen wird, dann sollte diese Möglichkeit bei der Frage, ob S etwas weiß, nicht ignoriert werden dürfen. Aber Überzeugungen lassen sich nach Lewis gradieren. S kann seiner Überzeugung einen höheren oder niedrigeren Glaubensgrad geben.[120] Durch diese Regel sollen nun lediglich die Überzeugungen in Betracht gezogen werden müssen, denen das Subjekt einen ausreichend hohen Glaubensgrad zubilligt. Welcher Grad dabei als ausreichend hoch gilt, erläutert Lewis lediglich insofern, als er erwähnt, daß dies unter anderem auch davon abhängt, wieviel auf dem Spiel steht. Zumindest aber sollte gelten, daß eine normale Person selten in ausreichendem Maße davon überzeugt ist, unentwegt von einem Täuscherdämon betrogen zu werden.[121] Wenn nun besonders viel auf dem Spiel steht - für Subjekt oder Zuschreiber -, dann müssen auch solche Möglichkeiten in Betracht gezogen werden, über deren Bestehen das Subjekt keine sehr festen Überzeugungen hegt. Hätte ein Irrtum besonders gravierende Folgen, zum Beispiel bei einer Gerichtsverhandlung, dann müssen mehr Möglichkeiten in Betracht gezogen werden als bei weniger folgenschweren Entscheidungen.[122]

(3) Die dritte Regel ist die Regel mit der Verläßlichkeit: Dieser Regel zufolge kann man die Möglichkeit, daß Wahrnehmung, Erinnerung oder auch Zeugenaussagen nicht zuverlässig sind, legitimerweise ignorieren. Diese Regel kann jedoch z.B. durch die Regel mit der Wirklichkeit außer Kraft gesetzt werden.

---

[120] Siehe Lewis [1996]: 555.
[121] Selbst der Denker in Descartes' *Meditationen*, der diesen Zweifel berühmtermaßen hegt, nennt ihn „recht schwach" und „sozusagen metaphysisch" (siehe Descartes [1641]: Band VII, S. 35).
[122] Dieses hohe Risiko bewirkt nicht nur, daß auch solche Überzeugungen in Betracht gezogen werden müssen, denen das Subjekt lediglich einen niedrigen Glaubensgrad zubilligt. Es bewirkt zudem, daß auch solche Überzeugungen betrachtet werden müssen, denen die Zuschreiber einen gewissen Glaubensgrad - d.h. eine gewisse (subjektive) Wahrscheinlichkeit - nicht aberkennen können. Vergl. hierzu Lewis [1996]: 556.

(4) & (5) Die nächsten beiden Regeln sind Regeln zur Methode: Die vierte Regel besagt, daß die Möglichkeit ignoriert werden darf, daß bei induktiven Schlüssen Fehler vorkommen. Angenommen, X schließt induktiv, daß auch morgen früh wieder die Sonne aufgehen wird, so kann er die Möglichkeit legitimerweise ignorieren, daß bei diesem induktiven Schluß ein Fehler vorgekommen ist. Und die fünfte Regel besagt, daß die Möglichkeit, daß bei Schlüssen auf die beste Erklärung Fehler vorkommen, ebenso ignoriert werden darf.

(6) Die sechste Regel ist die konservative Regel: Nach dieser Regel dürfen alle Möglichkeiten legitimerweise ignoriert werden, die von jedermann ignoriert werden, d.h. die zu ignorieren gang und gäbe ist.

(7) Die siebte Regel ist die Regel mit der Aufmerksamkeit. Sie besagt, daß Möglichkeiten, die einmal in den Fokus der Aufmerksamkeit - gemeint ist die Aufmerksamkeit der Zuschreiber - gerückt sind, nicht mehr ignoriert werden dürfen. Und dies gilt auch dann, wenn wir die Möglichkeit, gesetzt wir hätten sie gar nicht beachtet, durchaus mit Recht hätten ignorieren dürfen. Was man einmal mit Aufmerksamkeit bedacht hat, darf man (und kann man) nicht mehr ignorieren.

(8) Die letzte Regel ist die Regel mit der Ähnlichkeit: Sie besagt, daß wenn aufgrund einer der anderen Regeln eine Möglichkeit nicht ignoriert werden darf, eine ihr sehr ähnliche Möglichkeit ebenfalls nicht ignoriert werden darf. Der Begriff der Ähnlichkeit wird nicht weiter erläutert. Dabei bedürfte er dringend einer Klärung. Denn Lewis ist nun in der mißlichen Lage, einige Ähnlichkeiten ad hoc auszuschließen. So ist z.B. die Ähnlichkeit, die zwischen unserer Welt und einer Täuscherdämonwelt besteht - denn zumindest was unsere Information und Belege anbelangt, sind diese Welten einander sehr ähnlich[123] - keine zulässige Ähnlichkeit!

2.3.2 Kritik

Auf den ersten Blick scheint die Aussicht auf eine überschaubare Liste von Regeln zur Bestimmung der legitimerweise bzw. nicht legitimerweise ignorierbaren Alternativen durchaus attraktiv. Aber man mag nun zweifeln, ob sich einerseits überhaupt präzise Regeln angeben lassen, die bestimmen, welche Alternativen relevant sind, und ob andererseits die acht Lewisschen Regeln hier den richtigen Beitrag leisten. Zum ersten Punkt: Der abgesteckte Rahmen ist der Versuch einer Explikation des Wissensbegriffs. Es ist der Versuch, hinreichende und notwendige Bedingungen für die korrekte An-

---

[123] Gerade deshalb gelingt es uns nicht, die Möglichkeit auszuschließen, daß uns ein böser Dämon unentwegt täuscht.

2.3 David Lewis' These vom legitimen Ignorieren

wendung dieses Begriffs aufzuzeigen. Gehören diese acht Regeln nun zum semantischen Gehalt von „wissen", so ist der Wissensbegriff adäquat wie folgt expliziert: X weiß genau dann Proposition P, wenn er alle Non-P-Möglichkeiten auszuschließen in der Lage ist, die kraft der Regeln 1-8 nicht legitimerweise ignoriert werden dürfen. Demnach sollte es begrifflich wahr sein, daß X höchstens dann P weiß, wenn er alle die Non-P-Möglichkeiten eliminieren kann, die nach der ersten Regel nicht legitimerweise ignoriert werden dürfen, und alle, die nach der zweiten Regel nicht legitimerweise ignoriert werden dürfen... Vertritt man diesen Standpunkt, und Lewis scheint dies zu tun, so muß man zugeben, daß die Semantik von „wissen" recht komplex ist. Ein Invariantist à la Peter Unger[124] hält dem Kontextualisten gerade diese Komplexität als eine unplausible Konsequenz seiner kontextualistischen Theorie vor. Prima facie wirkt eine Position, die auf die Behauptung einer derartig komplexen Semantik des Wissensbegriffs festgelegt ist, zugegebenermaßen wenig ansprechend. Sicherlich ist dies aber kein Argument gegen die kontextualistische Position von David Lewis. Dazu müßte erst gezeigt werden, daß es mindestens eine rivalisierende Explikation des Wissensbegriffs gibt, die (a) „wissen" mit einer einfachen Semantik versieht, und (b) dennoch all das erklären kann, was sich mit der Lewisschen Theorie erklären läßt, (c) ohne dabei gravierende Mängel aufzuweisen. Ohnehin ist dies noch nicht der rechte Zeitpunkt, die Lewissche Theorie zu beurteilen. Vorher sollte betrachtet werden, inwieweit die Regeln überhaupt das leisten, was sie zu leisten vorgeben.

Aus der *ersten Regel* folgt, daß nur das gewußt wird, was wahr ist. Die Wirklichkeit darf nicht ignoriert werden. Sie ist immer relevant. Sie kann aber auch nicht auf der Basis von wahrheitsgemäßer Information ausgeschlossen werden. Sie kann also weder ausgeschlossen noch ignoriert werden. Denn sie ist die Möglichkeit[125], um deren Bestehen gewußt wird. Das ist nicht sonderlich spektakulär. Genau genommen ist es eine wenig umstrittene Feststellung: Wenn X weiß, daß P, dann ist es wahr, daß P.

Die *dritte, vierte, fünfte und sechste Regel* drücken die unserer normalen Begriffsverwendung von „wissen" und der Common-Sense-Intuition zugrundeliegende Überzeugung aus, daß wir uns unter normalen Umständen einerseits auf unsere Wahrnehmung, auf unsere Erinnerung, auf Zeugenaussagen, auf die Gültigkeit von induktiven Schlüssen und auf die Gültigkeit von Schlüssen auf die beste Erklärung verlassen dürfen, und andererseits alle solche Zweifelsmöglichkeiten außer acht lassen können, die zu ignorieren gang und gäbe ist. Dies besagt aber nicht mehr, als daß wir die Neigung haben, eine derartige

---

[124] Siehe Unger [1984].
[125] Nach Lewis gibt es tatsächlich genau eine Möglichkeit, die für ein Subjekt zu einem Zeitpunkt besteht. Diese eine Möglichkeit heißt Wirklichkeit. Siehe Lewis [1996]: 553.

Verläßlichkeit unter normalen Umständen vorauszusetzen, und daß wir dieser Neigung unter normalen Umständen getrost nachgeben dürfen.[126] (Aber die normalen Fälle sind ja ohnehin nicht die Fälle, die uns zu schaffen machen.)

Diese Regeln drei bis sechs können nun durch die anderen Regeln außer Kraft gesetzt werden. Und gerade dies gibt dem Skeptiker die Möglichkeit, die Zahl der nicht legitimerweise zu ignorierenden Möglichkeiten so lange zu steigern, bis wir jegliches Wissen „verloren" haben. Wieso aber lassen sich die einen Regeln von den anderen ausstechen? Lewis sollte diese Hierarachie seiner Regeln wenigstens kurz begründen und erläutern, welche Regeln unter welchen Umständen durch welche anderen Regeln außer Kraft gesetzt werden können.

Glauben und Wissen

Die *zweite Regel* besagt dreierlei: (i) Zum einen wird gefordert, daß, falls das Subjekt an das Bestehen einer „Non-P-Möglichkeit" - genannt M_{non-P} - in hohem Maße glaubt, es mindestens M_{non-P} ausschließen können muß, um P zu wissen. Prima facie könnte man vermuten, daß das Subjekt M_{non-p} aber in diesem Fall nicht ausschließen kann (denn sonst würde es doch nicht an M_{non-p}s Bestehen glauben). Lewis schließt jedoch an keiner Stelle aus, daß ein Subjekt zugleich an das Bestehen von M_{non-P} in hohem Maße glauben kann, dennoch aber im Besitz von Belegen ist, die M_{non-P} ausschließen. Somit kann das Subjekt Proposition P wissen, obwohl es fest an das Bestehen von M_{non-p} glaubt. Die Proposition P zu glauben, oder auch nur nicht zu glauben, daß non-P, ist für Lewis keine notwendige Bedingung dafür, Proposition P zu wissen.

Lewis stützt sich an anderer Stelle[127] auf das Beispiel des schüchternen Studenten, der die Antwort auf die Prüfungsfrage weiß, aber zu wenig Selbstvertrauen besitzt, um zu glauben, daß es die richtige Antwort ist. Bei Beispielen dieser Art, die dazu dienen sollen zu zeigen, daß es Fälle gibt, in denen jemand nicht sehr fest davon überzeugt ist, daß P, und dennoch weiß, daß P, stellt sich allerdings die folgende Frage: Wird damit mehr gezeigt, als daß die Person nicht glaubt, daß sie weiß? Anders gefragt: Wird damit gezeigt, daß sie tatsächlich nicht glaubt, daß P? Oder wird nur gezeigt, daß sie nicht glaubt, daß sie weiß, daß P? Der Student wird gefragt: „Wann war die Schlacht bei Waterloo?". Er antwortet zögerlich: „Sie war 1815." Wir nehmen dies als Beleg dafür, daß er die Antwort weiß. Ist es nun möglich, daß er nicht

---

[126] Vergleiche z.B. Lewis [1996]: 558.
[127] Siehe Lewis [1996]: 556 und vergleiche Abschnitt 1.3.1 der vorliegenden Arbeit.

glaubt, daß die Schlacht 1815 war? Unbestritten ist natürlich, daß er nicht glauben muß zu wissen, daß die Schlacht 1815 war. Ebenfalls unbestritten ist, daß er möglicherweise nicht sehr fest glaubt, daß die Schlacht 1815 war. Aber wird er unter Umständen tatsächlich überhaupt nicht glauben, sei es fest oder weniger fest, daß sie 1815 war? Wird er auf die Frage: „Glaubst Du, daß die Schlacht 1815 war?" aufrichtig und ernsthaft verneinend antworten können? Hat er dann nicht einfach nur geraten? Und wollen wir dann immer noch von ihm sagen, er habe die Antwort gewußt? Dieses und ähnliche Beispiele scheinen mir lediglich zu zeigen, daß man, um zu wissen, nicht wissen oder auch nur glauben muß, daß man weiß. Sie liefern jedoch keinen Beleg gegen die Behauptung, daß Glauben eine notwendige Bedingung für Wissen ist (vergl. Abschnitt 1.3.1).

(ii) Zum zweiten wird mit dieser zweiten Regel festgesetzt, daß das Subjekt um so mehr Möglichkeiten eliminieren können muß, je mehr für es selbst und für den etwaigen Zuschreiber auf dem Spiel steht. Je mehr auf dem Spiel steht, desto weniger Möglichkeiten dürfen ignoriert werden.

(iii) Zum dritten wird mit dieser Regel gefordert, daß das, was zu glauben das Subjekt gute Gründe hat, nicht ignoriert werden darf. Zwei Fälle können auftreten: (a) Das Subjekt hat gute Gründe, Proposition P zu glauben. (b) Das Subjekt hat gute Gründe zu glauben, daß eine Möglichkeit $M_{non\text{-}P}$ besteht.

ad (a) In diesem Fall wird dem Subjekt durch diese zweite Regel kein Stein auf seinem Weg zum Wissen in den Weg gelegt. Die Regel bringt in diesem Fall keine weiteren (aufgrund der ersten Regel nicht schon) nicht ignorierbaren Möglichkeiten ins Spiel.

ad (b) Hier lassen sich wiederum zwei Fälle unterscheiden: (b)$_1$ Das Subjekt hat gute Gründe zu glauben und glaubt tatsächlich, daß $M_{non\text{-}P}$ besteht. Nun darf die Möglichkeit allein schon deshalb nicht (nach Punkt (i) dieser zweiten Regel) ignoriert werden, weil das Subjekt an ihr Bestehen glaubt. (b)$_2$ Das Subjekt glaubt nicht, daß $M_{non\text{-}P}$ besteht. Allerdings sollte es aufgrund seiner Information glauben, daß $M_{non\text{-}P}$ besteht. Seine Information spricht für das Bestehen von $M_{non\text{-}P}$. In diesem Fall darf nach Lewis $M_{non\text{-}P}$ nicht ignoriert werden. Das Subjekt kann, wenn es gute Gründe für das Bestehen einer Non-P-Möglichkeit hat, nur dann Proposition P wissen, wenn es (trotz guter Gründe zu glauben, daß non-P) die Non-P-Möglichkeit ausschließen kann.

Interessant sind meines Erachtens besonders die beiden folgenden Behauptungen, die mit dieser zweiten Regel aufgestellt werden: Erstens muß das Subjekt eine Proposition P nicht glauben, um P wissen zu können. Zweitens kann es auch dann P wissen, wenn es gute Gründe für das Bestehen einer Möglichkeit $M_{non\text{-}P}$ hat, solange es zugleich auch Information besitzt, auf deren Basis es $M_{non\text{-}P}$ auszuschließen in der Lage ist.

Aufmerksamkeit und legitimes Ignorieren

Mit Hilfe der *siebten Regel* soll u.a. verständlich werden, wieso wir uns einer gewissen Zustimmung zur skeptischen Argumentation nur schwer erwehren können. Diese intuitive Anziehungskraft der skeptischen Argumentation liegt nach Lewis einfach darin begründet, daß die Argumentation gültig ist. Denn durch das Erwähnen eines nicht ausräumbaren Zweifels schafft es der Skeptiker, diesen Zweifel zu einer Möglichkeit werden zu lassen, die nun - nachdem sie erwähnt wurde - nicht mehr legitimerweise ignoriert werden darf. Da sie aber auch nicht ausgeschlossen werden kann, hat der Skeptiker zumindest für den Moment recht, wenn er uns Wissen aufgrund der Tatsache abspricht, daß wir den Zweifel nicht ausräumen können.

Lewis merkt im Zuge dieser Überlegungen an, daß man dem Skeptiker auch diesen zeitweiligen Sieg abzusprechen versucht sein könnte. So könnte man zugeben, daß lediglich alle diejenigen Möglichkeiten relevant sind, die nicht legitimerweise hätten ignoriert werden dürfen. Aber man könnte weiter behaupten, daß solche weit hergeholten Möglichkeiten, auf die uns der Skeptiker aufmerksam macht, zwar trivialerweise zu denjenigen Möglichkeiten gehören, die man nun einmal mit Aufmerksamkeit bedacht und also nicht ignoriert hat, daß man sie aber dennoch legitimerweise hätte ignorieren dürfen. D.h., man könnte behaupten, daß derartige Möglichkeiten, obwohl man sie de facto gerade nicht ignoriert, doch legitimerweise - gleich wieder - ignoriert werden dürfen.

Diesen Weg will Lewis aber nicht gehen. Er gesteht dem Skeptiker zu, daß die Möglichkeiten, auf die unsere Aufmerksamkeit zu lenken ihm gelingt, nun nicht mehr legitimerweise ignoriert werden dürfen. Dennoch sind skeptische Konklusionen nicht in allen Kontexten wahr, sondern eben nur in denen, die durch das Erwähnen solcher „skeptischer", nicht ausschließbarer Zweifelsmöglichkeiten geschaffen werden.

Trotzdem mag es als ein zu großes Zugeständnis an den Skeptiker erscheinen, ihm immer, sobald er eine seiner weit hergeholten nichtausschließbaren Zweifelsmöglichkeiten erwähnt hat, freie Hand zu geben in seinem Unterfangen, uns welches Wissen auch immer gerade zur Debatte stand abzusprechen - wenn auch nur zeitweilig. Muß man zulassen, daß jede Möglichkeit, egal wie abstrus und weit hergeholt sie auch sein mag, allein dadurch zu einer nicht mehr legitimerweise ignorierbaren Möglichkeit wird, daß man ihr Aufmerksamkeit zu schenken gezwungen wird? Sollte man die Regel nicht z.B. mittels folgender Bedingung einschränken: Eine hinreichend große Anzahl der Gesprächsteilnehmer muß die erwähnte Möglichkeit für relevant erachten. Andernfalls ist die Möglichkeit trotz expliziter Erwähnung nicht relevant. In einer philosophischen Diskussion könnte so z.B. die Möglichkeit, daß wir alle nur Hirne im Tank sind, eine relevante Möglichkeit sein, da man sich in der

Diskussion zu gewissen Zwecken auf diese Möglichkeit eingelassen hat. Es gibt aber, soweit ich sehe, keinen zwingenden Grund, die Regel in der Lewisschen Strenge anzuerkennen. Denn auch eine abgeschwächte Version, wie die, die eben erwogen wurde, kann erklären, wie aus einem eben noch harmlosen Kontext, in dem wir allerlei wußten, ein „erkenntnistheoretischer" Kontext wird, in dem wir nichts mehr wissen.[128]

Was heißt hier Ähnlichkeit?

Die *achte Regel* besagt, daß alle diejenigen Möglichkeiten, die einer aufgrund einer der anderen Regel nicht legitimerweise zu ignorierenden Möglichkeit sehr ähnlich sind, ebenfalls nicht ignoriert werden dürfen. Folgende Möglichkeiten dürfen aufgrund einer der anderen Regeln nicht ignoriert werden: (a) Die Wirklichkeit darf nie ignoriert werden. (b) Alles, was das Subjekt mit entsprechender Intensität glaubt oder glauben sollte, weil seine Information ihn dies gerechtfertigt glauben ließe, darf nicht ignoriert werden. (c) Möglichkeiten, die einmal in den Fokus der Aufmerksamkeit der Zuschreiber gerückt sind, dürfen nicht mehr ignoriert werden. Hinsichtlich der Regel mit der Ähnlichkeit müssen somit diese drei Fälle unterschieden werden: *Fall (i)* Eine Möglichkeit darf nicht ignoriert werden, da sie der Wirklichkeit sehr ähnlich ist. *Fall (ii)* Eine Möglichkeit darf nicht ignoriert werden, da sie einer der Möglichkeiten, an deren Bestehen das Subjekt fest glaubt oder glauben sollte, sehr ähnlich ist. *Fall (iii)* Eine Möglichkeit darf nicht ignoriert werden, da sie einer der Möglichkeiten sehr ähnlich ist, die in den Fokus der Aufmerksamkeit der Zuschreiber gerückt sind.

ad (i) Was soll es heißen, daß eine Möglichkeit der Wirklichkeit sehr ähnlich ist? Die Fälle, die Lewis hier abgedeckt sehen möchte, sind Fälle wie z.B. der folgende: Henry fährt durch eine Gegend, in der es neben einigen wenigen Holzscheunen zahlreiche, von der Straße aus von den Holzscheunen ununterscheidbare, Pappmaché-Scheunen gibt. Henrys Blick fällt zufällig auf eine Holzscheune. Weiß er, daß das, was er sieht, eine Holzscheune ist? Wir würden sagen nein, solange er die Möglichkeit nicht ausschließen kann, daß sein Blick statt dessen auf eine Pappmaché-Attrappe gefallen ist. Die Mög-

---

[128] Lewis selbst räumt ein, daß wir diese Regel umgehen können (siehe Lewis [1996]: 560). Denn es kann vorkommen, daß wir sozusagen versehentlich unsere Aufmerksamkeit einmal auf eine merkwürdige Möglichkeit richten, und gleich danach tut es uns schon leid, sie ins Gespräch gebracht zu haben. Hier sollte es eine Möglichkeit geben, einmal erwähnte Möglichkeiten wieder zu vergessen, d.h. wieder legitimerweise zu ignorieren. Und diese Möglichkeit gibt es auch. So kann man etwa - nachdem man eine unliebsame Möglichkeit zwar zunächst mit Aufmerksamkeit bedacht hat, aber nun darüber einig ist, daß man sie am liebsten wieder vergessen würde - einfach ein Schweigeabkommen treffen. Man tut so, als würde man sie ignorieren. Hat man das erst ein Weilchen getan, wird die Möglichkeit schließlich tatsächlich legitimerweise ignoriert.

lichkeit, daß er auf eine Attrappe blickt, darf nicht ignoriert werden. Denn sie ist eine Möglichkeit, die der Wirklichkeit, in der Henrys Blick auf eine echte Holzscheune fällt, sehr ähnlich ist. Ein anderes Beispiel: Fritz sieht Maria auf der Straße vorübergehen. Maria hat eine Zwillingsschwester, die ihr zum Verwechseln ähnlich sieht. Fritz weiß von diesem Umstand nichts. Weiß er, daß er Maria sieht? Er weiß es höchstens dann – so mag man sagen-, wenn er die Möglichkeit ausschließen kann, daß es Marias Zwillingsschwester ist, die er auf der Straße sieht. Ein drittes Beispiel: Nogot fährt einen Ford, aber er besitzt ihn nicht. Havit besitzt einen Ford, aber er fährt ihn nicht. Ich glaube nun, daß Nogot den Ford besitzt, den ich ihn immer fahren sehe. Und ich habe keinen Grund zu glauben, daß Havit einen Ford besitzt, da ich ihn nie Auto fahren sehe. Er fährt immer nur Trambahn. Ich glaube nun mit gutem Grund, daß einer von beiden einen Ford besitzt. Meine Überzeugung ist wahr. Aber dennoch weiß ich nicht, daß einer von beiden einen Ford besitzt, solange ich nicht die der Wirklichkeit ähnliche Möglichkeit ausschließen kann, daß Nogot lediglich einen geliehenen Wagen fährt und Havit gar kein Auto besitzt.

Lewis möchte mit Hilfe der Regel mit der Ähnlichkeit erklären, wieso es sich bei diesen und ähnlichen Fällen trotz der Wahrheit und der Gerechtfertigtheit der Überzeugungen nicht um Wissen handelt. In welcher Hinsicht sind nun diese Möglichkeiten der Wirklichkeit sehr ähnlich? Inwiefern ist etwa die Möglichkeit, daß Henrys Blick auf eine Pappmaché-Scheune fällt oder die Möglichkeit, daß Fritz Marias Zwillingsschwester sieht, der jeweiligen Wirklichkeit ähnlich? Was heißt hier „ähnlich"?

Zum einen sind diese Möglichkeiten, so könnte man sagen, in gewisser Hinsicht realistisch. In Henrys Umgebung gibt es tatsächlich Pappmaché-Scheunen, und Maria hat tatsächlich eine Zwillingsschwester. Zum anderen sind diese Möglichkeiten naheliegend. Es wäre in keiner Weise verwunderlich, ja im Gegenteil sogar zu erwarten, daß jemand, der durch die Gegend fährt, durch die Henry gerade fährt, auf eine Pappmaché-Scheune blickt und glaubt, eine normale Holzscheune zu sehen. Henry hätte es genauso gehen können. Und es wäre auch in keiner Weise verwunderlich, daß jemand Marias Zwillingsschwester sieht, und glaubt Maria zu sehen. Fritz hätte es genauso gehen können.

Aber was ist damit geklärt? Liegt das Entscheidende an diesen Fällen, i.e. der Grund dafür, daß sie keine echten Fälle von Wissen sind, denn überhaupt in der Unfähigkeit des Subjekts, diejenigen Möglichkeiten auszuschließen, die eine wie auch immer geartete Ähnlichkeit zur Wirklichkeit aufweisen? Ist ein Verweis auf eine etwaige Ähnlichkeit dieser Fälle zur Wirklichkeit das Beste, was wir zur Erklärung anführen können? Ist der Begriff der Ähnlichkeit in diesem Zusammenhang nicht ohnehin zu unklar, als daß sich mit seiner Hilfe

2.3 David Lewis' These vom legitimen Ignorieren

ein adäquater Beitrag zur Erklärung der obigen Fälle leisten ließe? Es mag zwar sein, daß die erwähnten Möglichkeiten der Wirklichkeit in einer interessanten Hinsicht ähnlich sind. Aber Lewis tut nichts dazu, um diese Hinsicht hilfreich zu erläutern. Läßt sich nicht vielleich besser verstehen, wieso diese Fälle keine Fälle von Wissen sind, indem man darauf verweist, daß hier folgende Bedingung, die Nozick als eine notwendige Bedingung für Wissen formuliert hat[129], verletzt wird:

> S würde nicht glauben, daß P, wenn P nicht wahr wäre?

Wenn Henry tatsächlich auf eine Pappmaché-Scheune blicken würde, würde er immer noch glauben, eine echte Holzscheune zu sehen. Und wenn Fritz tatsächlich Marias Zwillingsschwester treffen würde, würde er immer noch glauben, Maria zu treffen. Und auch wenn Havit keinen Ford besitzen würde, würde ich glauben, daß einer von beiden einen Ford besitzt. Haben wir nicht die starke Neigung, von einer Person erst dann zu sagen, sie wisse, daß P, wenn sie, wenn es nicht wahr wäre, daß P, auch nicht glauben würde, daß P?[130] Denn sonst, so würde man annehmen, kann sie den Sachverhalt, daß P, nicht von anderen Sachverhalten unterscheiden. Und wie kann sie dann wissen, daß P?

Nun wurde mit dem Hinweis auf die Verletzung von Nozicks Bedingung zwar keineswegs eine vollständige Erklärung dafür geliefert, daß es sich in den besprochenen Fällen nicht um Wissen handelt. Aber die Richtung, die damit gewiesen wird, könnte die richtige sein, wenn man erklären will, was diese Fälle als Fälle von Wissen disqualifiziert.[131]

ad (ii) Betrachten wir den zweiten Fall. Lewis behauptet, daß die Möglichkeiten nicht ignoriert werden dürfen, die denjenigen Möglichkeiten sehr ähnlich sind, an deren Bestehen das Subjekt fest glaubt oder glauben sollte. Falls

---

[129] Nozick formuliert dies als die dritte von vier notwendigen und zusammengenommen hinreichenden Bedingungen für Wissen. Vergl. Nozick [1981]: 172 ff (allerdings modifiziert Nozick an anderer Stelle diese Bedingungen, siehe hierzu Nozick [1981]: 179).

[130] DeRose erkennt die Relevanz von Nozicks dritter Bedingung für eine Analyse des Wissensbegriffs. Er nennt Nozicks Ansatz „SCA" (für: *Subjunctive Conditionals Account*) und schreibt (in DeRose [1995]: 18): „Denn nach SCA haben wir eine sehr starke, wenn auch nicht ausnahmslose, Neigung, zu denken, daß wir nicht wissen, daß P, wenn wir denken, daß wir unsere Überzeugung, daß P, auch nicht hätten, wenn P falsch wäre." DeRose verwendet diese Bedingung zur Erklärung der intuitiven Anziehungskraft skeptischer Argumentationen. Er lehnt die Bedingung jedoch als eine notwendige Bedingung für Wissen ab. Ich werde in dieser Arbeit ähnliches tun. Denn ich werde die Bedingung zwar ebenfalls nicht als notwendig für Wissen betrachten, werde sie aber benutzen, um zu erklären zu versuchen, welche Alternativen wir als relevant erachten. Siehe hierzu Kapitel 3.1.2.

[131] Man könnte seine Zweifel daran haben, daß diese Erläuterung hilfreicher ist als die Lewissche Erläuterung über den Begriff der Ähnlichkeit. Denn man könnte denken, daß man auch zum Verständnis kontrafaktischer Konditionale einen Begriff der Ähnlichkeit als einer Relation zwischen möglichen Welten braucht. So oder so käme man also nicht umhin, diesem Begriff Kontur zu geben zu versuchen.

es sich bei der Möglichkeit, an deren Bestehen das Subjekt fest glaubt oder glauben sollte, um die Wirklichkeit handelt, werden wir auf den eben besprochenen Fall zurückgeführt: Die Möglichkeiten, die der Wirklichkeit sehr ähnlich sind, dürfen nicht ignoriert werden. Es müssen im weiteren also nur die Fälle betrachtet werden, in denen das Subjekt an das Bestehen einer nicht mit der Wirklichkeit übereinstimmenden Möglichkeit - wieder genannt M_{non-p} - (α) fest glaubt oder (β) glauben sollte.

ad (α) Angenommen also, das Subjekt glaubt, daß M_{non-p} besteht. Henry glaubt z.B., während er auf eine Holzscheune blickt, daß er auf eine Pappmaché-Scheune blickt. Er muß diese Möglichkeit (daß er lediglich auf eine Attrappe blickt) natürlich ausschließen können, um zu wissen, daß er eine Holzscheune sieht. Was spricht aber dafür, daß Henry auch noch alle dieser Möglichkeit ähnlichen Möglichkeiten ausschließen können muß, um zu wissen, daß er eine Holzscheune sieht? Und welches sind die ähnlichen Möglichkeiten? Muß Henry die Möglichkeit ausschließen können, daß er auf ein Scheunen-Hologramm oder ein Trompe-l'Œil-Gemälde einer Holzscheune blickt?

ad (β) Nun sei angenommen, das Subjekt sollte aufgrund seiner Information glauben, daß M_{non-p} besteht. Maria sollte z.B. glauben, daß Norman in Italien ist, da alle ihre Informationen dafür sprechen, daß er dort ist (während er aber in Wirklichkeit in New York ist). Sie muß die Möglichkeit, daß Norman in Italien ist, natürlich ausschließen können, um zu wissen, daß er in New York ist. Was spricht nun dafür, daß sie auch noch diejenigen Möglichkeiten ausschließen können muß, die dieser Möglichkeit (i.e. der Möglichkeit, daß er in Italien ist) ähnlich sind, um zu wissen, daß er in New York ist? Und welches sind hierbei nun die ähnlichen Möglichkeiten? Muß sie ausschließen können, daß er in der Schweiz ist? Oder muß sie eher ausschließen können, daß das Flugzeug nach Italien (das er gar nicht bestiegen hat) Verspätung hat?

Es ist weder ersichtlich, wieso das Subjekt die Möglichkeiten ausschließen könnten sollte, die denjenigen Möglichkeiten sehr ähnlich sind, an deren Bestehen es glaubt oder glauben sollte, noch hat man irgendeinen Anhaltspunkt dafür, wie sich der Begriff der Ähnlichkeit in diesem Zusammenhang sinnvoll anwenden ließe.

ad (iii) Betrachten wir den dritten Fall. Nach Lewis dürfen die den mit Aufmerksamkeit bedachten Möglichkeiten ähnlichen Möglichkeiten nicht ignoriert werden. Angenommen, im Zuschreiberkontext wird die Möglichkeit erwogen, daß Henry, während er eine Holzscheune vor Augen hat, einer Sinnestäuschung erliegt und eine grüne Maus sieht. Nun muß Henry - nach Lewis - diese Möglichkeit ausschließen können, wenn die Zuschreiber von ihm wahrheitsgemäß sagen wollen, er wisse, daß er eine Holzscheune sieht. Muß er zudem auch noch die ähnliche Möglichkeit ausschließen können, daß er

2.3 David Lewis' These vom legitimen Ignorieren

eine blaue Ratte halluziniert? Dafür gibt es eigentlich keinen guten Grund. Anders gesagt: Für diesen letzten Fall besitzt die Regel mit der Ähnlichkeit meiner Meinung nach am allerwenigsten Plausibilität. Zudem versagt uns hier der Begriff der Ähnlichkeit die letzten wenigstens intuitiv erahnten Anwendungskriterien. Wann ist eine Möglichkeit einer anderen ohnehin schon sehr weit hergeholten Möglichkeit ähnlich? Welches sind die Bedingungen für Ähnlichkeit von sehr entfernten Möglichkeiten? Wir wissen ja noch nicht einmal, was die Bedingungen für Ähnlichkeit bei nicht so weit hergeholten Möglichkeiten sein sollen.

Es ergibt sich zusammenfassend folgendes: Die erste Regel ist unspektakulär, weil unumstritten: Das, was gewußt wird, ist auch der Fall. Interessant an der zweiten Regel ist, daß das Subjekt ihr zufolge nicht notwendigerweise die Proposition P glauben muß, um sie wissen zu können. Die dritte, vierte, fünfte und sechste Regel erläutern lediglich unseren normalen Sprachgebrauch und unsere gewöhnliche Zuschreibungspraxis. Die siebte Regel ist unnötig streng. Sie gesteht dem Skeptiker mehr zu, als man ihm zugestehen müßte. Die achte Regel schließlich krankt an einer Unschärfe des zentralen Begriffs der Ähnlichkeit. Zudem entbehrt sie für drei Typen hier einschlägiger Fälle ohnehin jeglicher Plausibilität oder Nützlichkeit. Weiter sind diese Regeln nun insofern hierarchisch geordnet, als einige Regeln durch andere Regeln außer Kraft gesetzt werden können. Lewis läßt es an einer Begründung dieser Hierarchie fehlen.

Des weiteren verpflichtet der Lewissche Ansatz seinen Verfechter auf die Annahme einer sehr komplexen Semantik des Wissensbegriffs. Ebenso muß er der These zustimmen, daß Alternativen primär durch Erlebnisse und nur in einem derivativen Sinn durch Informationen oder Überzeugungen ausgeschlossen werden. Denn die Alternativen, die man ausschließt, indem man aus dem Fenster schaut und dabei die Überzeugung gewinnt, daß es regnet, sind nicht diejenigen Alternativen, in denen man diese Überzeugung nicht gewinnt, sondern diejenigen Alternativen, in denen man ein Erlebnis hat, welches typischerweise nicht den Gewinn dieser Überzeugung bewirkt.

2.4 Keith DeRoses Überlegungen zur epistemischen Position

2.4.1 Die tatsächliche und die erforderliche Stärke der epistemischen Position

Eine kontextualistische Wissenstheorie, die sich von den bisher dargestellten Theorien sowohl in ihrer Ausführlichkeit als auch in den zugrundegelegten Begriffen unterscheidet, wird von Keith DeRose entwickelt. Die Grundidee seiner kontextualistischen Wissenstheorie ist folgende: Ob ein Sprecher S etwas Wahres sagt, indem er behauptet, daß X weiß, daß P, hängt von zwei Dingen ab: (1) von der tatsächlichen Stärke von Xens epistemischer Position hinsichtlich P, und (2) von der erforderlichen Stärke von Xens epistemischer Position hinsichtlich P, d.h. davon, wie stark Xens epistemische Position hinsichtlich P sein muß, soll die Wissenszuschreibung wahr sein.

Zuschreiberfaktoren & Subjektfaktoren

Die tatsächliche Stärke von Xens epistemischer Position hinsichtlich P wird durch gewisse Faktoren der Situation des Subjekts bestimmt, den von DeRose sogenannten „Subjektfaktoren", wohingegen die zur wahren Wissenszuschreibung erforderliche Stärke von Xens epistemischer Position von gewissen Faktoren der Situation des Zuschreibers abhängt - DeRose nennt diese Faktoren „Zuschreiberfaktoren". Er schreibt diesbezüglich:[132]

> Zuschreiberfaktoren setzen einen gewissen Standard fest, dem das potentielle Wissenssubjekt gerecht werden muß, um die Wissenszuschreibung wahr zu machen: Sie beeinflussen, wie gut die epistemische Position des potentiellen Wissenssubjekts sein muß, damit davon gesprochen werden kann, daß es weiß ... Subjektfaktoren dagegen bestimmen, ob das potentielle Wissenssubjekt den festgesetzten Standards gerecht wird ... Sie beeinflussen, wie gut die epistemische Position des potentiellen Wissenssubjekts tatsächlich ist.

Es soll also wohl (a) gelten, daß die Subjektfaktoren beeinflussen, wie gut die epistemische Position von X hinsichtlich P tatsächlich ist, d.h. sie bestimmen die tatsächliche Stärke der epistemischen Position von X hinsichtlich P. Und es gilt (b), daß die Zuschreiberfaktoren beeinflussen, wie gut die epistemische Position von X hinsichtlich P sein muß, damit von Xens wahrer Überzeugung, daß P, als von Wissen gesprochen werden kann, d.h. sie bestimmen die erforderliche Stärke der epistemischen Position von X hinsichtlich P.[133] De-

---
[132] Siehe DeRose [1992]: 921f..
[133] Vergl. DeRose [1995]: 29.

Rose unterscheidet folglich zwischen zwei verschiedenen Situationen oder Kontexten und ihren jeweiligen Faktoren, nämlich zwischen der Situation des Wissenssubjekts und den Subjektfaktoren auf der einen Seite, und der Situation des Zuschreibers und den Zuschreiberfaktoren auf der anderen Seite. Was aber unter der Situation oder dem Kontext des Subjekts bzw. des Zuschreibers zu verstehen ist, erläutert DeRose nicht genauer. Es gilt wohl: Die Subjektfaktoren zusammen legen die Situation des Subjekts in für die Wahrheit der Wissenszuschreibung relevanter Hinsicht fest. Diese durch die Subjektfaktoren charakterisierte Situation heiße im folgenden der *Subjektkontext*. Die Zuschreiberfaktoren dagegen legen die Situation des Zuschreibers in für die Wahrheit der Wissenszuschreibung relevanter Hinsicht fest. Diese durch die Zuschreiberfaktoren charakterisierte Situation heiße im weiteren der *Zuschreiberkontext*.

Subjektfaktoren sind Faktoren des Subjektkontexts, und zwar solche Faktoren, die auf irgendeine Weise den Wahrheitswert einer Wissenszuschreibung beeinflussen können. Zuschreiberfaktoren dagegen sind Faktoren des Zuschreiberkontexts. Sie sind ebenfalls für den Wahrheitswert einer Wissenszuschreibung relevant. Mit einigen Beispielen versucht DeRose deutlich zu machen, was er unter einem Zuschreiberfaktor und unter einem Subjektfaktor verstanden wissen will.

Man denke wieder an das Beispiel mit den Pappmaché-Scheunen. Henry fährt durch eine Gegend, in der ganz normale Holzscheunen stehen. Sein Blick fällt auf eine solche. Er gewinnt die Überzeugung, daß er eine ganz normale Holzscheune sieht. Sein visuelles System funktioniert tadellos. In diesem Fall kann man von Henry ceteris paribus sagen, er wisse, daß er eine normale Holzscheune sieht. Nun fährt Henry durch eine andere Gegend, in der es neben einigen wenigen normalen Holzscheunen eine Vielzahl von Pappmaché-Scheunen gibt. Henry weiß nichts von diesem Umstand. Für ihn sind die Pappmaché-Scheunen von der Straße aus ununterscheidbar von den richtigen Holzscheunen. Zufällig fällt sein Blick auf eine richtige Holzscheune. Wiederum gewinnt er die Überzeugung, daß er eine normale Holzscheune sieht. Weiß er, daß er eine normale Holzscheune sieht? In diesem Fall nun weiß Henry nicht - so DeRose -, daß er eine Holzscheune sieht. Zwar glaubt er, daß er eine Holzscheune sieht. Und seine Überzeugung ist zutreffend. Aber es scheint eben so, als nähme die Häufigkeit von Pappmaché-Scheunen in Henrys Umgebung Einfluß darauf, ob Henry weiß, daß er gerade eine richtige Holzscheune sieht. Die Pappmaché-Scheunen sind in diesem Beispiel ein Faktor des Subjektkontexts: Sie sind ein Subjektfaktor.

Bei den Zuschreiberfaktoren unterscheidet DeRose zwischen subjektiven und objektiven Zuschreiberfaktoren: Ein subjektiver Zuschreiberfaktor wäre z.B. das Erwägen einer Zweifelsmöglichkeit seitens eines Zuschreibers. Das

Erwägen oder Erwähnen einer Zweifelsmöglichkeit seitens mehrerer Zuschreiber wäre dagegen ein objektiver Zuschreiberfaktor. Werden im Zuschreiberkontext von den Zuschreibern skeptische Hypothesen erörtert, so ist diese Tatsache des Erwägens oder Erörterns skeptischer Hypothesen folglich ein objektiver Zuschreiberfaktor. DeRose ist der Meinung, daß eigentlich nur objektive Zuschreiberfaktoren echte Zuschreiberfaktoren sind. D.h. nur sie dürfen Einfluß auf die Wahrheit einer Wissenszuschreibung nehmen. Er schreibt diesbezüglich, er persönlich bevorzuge die objektiven Zuschreiberfaktoren, wenn es darum ginge, welche Zuschreiberfaktoren die Wahrheit einer Wissenszuschreibung beeinflussen können.[134] Denn es scheine ihm unbillig, daß ein einzelner Zuschreiber einfach dadurch, daß er sich weit hergeholte Irrtumsmöglichkeiten überlegt, auf die Wahrheit einer Wissenszuschreibung Einfluß nehmen können soll.

Ein Beispiel

Ein weiteres von DeRoses eigenen Beispielen mag nun veranschaulichen, wie die tatsächliche und die erforderliche Stärke der epistemischen Position eines Subjekts X bestimmen helfen, ob eine Zuschreibung des Typs „X weiß, daß P" wahr oder falsch ist. Dabei wird dieses Beispiel von mir in einer leicht modifizierten Form vorgestellt. Denn während DeRose es als einen Fall einer Selbstzuschreibung von Wissen darstellt, und damit eine Vermengung und Verwechslung von Subjektkontext und Zuschreiberkontext begünstigt, möchte ich die beiden Kontexte zu trennen versuchen. Ich werde das Beispiel folglich als einen Fall einer einfachen Fremdzuschreibung schildern.

Beispiel: Es ist Freitag nachmittag. Xaver fährt mit seiner Frau Yvonne nach Hause. Sie kommen überein, ihre Gehaltsschecks bei der Bank vorbeizubringen. Auf der Bank ist jedoch sehr viel los. Sie überlegen, ob sie die Schecks stattdessen am nächsten Tag, also Samstag, in der Früh einzahlen sollen.

Fall A: Es spielt keine Rolle, ob die Schecks am Freitag, am Samstag, oder erst am Montag eingezahlt werden. Yvonne erwähnt die Möglichkeit, daß die Bank Samstag früh nicht auf hat. Xaver antwortet, er sei vor zwei Wochen am Samstag früh auf der Bank gewesen. Yvonne schreibt ihm nun Wissen darüber zu, daß die Bank Samstag früh geöffnet hat. Sie sagt: „Xaver weiß, daß die Bank Samstag früh geöffnet hat."

Fall B: Die Gehaltsschecks müssen vor Montag auf dem Konto deponiert sein, sonst platzen andere Schecks. Xaver erwähnt wiederum, daß er vor zwei Wochen Samstag früh auf der Bank war. Aber nun erwägt und erwähnt

---

[134] Siehe hierzu DeRose [1992]: 916.

2.4 Keith DeRoses Überlegungen zur epistemischen Position

Yvonne zudem die Möglichkeit, daß die Bank ihre Öffnungszeiten geändert hat. Xaver bleibt zwar zuversichtlich, aber nun antwortet er auf die Frage, ob er wirklich wisse, daß die Bank Samstag früh offen habe, zögernd mit einem Nein. Yvonne sagt: „Xaver weiß nicht, daß die Bank Samstag früh geöffnet hat."

Im weiteren sei für „daß die Bank Samstag früh geöffnet hat" einfach „daß P" verwandt. Nach DeRose hat der Zuschreiber, i.e. Yvonne (im weiteren heiße sie einfach Y, und Xaver heiße im weiteren einfach X), in beiden Fällen recht. Das soll heißen, daß Ys Äußerung „X weiß, daß die Bank Samstag früh geöffnet hat." in Fall A wahr ist, und daß ihre Äußerung „X weiß nicht, daß die Bank Samstag früh geöffnet hat." in Fall B ebenfalls wahr ist. Die beiden Fälle unterscheiden sich nach DeRose in relevanter Hinsicht lediglich in Bezug auf die Zuschreiberfaktoren, nicht aber in Bezug auf die Subjektfaktoren. Die interessanten kontextuellen Unterschiede zwischen den beiden Fällen sind die folgenden:

(i) In Fall B ist es sehr viel wichtiger, richtig zu liegen.
(ii) In Fall B wird im Gespräch die Möglichkeit erwähnt, daß die Bank ihre Öffnungszeiten geändert hat.
(iii) In Fall B erwägen X und Y auch in Gedanken die Möglichkeit, daß die Bank ihre Öffnungszeiten geändert hat.

Da die Subjektfaktoren nun in beiden Fällen die gleichen sind, und die tatsächliche Stärke von Xens epistemischer Position durch die Subjektfaktoren bestimmt wird, ist die tatsächliche Stärke von Xens epistemischer Position in beiden Fällen die gleiche. Dagegen führen die Unterschiede bei den Zuschreiberfaktoren zu einer unterschiedlichen erforderlichen Stärke von Xens epistemischer Position. Und dies führt zu einem Unterschied im Wahrheitswert der Wissensbehauptung, bzw. zu einer wahren Wissenszuschreibung im ersten Fall und einer wahren Wissensleugnung im zweiten Fall. Eine detailliertere Rekonstruktion der beiden Fälle mag nützlich sein.

Fall A
0: Es ist der Fall, daß P.
1: Y ist im Zuschreiberkontext K_A.
2: X ist im Subjektkontext K_S.[135]
3: Die tatsächliche Stärke von Xens epistemischer Position hinsichtlich P = T.[136]

---

[135] Der Subjektkontext ist in beiden Fällen der gleiche. Der Index soll lediglich den Kontext des Wissenssubjekts von den Zuschreiberkontexten unterscheiden helfen.
[136] Die tatsächliche Stärke der epistemischen Position des Wissenssubjekts ist in beiden Fällen gleich. Ein Index ist überflüssig.

4: Die erforderliche Stärke von Xens epistemischer Position hinsichtlich P = E_A.
5: $E_A \leq T$
6: Y äußert „X weiß, daß P" in behauptendem Tonfall.

Fall B unterscheidet sich von Fall A in den folgenden Hinsichten:

1B: Y ist im Zuschreiberkontext K_B.
4B: Die erforderliche Stärke von Xens epistemischer Position hinsichtlich P = E_B.
5B: $E_B > T$
6B: Y äußert „X weiß nicht, daß P" in behauptendem Tonfall.

Nach DeRose hat also der Zuschreiber in beiden Fällen mit seiner Äußerung recht. Es gilt:

(1) Y, in Zuschreiberkontext K_A von Fall A, sagt etwas Wahres, indem sie behauptet „X weiß, daß P".

(2) Y, in Zuschreiberkontext K_B von Fall B, sagt etwas Wahres, indem sie behauptet „X weiß nicht, daß P".

Zudem gilt nach DeRose aber auch noch folgendes Konditional:[137]

(3) Wenn X in Fall A weiß, daß P, dann weiß er auch in Fall B, daß P.

Während es nun in Anbetracht der obigen Rekonstruktion einleuchten mag, daß die Annahmen (1) und (2) miteinander verträglich sind, ist es keineswegs ersichtlich, wie zudem Annahme (3) wahr sein soll. Denn zunächst sieht es doch so aus, als würde aus Annahme (1) folgen, daß X in Fall A weiß, daß P, und aus Annahme (2), daß X in Fall B nicht weiß, daß P. Sollte dies aber folgen, dann wäre Annahme (3) offensichtlich falsch.

Dennoch sollen die drei Annahmen miteinander verträglich sein. Die dritte Annahme bereitet dabei die meisten Schwierigkeiten. Betrachten wir sie etwas genauer. Was soll es denn heißen, daß jemand in Fall A/B weiß, daß P? Dieser Ausdruck (i.e. „...weiß-in-Fall-A/B-daß-P") läßt zwei verschiedene Lesarten zu. Konzentrieren wir uns für den Moment auf Fall A, so ergibt sich folgendes: Der Subjektkontext K_S von Fall A bestimmt eine gewisse tatsäch-

---
[137] Vergl. hierzu DeRose [1992]: 914.

liche Stärke T von Xens epistemischer Position, wohingegen der Zuschreiberkontext K_A von Fall A eine gewisse erforderliche Stärke E_A von Xens epistemischer Position bestimmt. Nach der ersten Lesart läßt sich der Ausdruck „X weiß in Fall A, daß P" nur dann korrekt anwenden, wenn die tatsächliche Stärke T von Xens epistemischer Position der durch den Zuschreiberkontext K_A von Fall A bestimmten erforderlichen Stärke E_A genügt. Nach der zweiten Lesart ist es dagegen nicht die durch den Zuschreiberkontext K_A von Fall A bestimmte erforderliche Stärke von Xens epistemischer Position, die hier ausschlaggebend ist, sondern vielmehr die durch den in der Konversation gegebenen Zuschreiberkontext, i.e. die durch den *Äußerungskontext von Behauptung (3)* bestimmte erforderliche Stärke E von Xens epistemischer Position. Nach der zweiten Lesart läßt sich also der Ausdruck „X weiß in Fall A, daß P" nur dann richtig anwenden, wenn die tatsächliche Stärke T von Xens epistemischer Position der durch den Äußerungskontext von Behauptung (3) - er sei schlicht K genannt - bestimmten erforderlichen Stärke E genügt.

Sei die erste Lesart die feste Lesart und die zweite Lesart die flexible Lesart genannt. Nach der festen Lesart weiß X in Fall A, daß P, gdw. $T \geq E_A$; und X weiß in Fall B, daß P gdw. $T \geq E_B$. So gelesen ist Behauptung (3) genau dann wahr, wenn folgendes gilt: Wenn die tatsächliche Stärke T von Xens epistemischer Position mindestens der durch den Zuschreiberkontext von Fall A bestimmten erforderlichen Stärke E_A von Xens epistemischer Position genügt, dann genügt die tatsächliche Stärke T von Xens epistemischer Position mindestens der durch den Zuschreiberkontext von Fall B bestimmten erforderlichen Stärke E_B von Xens epistemischer Position. Oder kurz: Behauptung (3) ist wahr nach der festen Lesart genau dann, wenn gilt: wenn $T \geq E_A$, dann $T \geq E_B$. Dies ist natürlich falsch!

Nach der flexiblen Lesart dagegen legt jeder beliebige Äußerungskontext der Behauptung (3) eine gewisse erforderliche Stärke E von Xens epistemischer Position fest. Und es gilt: X weiß in Fall A, daß P, gdw. $T \geq E$, und X weiß in Fall B, daß P, gdw. $T \geq E$. Nach der flexiblen Lesart ist Behauptung (3) also genau dann wahr, wenn gilt: Wenn die tatsächliche Stärke T von Xens epistemischer Position mindestens der durch den Äußerungskontext K von Behauptung (3) bestimmten erforderlichen Stärke E genügt, dann genügt die tatsächliche Stärke T von Xens epistemischer Position mindestens der durch den Äußerungskontext K von Behauptung (3) bestimmten erforderlichen Stärke E. Oder kurz: Behauptung (3) ist nach der flexiblen Lesart genau dann wahr, wenn gilt: Wenn $T \geq E$, dann $T \geq E$. Dieses Konditional ist trivialerweise wahr. Da nun Behauptung (3) nach der festen Lesart einfach falsch ist, nach der flexiblen Lesart aber trivialerweise wahr ist, sollte man DeRose wohl so verstehen, als würde er Ausdrücke wie „... weiß in Fall A/B, daß P" nach der flexiblen Lesart lesen.

Nach DeRose wird bei einer Wissenszuschreibung im Zuschreiberkontext ein gewisser Wissensstandard, i.e. eine gewisse erforderliche Stärke der epistemischen Position des Wissenssubjekts bestimmt. Im Subjektkontext dagegen bestimmt sich die tatsächliche Stärke der epistemischen Position des Wissenssubjekts. Eine etwaige Wissenszuschreibung ist nun genau dann wahr, wenn das Wissenssubjekt aufgrund der tatsächlichen Stärke seiner epistemischen Position dem angelegten Wissensstandard genügt: Die tatsächliche Stärke seiner epistemischen Position muß mindestens so groß sein wie die erforderliche Stärke seiner epistemischen Position.

Demnach sind die drei Behauptungen (1), (2) und (3) insofern zu vereinbaren, als mit ihnen folgendes gesagt ist: Mit (1) wird behauptet, daß X dem im Zuschreiberkontext K_A von Fall A erforderlichen Wissensstandard genügt. Mit (2) wird behauptet, daß X dem im Zuschreiberkontext K_B von Fall B geltenden Wissensstandard nicht genügt. Und mit (3) wird eigentlich eine Trivialiät gesagt, nämlich daß wenn X, während er sich im Subjektkontext von Fall A befindet, dem im Äußerungskontext von (3) angelegten Wissensstandard genügt, dann genügt X, wenn er sich in dem (von Fall A ununterscheidbaren!) Subjektkontext von Fall B befindet, dem im Äußerungskontext von (3) geltenden Wissensstandard ebenfalls.

2.4.2 KRITIK

Nun ergibt sich aber aus dem oben Gesagten, daß aus einer Behauptung von

(1) Y, in Zuschreiberkontext K_A von Fall A, sagt etwas Wahres, indem sie behauptet „X weiß, daß P"

nicht folgt, daß X weiß, daß P. Behauptung (1) ist genau dann wahr, wenn die tatsächliche Stärke T von Xens epistemischer Position mindestens der durch den Zuschreiberkontext von Fall A bestimmten erforderlichen Stärke E_A genügt, d.h. genau dann, wenn $T \geq E_A$. Die Behauptung

(W) X weiß, daß P

ist aber genau dann wahr, wenn die tatsächliche Stärke T von Xens epistemischer Position mindestens der durch den Äußerungskontext von (W) bestimmten erforderlichen Stärke E genügt, d.h. genau dann, wenn $T \geq E$. Aus der Wahrheit einer Äußerung von (1) folgt die Wahrheit einer Äußerung von (W) also lediglich in denjenigen Fällen, in denen der Äußerungskontext von (W) eine erforderliche Stärke E von Xens epistemischer Position bestimmt, die kleiner oder gleich der durch den Zuschreiberkontext von Fall A bestimmten erforderlichen Stärke E_A von Xens epistemischer Position ist (d.h. wenn gilt: $E \leq E_A$); in allen anderen Fällen mag eine Äußerung von Behauptung (1) wahr und eine solche von Behauptung (W) falsch sein. Diese Nicht-Folgerung mag prima facie wie eine Verletzung einer modifizierten Version von Tarskis Wahrheitskonvention wirken. Sie wird aber laut Kontextualismus gerade durch die Kontextabhängigkeit von Wissenszuschreibungen erklärt. Diese Kontextabhängigkeit soll eine Abhängigkeit des Wahrheitswerts eines Satzes von kontextuellen Veränderungen sein. Während also eine Wissenszuschreibung W - geäußert in einem Kontext K_1 - wahr sein mag, kann W - geäußert in einem Kontext K_2 - falsch sein, und vice versa.

Eine unliebsame Konsequenz

Dementsprechend mag Y, in seinem Kontext K_Y, etwas Wahres sagen, indem er sagt „X weiß, daß P", während etwa Z in Kontext K_Z etwas Wahres sagt, indem er sagt „X weiß nicht, daß P". Angenommen nun, Z betrachtet Y und seine Äußerung, und ist sich dabei der laxen Standards bewußt, die in Ys Kontext K_y vorliegen. So könnte Z etwas Wahres sagen, indem er sagt: „Y sagt etwas Wahres, indem er sagt „X weiß, daß P", aber X weiß nicht, daß P". Dies klingt aber nicht so sehr wahr, als vielmehr unverständlich. Dennoch muß ein Kontextualist à la DeRose die Möglichkeit der Wahrheit von Sätzen dieses Typs zulassen. Im DeRoseschen Ansatz können Sätze vom Typ

Y sagt etwas Wahres, indem er sagt „X weiß, daß P", aber X weiß nicht, daß P.

wahr sein. Ich werde diese Sätze im weiteren *unliebsame Sätze* nennen. Und es scheint, als habe eine Theorie, die die Möglichkeit der Wahrheit unliebsamer Sätze zulassen muß, damit eine unliebsame Konsequenz. Der Kontextualist à la DeRose sollte nun eine Begründung dafür zu liefern versuchen, wieso man seine Theorie trotz dieser unliebsamen Konsequenz akzeptieren sollte. Aber hierzu hat DeRose nicht viel mehr zu sagen, als daß die Theorie einen großen Vorzug hat, der alle nachteiligen Konsequenzen seiner Ansicht nach überwiegt. Sie hat den Vorzug, daß sich in ihrem Rahmen viele Wissenszuschreibungen, die wir für wahr halten, die jedoch im Rahmen einer nichtkontextualistischen Theorie nur als teilweise wahr herauskämen (wie „X weiß, daß P", geäußert im Bankbeispiel in Fall A, und „X weiß nicht, daß P", geäußert in Fall B), als wahr herausstellen.

Des weiteren sollte der Kontextualist à la DeRose sich bemühen zu erklären, wodurch die Kontextabhängigkeit von Wissenszuschreibungen zustande kommt. DeRose hat hierzu einen Vorschlag, dem die meisten Kontextualisten zustimmen würden. Er betrachtet die Kontextabhängigkeit von Wissenszuschreibungen als eine Form der Indexikalität. Indexikalität ist unumstrittenerweise eine Form von Kontextabhängigkeit, und wenn Wissenszuschreibungen einen indexikalischen Ausdruck enthalten, dann ist geklärt, so die Überlegung, wieso sie kontextabhängig sind. Aber die These von der (angeblichen) Indexikalität von „wissen" bringt einige Schwierigkeiten mit sich, die ausführlich in Abschnitt 3.3.1 dieser Arbeit betrachtet werden sollen. Hier seien diese Unstimmigkeiten nur kurz angedeutet.

Erstens ist kaum zu leugnen, daß die unliebsamen Sätze sehr viel komischer klingen als entsprechende Sätze mit genuin indexikalischen Ausdrücken wie „hier" oder „jetzt". Zweitens mag die These, daß ein Ausdruck wie „wissen" nicht kontextabhängig ist, nicht jeglicher Plausibilität entbehren, wohingegen die Behauptung, daß ein genuin indexikalischer Ausdruck wie „hier" oder „jetzt" nicht kontextabhängig ist, mehr als nur unplausibel erscheint. Drittens sollte der Kontextualist, der „wissen" für einen indexikalischen Ausdruck hält, erklären können, wieso man zwar von einer Person, die einen indexikalischen Ausdruck wie „hier" verwendet, indem sie etwa sagt „Hier ist es schön", ohne weiteres sagen kann, sie habe gesagt, daß es am Ort ihrer Äußerung schön sei. Dagegen will man aber von einer Person, die den Ausdruck „wissen" verwendet, indem sie etwa sagt „Fritz weiß, daß es regnet" nicht sagen, sie habe gesagt, daß die tatsächliche Stärke von Fritzens epistemischer Position der erforderlichen Stärke seiner epistemischen Position genüge. Der Ausdruck „wissen" scheint sich von genuin indexikalischen Ausdrücken wie „hier" und „jetzt" deutlich zu unterscheiden. Ist dem aber so, dann bedarf es einer anderen Erklärung der Kontextabhängigkeit von Wissenszuschreibungen.

Nun ist an dem DeRoseschen Ansatz nicht nur zu kritisieren, daß er weder eine adäquate Erklärung der Kontextabhängigkeit von Wissenszuschreibungen bietet noch ein ausreichende Begründung gibt, weshalb man seine Theorie trotz unliebsamer Konsequenz befürworten sollte. Weiter sind auch die Ausführungen zu den Subjekt- und Zuschreiberfaktoren etwas dürftig. Nicht nur fehlt jedes Kriterium zur Bestimmung von Subjektfaktoren und Zuschreiberfaktoren, das über eine zirkuläre Charakterisierung wie „diejenigen Faktoren des Subjektkontexts oder des Zuschreiberkontexts, die Einfluß auf die Wahrheit einer Wissenszuschreibung nehmen können" hinausgehen würde. Auch ist die Liste der von ihm angeführten Beispiele von Subjektfaktoren und Zuschreiberfaktoren ein bißchen mager. Desgleichen sind DeRoses Erläuterungen zum Begriff der Stärke der epistemischen Position eines Wissenssubjekts wenig zufriedenstellend. Zwar erfahren wir, daß es einen intuitiven Test für die jeweilige Stärke der epistemischen Position eines Sub-

2.4 Keith DeRoses Überlegungen zur epistemischen Position

jekts mittels komparativer Konditionale gibt. Und wir erfahren, daß diese tatsächliche Stärke der epistemischen Position eines Subjekts allein durch Subjektfaktoren bestimmt wird. Aber dieser Versuch der Konkretisierung des Begriffs bleibt zu vage, als daß er wirklich hilfreich sein könnte. Betrachten wir ihn dennoch etwas genauer.

Mit dem intuitiven Test für die tatsächliche Stärke der epistemischen Position eines Subjekts soll folgendes geleistet werden können: Erstens soll sich damit die tatsächliche Stärke der epistemischen Position eines Subjekts in Hinsicht auf verschiedene Situationen vergleichen lassen: Aus der Wahrheit von „Wenn S in A weiß, daß P, dann weiß S auch in B, daß P" kann man erschließen, daß S in einer mindestens so starken epistemischen Position hinsichtlich der Proposition P in B ist wie hinsichtlich der Proposition P in A. Gilt folgendes: „Wenn S in F weiß, dann weiß S auch in G", nicht aber folgendes: „Wenn S in G weiß, dann weiß S auch in F", so läßt sich ableiten, daß S in einer stärkeren epistemischen Position ist, in F zu wissen, als in G zu wissen. Zweitens kann man die Stärke einer epistemischen Position auch in Hinsicht auf verschiedene Propositionen vergleichen. Aus „Wenn S weiß, daß P, dann weiß S auch, daß Q" und „Wenn S nicht weiß, daß Q, dann weiß S auch nicht, daß P" kann man folgern, daß S in einer mindestens so starken epistemischen Position hinsichtlich der Proposition Q ist wie hinsichtlich der Proposition P.[138] Zur Veranschaulichung dient auch hier das Scheunen-Beispiel. Im Fall 1 fährt Henry durch eine Gegend ohne jegliche Pappmaché-Scheunen. Er blickt auf eine Holzscheune und gewinnt die Überzeugung, daß er eine Holzscheune sieht. In Fall 2 fährt Henry durch eine Gegend, in der es sehr viele Pappmaché-Scheunen gibt. Er blickt auf eine der wenigen Holzscheunen und gewinnt ebenfalls die Überzeugung, eine Holzscheune zu sehen. DeRose schreibt hierzu folgendes:[139] „Dies scheinen keine zwei Fälle zu sein, in denen Henry in einer gleich guten epistemischen Position ist zu wissen, daß das, was er sieht, eine Holzscheune ist; das Konditional *Wenn Henry in Fall 1 weiß, dann weiß er auch in Fall 2* scheint nicht wahr zu sein...".

Es mag aber doch ein bißchen verwundern, daß DeRose die Stärke der epistemischen Position eines Subjekts von externen Faktoren wie dem Vor-

---

[138] Neben dem intuitiven Test für die Stärke einer epistemischen Position bietet DeRose (in DeRose [1995]: 34) noch eine andere Möglichkeit an, dieselbe zu testen. Man könnte herausfinden, wie stark die epistemische Position von X hinsichtlich P ist, wenn man herausfände, ob sich Xens Überzeugung, daß P, auch den Gegebenheiten in hinlänglich nahen möglichen Welten anpaßt. Man müßte also herausfinden, ob X in solchen nahen möglichen Welten, in denen Proposition P wahr ist, auch die Überzeugung hat, daß P, und in solchen, in denen Proposition P nicht wahr ist, diese Überzeugung nicht hat. Je weiter X sich von der aktuellen Welt „entfernen" könnte, während sich seine Überzeugung, daß P, immer noch den Gegebenheiten in dieser Welt anpaßte, in einer umso stärkeren epistemischen Position wäre X hinsichtlich der Proposition P. Bleibt nur noch zu fragen, ob sich hinsichtlich dieses „transworld-truth-tracking" mehr als vage intuitionsbasierte Vermutungen äußern lassen.
[139] Vergl. DeRose [1992]: 919.

handensein von Pappmaché-Scheunen abhängig machen möchte. Natürlich soll nicht geleugnet werden, daß Überzeugungen im besonderen und epistemische Positionen im allgemeinen durch externe Faktoren beeinflußt werden. Aber wenn dem so ist, dann liegt dies vermutlich darin begründet, daß durch externe Faktoren bestimmt wird, was unsere Begriffe bedeuten. In diesem DeRoseschen Zusammenhang geht es aber nicht um die These, daß die epistemische Position externalistisch bestimmt wird, da unsere Begriffe externalistisch bestimmt sind. Henry ist in Fall 2 nicht deshalb in einer schlechteren epistemischen Position, weil er (unwissentlich) eine Überzeugung hat, deren Inhalt sich von dem Inhalt seiner Fall-1-Überzeugung aufgrund unterschiedlicher externer Gegebenheiten unterscheidet. Henry glaubt in Fall 1, eine Holzscheune zu sehen, und er glaubt dies in Fall 2 ebenfalls. Nichts legt die Vermutung nahe, daß er in beiden Fällen Unterschiedliches glaubt oder unterschiedliche Informationen und Fähigkeiten besitzt. Henrys schlechtere epistemische Position in Fall 2 ist auch keineswegs einer begrifflichen Veränderung zur Last zu legen. Sein Begriff von Holzscheunen bezieht sich in beiden Fällen auf das gleiche, nämlich auf Holzscheunen. Seine schlechtere epistemische Position ist einfach darauf zurückzuführen, daß in Fall 2 etwas von ihm verlangt wird, was er nicht kann, nämlich Pappmaché-Scheunen von Holzscheunen zu unterscheiden. Folglich muß sich auch ein Freund des Externalismus nicht mit der These einverstanden erklären, daß sich die Stärke einer epistemischen Position eines Wissenssubjekts durch externe Faktoren wie das Vorhandensein von Pappmaché-Scheune und dergleichen bestimmt.

Zudem läßt es DeRose an jeder Erläuterung dazu fehlen, wie denn die Subjektfaktoren die Stärke der epistemischen Position beeinflussen. Gibt es vielleicht gewisse Bestimmungen der folgenden Form:

Wenn der Subjektkontext die-und-die Subjektfaktoren aufweist, dann befindet sich das Subjekt in einer so-und-so starken epistemischen Position?

Falls DeRose eine Liste von derartigen Vorlagen im Auge hat, täte er gut daran, wenigstens zu zeigen, daß eine solche Liste zu erstellen prinzipiell möglich ist. Aber das Unbehagen bliebe auch dann: Es befremdet, daß Henry, wenn er durch eine Gegend mit Pappmaché-Scheunen fährt, allein deshalb schon in einer schlechteren epistemischen Position hinsichtlich der Proposition, daß er eine Holzscheune sieht, sein soll, als wenn er durch eine Gegend ohne Pappmaché-Scheunen fährt.

Dennoch kann natürlich das Zutreffen oder Nichtzutreffen eines Konditionals wie *Wenn Henry in Fall 1 weiß, dann weiß er auch in Fall 2* erhellend sein. Allerdings sagt z.B. das Nichtzutreffen dieses Konditionals in dem oben beschriebenen Pappmaché-Scheunen-Fall nichts über die tatsächliche Stärke der epistemischen Position von Henry aus. Vielmehr weist es uns lediglich darauf hin, daß wir im zweiten Fall mehr von Henrys epistemischer Position verlangen als im ersten Fall, um von ihm zu sagen, er wisse, daß er eine Holzscheune sieht. Und dies tun wir einfach deshalb, weil wir im zweiten Fall die Alternative, daß Henry auf eine Pappmaché-Scheune blickt und dennoch glaubt, eine Holzscheune zu sehen, als relevante Alternative betrachten. Henry muß sie ausschließen können, wenn wir von ihm zutreffend sagen sollen, er wisse, daß er eine Holzscheune sieht. Demnach mag der Test mittels komparativer Konditionale lediglich etwas über die jeweilige erforderliche Stärke der epistemischen Position eines Subjekts aussagen, aber nichts über die etwaige tatsächliche Stärke der epistemischen Position.

Zusammenfassend läßt sich folgendes festhalten: Die Grundidee des De-Roseschen Kontextualismus, derzufolge eine Wissenszuschreibung genau dann wahr ist, wenn die tatsächliche Stärke der epistemischen Position des Subjekts der erforderlichen Stärke seiner epistemischen Position genügt, erscheint durchaus plausibel. Im Detail ist jedoch - nicht nur aufgrund einer mangelnden Charakterisierung der sogenannten Subjektfaktoren - die Bestimmung der tatsächlichen Stärke der epistemischen Position durch die Subjektfaktoren nicht überzeugend. Auch die These der Bestimmung der erforderlichen Stärke der epistemischen Position allein durch die Zuschreiberfaktoren ist nicht zureichend begründet. Der Versuch der Erklärung der Kontextabhängigkeit von Wissenszuschreibungen mit Rückgriff auf die These von der angeblichen Indexikalität von „wissen" ist problematisch; und die unliebsame Konsequenz wird zu leichtfertig in Kauf genommen.

2.5 ZUSAMMENFASSUNG

Verschiedene Probleme lassen sich für die eine oder andere der betrachteten Theorie aufweisen: (1) Die Charakterisierung der relevanten Alternativen stellt sich nicht nur für Dretske als Problem heraus. Die Charakterisierungsversuche von Goldman, Stine oder Lewis sind ebenfalls nicht zufriedenstellend. Die relevanten Alternativen sind weder ausreichend charakterisiert als die für relevant erachteten Alternativen (Goldman), noch als die Alternativen, für deren Bestehen sich Belege finden (Stine), noch als die Alternativen, die tatsächlich existieren (Dretske), noch als die der Wirklichkeit ähnlichen Möglichkeiten (Lewis) &c. (2) Auch ist die Frage noch offen, wie Möglichkeiten ausgeschlossen werden. Werden sie durch Erlebnisse eliminiert (Lewis)? Oder werden sie durch Überzeugungen, durch Fähigkeiten, durch Wissen ausgeschlossen? (3) Die Unterscheidung zwischen dem Kontext des Subjekts und dem Kontext des Wissenszuschreibers wird bei Goldman, Lewis und

DeRose angedeutet. In allen anderen Ansätzen fehlt sie. (4) Damit einhergehend wird die wichtige Frage, inwieweit Aspekte des Subjektkontexts und inwieweit Aspekte des Zuschreiberkontexts die Wahrheit einer Wissenszuschreibung beeinflussen können, entweder gar nicht gestellt (Stine, Annis, Hambourger), oder nur inadäquat beantwortet (DeRose, Goldman, Lewis). (5) Die Kontextabhängigkeit von Wissenszuschreibungen wird entweder nicht zu erklären versucht, oder sie wird fälschlicherweise als eine Form der Indexikalität beschrieben.

Wie bei dieser Zusammenfassung der Kritik deutlich wird, weist jede der dargestellten kontextualistischen Theorien mehr oder weniger gravierende Mängel auf. Zwei besonders schwerwiegende und wichtige Kritikpunkte sollen aber noch einmal eigens betont werden. So läßt sich Dretske vorwerfen, trotz der Berücksichtigung gewisser kontexteller Faktoren bei der Entscheidung der Frage, ob ein Subjekt X weiß, daß P, keine „echte" kontextualistische Position zu vertreten; und man kann DeRose dafür kritisieren, daß er die Möglichkeit der Wahrheit unliebsamer Sätze im Rahmen seiner Theorie zulassen muß.

Zur ersten Kritik: Dretske behauptet, daß die Interessen der Zuschreiber ebenso wie andere Aspekte des Zuschreiberkontexts keinen Einfluß auf die Wahrheit einer Wissenszuschreibung nehmen. Aber die kontextualistische Idee entsteht mit dem Versuch, Beispiele wie das DeRosesche Bankbeispiel (aber auch des Skeptikers Manöver) derart zu beschreiben und zu erläutern, daß sich alle die Wissenszuschreibungen tatsächlich als wahr herausstellen, die wir für wahr zu halten geneigt sind. Der Kontextualist, so wie ich ihn verstanden wissen will, bemüht sich gerade darum zu erklären, inwiefern der Skeptiker etwas Wahres sagt, wenn er behauptet, man wisse nicht, wie das Wetter heute sei, wenn man nicht die Möglichkeit ausschließen könne, ein Hirn im Tank zu sein. Und er bemüht sich zugleich darum zu erklären, wie es dann doch sein kann, daß Fritz ebenfalls etwas Wahres sagt, wenn er sagt, Ralph wisse, daß heute die Sonne scheint. Desgleichen möchte der Kontextualist erklären, wie es sein kann, daß Yvonne etwas Wahres sagt, wenn sie sagt, Xaver wisse, daß die Bank Samstag früh geöffnet sei, und zugleich Xaver etwas Wahres sagen würde, wenn er nach Erwägung der Möglichkeit, daß die Bank ihre Öffnungszeiten geändert hat, behauptete, er wisse nicht, ob die Bank Samstag früh geöffnet habe. Diese und ähnliche Fälle erklären zu können ist das grundlegende kontextualistische Anliegen.

Und all dergleichen läßt sich erklären, wenn man annimmt, daß Faktoren des Zuschreiberkontexts Einfluß auf die Wahrheit einer Wissenszuschreibung nehmen können. Alle diese Fälle kann man aber nicht erklären, wenn man dies leugnet. Dretske müßte demnach behaupten, daß entweder der Skeptiker oder Fritz, bzw. entweder Yvonne oder Xaver etwas Wahres sagen.

2.5 Zusammenfassung

Denn seiner Meinung nach können lediglich Faktoren des Subjektkontexts Einfluß auf die Wahrheit einer Wissenszuschreibung nehmen. Der Kontextualist will aber gerade eine Möglichkeit finden zuzulassen, daß sowohl der Skeptiker als auch Fritz, und sowohl Yvonne als auch Xaver, in den obigen Beispielen etwas Wahres sagen. Seiner Ansicht nach spielen die Interessen, Absichten und konversationalen Ziele der Zuschreiber eine maßgebliche Rolle für den Wahrheitswert einer Wissenszuschreibung. Die kontextualistische Grundidee basiert gerade auf der Erwägung, daß es kontextuell variierende Wissensstandards geben muß, die insbesondere auch durch die Interessen und Absichten der Zuschreiber bestimmt sind. Dretske schließt sich folglich aus dem Kreis der Kontextualisten selbst aus.

Zur zweiten Kritik: Nach DeRoses Charakterisierung von Wissenszuschreibungen des Typs „X weiß, daß P" gilt, daß eine solche genau dann wahr ist, wenn die im Subjektkontext aufgrund von Subjektfaktoren bestimmte tatsächliche Stärke der epistemischen Position des Subjekts X hinsichtlich P der im Zuschreiberkontext aufgrund von Zuschreiberfaktoren bestimmten erforderlichen Stärke der epistemischen Position von X hinsichtlich P genügt. Demnach kann eine Wissenszuschreibung, geäußert in einem Kontext, wahr sein, während sie gleichzeitig, geäußert in einem anderen Kontext, falsch sein kann.

Dies ist nun aber nicht nur eine Annahme im Rahmen der DeRoseschen Theorie, sondern vielmehr eine all denjenigen Theorien eigene Annahme, die legitimerweise als kontextualistische Theorien gelten können. Denn eine Wissenstheorie ist, wie gesagt, nur dann eine kontextualistische Theorie, wenn sie kontextuellen Faktoren des Zuschreiberkontexts erlaubt, die Wahrheitsbedingung einer Wissenszuschreibung zu beeinflussen. Also muß jeder Kontextualist die Möglichkeit einräumen, daß ein Sprecher A in seinem Zuschreiberkontext etwas Wahres sagt, indem er sagt „X weiß, daß P", während ein zweiter Sprecher B in seinem Zuschreiberkontext etwas Wahres sagt, indem er sagt „X weiß nicht, daß P". Und wenn nun Sprecher B die Wissenszuschreibung betrachtet, die Sprecher A gemacht hat, und sich der laxen Standards im Kontext von A bewußt ist, so kann B mit folgender Äußerung etwas Wahres sagen:

> Sprecher A sagt etwas Wahres, indem er sagt „X weiß, daß P", aber X weiß nicht, daß P.

Demnach kann kein Kontextualist umhin zuzustimmen, daß ein unliebsamer Satz des Typs

> X weiß nicht, daß P, aber Sprecher S sagt etwas Wahres, indem er sagt „X weiß, daß P"

wahr sein kann und auch in gewissen Situationen wahrheitsgemäß geäußert werden kann. Die unliebsame Konsequenz ist folglich nicht nur ein spezifisches Merkmal der DeRoseschen Theorie, sondern vielmehr ein Kennzeichen jeder kontextualistischen Wissenstheorie. Dem Kontextualisten obliegt es nun, einen Grund dafür zu liefern, weshalb man diese unangenehme Konsequenz in Kauf nehmen sollte. Diesen Grund werde ich in Abschnitt 3.4.1 zu liefern versuchen.

3 SKIZZE DER EIGENEN THEORIE

> *Enough is enough: it doesn't mean everything. Enough means enough to show that (within reason, and for present intents and purposes) it 'can't' be anything else, there is no room for an alternative, competing, description of it.*
>
> J. Austin

3.1 Epistemische Position und relevante Alternativen

Obwohl die einzelnen eben betrachteten Ansätze reichlich Anlaß zu Kritik geben, scheinen sie eine durchaus richtige Idee aufzugreifen: die Idee nämlich, daß eine Person, um zu wissen, daß ein Sachverhalt besteht, lediglich eine bestimmte - von Situation zu Situation neu sich bestimmende - Menge von Alternativen zu dem Sachverhalt auszuschließen in der Lage sein muß. Die Person muß sich oftmals lediglich in einer so und so starken, aber keiner unangreifbar starken, epistemischen Position hinsichtlich des fraglichen Sachverhalts befinden. Ich möchte diese Idee verwenden, um von ihr ausgehend und unter Vermeidung der bei den anderen Theorien aufgetretenen Schwierigkeiten zu einer modifizierten und verbesserten Version einer kontextualistischen Theorie zu gelangen. Die Grundidee läßt sich zunächst folgendermaßen formulieren:

> Ein Sprecher sagt genau dann etwas Wahres, indem er sagt „X weiß, daß P", wenn gilt: (i) Der Sachverhalt, daß P, besteht. (ii) X glaubt, daß P. (iii) X ist aufgrund seiner epistemischen Position hinsichtlich des Sachverhalts, daß P, in der Lage, alle zum Zeitpunkt der Wissenszuschreibung relevanten Alternativen[140] zu diesem Sachverhalt auszuschließen.

---

[140] Und natürlich muß X lediglich alle zum Zeitpunkt der Wissenszuschreibung für die Wissenszuschreibung relevanten Alternativen ausschließen können. Ist von relevanten Alternativen die Rede, so sind diese Alternativen immer relevant für eine Wissenszuschreibung.

Der Sachverhalt, daß P, sei hierbei ein kontingenter bestehender Sachverhalt, der Sachverhalt etwa, daß am dritten November 1997 in München die Sonne scheint. In diesem Fall weiß X, wenn er weiß, daß P, daß am dritten November 1997 in München die Sonne scheint. Bei Xens epistemischer Position hinsichtlich des Sachverhalts, daß P, handelt es sich genau genommen um seine epistemische Position hinsichtlich der Frage, ob der Sachverhalt, daß P, besteht. Der Kürze - oder Bequemlichkeit - halber soll für „Xens epistemische Position hinsichtlich der Frage, ob der Sachverhalt, daß P, besteht" einfach „Xens epistemische Position hinsichtlich P" verwandt werden. Und „die relevanten Alternativen zu dem Sachverhalt, daß P" wird durch „die relevanten Alternativen zu P" ersetzt.

Es ist nun wichtig, zur Kenntnis zu nehmen, daß es im folgenden nicht um eine Formulierung notwendiger und hinreichender Bedingungen für Wissen *simpliciter* geht. Vielmehr soll gerade geleugnet werden, daß man solche Bedingungen angeben kann. An die Stelle der Frage, unter welcher Bedingung eine Person weiß, daß P, soll die Frage treten, unter welcher Bedingung man wahrheitsgemäß eine Behauptung der Art „Person X weiß, daß P" aufstellen kann. Und diese Bedingung kann man, so möchte ich argumentieren, adäquat unter Berücksichtigung eines kontextuell gegebenen Wissensstandards fassen. Es geht also im weiteren um den Versuch einer passenden Vervollständigung von

Sprecher S sagt in Kontext K etwas Wahres, indem er äußert „X weiß, daß P", gdw. ...

Im nun folgenden Abschnitt 3.1.1 wird der Versuch unternommen zu klären, was die epistemische Position eines Subjekts ist, und was es heißt, aufgrund der epistemischen Position Alternativen auszuschließen. Anschließend soll (in Abschnitt 3.1.2 und Abschnitt 3.1.3) erläutert werden, wie sich die Menge der jeweils relevanten Alternativen adäquat charakterisieren läßt. Infolge dieser Überlegungen werden sich zwei verschiedene kontextualistische Ansätze unterscheiden lassen. Diese Unterscheidung wird in Kapitel 3.2 ausgeführt werden. Dabei sollen zwei Probleme, die sich für einen der beiden Ansätze stellen, in Abschnitt 3.2.2 aufgezeigt und aus dem Weg geräumt werden; auf ein weiteres Problem wird hingewiesen, welches sich für beide Ansätze stellt. Die Lösung des letztgenannten Problems wird auf Abschnitt 3.4.2 verschoben. Am Anfang von Kapitel 3.3 wird versucht darzulegen, worauf die Kontextabhängigkeit von Wissenszuschreibungen zurückzuführen ist, i.e. welches semantische Merkmal von „wissen" für die Kontextabhängigkeit von Wissenszuschreibungen verantwortlich ist. In diesem Zusammenhang wird (in Kapitel 3.4 in Abschnitt 3.4.1) auch der Versuch unternommen, einen Grund dafür vorzulegen, warum man die unliebsame Konsequenz in Kauf nehmen sollte. Die Frage, welchem der beiden kontextualistischen Ansätze der Vorzug zu geben ist, soll in Abschnitt 3.4.3 entschieden werden. In Kapitel 3.5 wird schließlich der hier skizzierte Versuch zu einer eigenen kontextualistischen Wissenstheorie kurz zusammengefaßt.

3.1.1 Epistemische Position und das Ausschliessen von Alternativen

Wann weiß eine Person, daß ein bestimmter Sachverhalt besteht? Eine Person X weiß, daß der Sachverhalt, daß P, besteht, wenn sie aufgrund ihrer epistemischen Position in der Lage ist, gewisse Alternativen zu P auszuschließen. Unter einer Alternative zu P sei ein Sachverhalt verstanden, der es, wenn er bestünde, mit sich brächte, daß P nicht bestünde. Was soll es heißen, daß ein alternativer Sachverhalt A, wenn er bestünde, es mit sich brächte, daß der Sachverhalt, daß P, nicht bestünde? Es soll grob gesagt lediglich heißen, daß folgendes kontrafaktische Konditional wahr ist: Wenn A bestünde, wäre es nicht der Fall, daß P. Eine Alternative zu dem Sachverhalt, daß es regnet, wäre also z.B. der Sachverhalt, daß es aufgrund einer Luftspiegelung nur so aussieht, als ob es regnet, oder auch der Sachverhalt, daß ein böser Täuscherdämon Regen vortäuscht. Eine Alternative ist also ein Sachverhalt; sie ist nicht die Möglichkeit des Bestehens eines Sachverhalts. Eine Alternative wird ausgeschlossen, wenn ausgeschlossen wird, daß der betreffende Sachverhalt besteht. Es muß nicht ausgeschlossen werden, daß der Sachverhalt (sei es metaphysisch, physikalisch, epistemisch oder sonstwie) möglich ist. Daran kann in vielen Fällen kaum gezweifelt werden. Angenommen, Y behauptet, daß X weiß, daß es regnet. Nun wirft Z ein, es sei aber doch möglich, daß X halluziniert. Dieser Einwand wird entkräftet, wenn gezeigt werden kann, daß X im Moment *de facto* nicht halluziniert. Es muß natürlich nicht gezeigt werden, daß es nicht (in welchem Sinne auch immer) möglich ist, daß X halluziniert.

Wie aber schließt man aus, daß ein Sachverhalt besteht? Zwei Möglichkeiten scheinen sich anzubieten. Zum einen könnte man annehmen, daß es einfach guter Gründe, gerechtfertigter Überzeugung oder dergleichen bedarf, die gegen das Bestehen der Alternativen sprechen, um diese ausschließen zu können. Zum anderen mag man vermuten, daß man die Fähigkeit besitzen muß zu entscheiden, ob die Alternative besteht oder nicht.[141] Man muß die

---

[141] Die Frage, ob man Alternativen tatsächlich sowohl durch Überzeugungen als auch durch diskriminative Fähigkeiten ausschließen kann, ist einmal mehr relevant im Streit zwischen Fundamentalisten und Kohärenztheoretikern. Ein Kohärenztheoretiker würde wohl nicht gern zulassen, daß man eine Alternative durch eine diskriminative Fähigkeit ausschließen und dabei Wissen gewinnen kann. Denn dieses

Wirklichkeit von der Alternative unterscheiden können. Betrachten wir zwei Beispiele.

Erstes Beispiel: unvereinbare Überzeugungen

Fritz sieht Maria auf der Straße. Weiß Fritz, daß es Maria ist? Als Alternative A betrachten wir den Sachverhalt, daß Fritz anstelle Marias ihre Zwillingsschwester auf der Straße sieht, und dennoch glaubt, Maria zu sehen. Nehmen wir nun an, Fritz glaubt, daß es Maria ist, die er auf der Straße sieht. Diese Überzeugung ist wahr. Kann Fritz mittels dieser Überzeugung die Alternative A ausschließen? Er kann es nicht, einfach deshalb, weil diese Überzeugung ja gerade auf dem Prüfstand steht, um als Wissen getestet zu werden. Wir fragen ja, ob Fritz weiß, daß es Maria ist, die er auf der Straße sieht. Eine solche zu prüfende Überzeugung darf natürlich, auch wenn sie wahr ist, nicht genügen, um eine relevante Alternative auszuschließen. Eine Überzeugung dient also höchstens dann dazu, eine Alternative A zu P auszuschließen, wenn sie erstens wahr und zweitens von der Überzeugung, daß P, verschieden ist.[142]

Aber natürlich kann man nicht mit einer beliebigen wahren Überzeugung, die von der Überzeugung, daß P, verschieden ist, Alternativen zu P ausschließen. Man benötigt Überzeugungen, die mit der Alternative so verbunden sind, daß sie höchstens dann wahr sind, wenn die Alternative nicht besteht. Anders gesagt: Man benötigt wahre Überzeugungen, die mit den Alternativen unvereinbar sind. Eine wahre Überzeugung heiße mit einer Alternative genau dann unvereinbar, wenn sie nicht wahr wäre, wenn die Alternative bestünde.

Nehmen wir nun noch zusätzlich an, daß Fritz glaubt, daß Marias Zwillingsschwester gerade in England ist. Und nehmen wir an, daß diese Überzeugung auch wahr ist. Sie ist mit dem Bestehen der Alternative A unvereinbar. Und sie ist von Fritzens Überzeugung, daß es Maria ist, die er auf der Straße sieht, verschieden. Kann er nun mittels dieser wahren Überzeugung die Alternative A ausschließen (die Alternative, daß er „nur" Marias Zwillingsschwester auf der Straße sieht)?

Was aber, wenn diese Überzeugung nur zufällig richtig ist? Wenn Fritz sie auf abenteuerlichem Wege erworben hat? Malen wir uns den Fall aus. Fritz hört einen Ausschnitt aus einem Gespräch zwischen zwei Bekannten, in dem einer von beiden erwähnt, daß Marias Schwester in England ist. Fritz gewinnt nun die Überzeugung, daß Marias Zwillingsschwester in England ist. In dem

---

so gewonnene Wissen sieht doch ein bißchen wie eine keiner Rechtfertigung durch andere Überzeugungen bedürfende aber dennoch sich selbst rechtfertigende (weil wissensstiftende) Überzeugung aus.

[142] Dies bringt natürlich die Schwierigkeit mit sich, Kriterien für die Identität und Verschiedenheit von Überzeugungen angeben zu müssen. Diese Schwierigkeit möchte ich hier einfach ignorieren.

3.1 Epistemische Position und relevante Alternativen

Gespräch war allerdings nicht von der Maria und der Schwester die Rede, von denen Fritzens Überzeugungen handeln. Es handelte sich um eine andere Maria und eine andere Schwester. Zufälligerweise ist Marias Zwillingsschwester aber tatsächlich ebenfalls in England. Fritzens Überzeugung ist also zufällig wahr. Kann er nun mittels dieser Überzeugung die erwähnte Alternative ausschließen? Er kann es wohl nicht. Und selbst wenn seine Überzeugung z.B. auf zuverlässige Weise entstanden oder sonstwie gerechtfertigt wäre, könnte man, denke ich, mittels Gettier-ähnlichen Überlegungen zeigen, daß er mit dieser Überzeugung keine Alternative ausschließen kann, solange die Überzeugung kein Wissen konstituiert.[143] D.h. Fritz kann die erwähnte Alternative hier nur ausschließen, wenn er weiß, daß Marias Zwillingsschwester in England ist. Eine wahre und mit dem Bestehen der Alternative A unvereinbare Überzeugung genügt nicht, um A auszuschließen. Fritz muß eine mit dem Bestehen der Alternative A unvereinbare Überzeugung haben, die zudem zu Recht als Wissen gilt, um A ausschließen zu können. Es gilt somit: Gibt es bei einer Wissenszuschreibung des Typs „X weiß, daß P" eine Alternative A zu P, so kann X A dann ausschließen, wenn folgendes der Fall ist:

(a) X weiß, daß Q (und a fortiori glaubt er auch, daß Q).
(b) Q ≠ P.
(c) Xens Überzeugung, daß Q, ist mit dem Bestehen von A unvereinbar.

Unter Xens epistemischer Position hinsichtlich P kann man also unter anderem zumindest einige seiner zu Recht als Wissen geltenden Überzeugungen darüber, welche Sachverhalte bestehen oder nicht bestehen, verstehen.

Zweites Beispiel: diskriminative Fähigkeiten

In manchen Fällen wird eine Alternative A aber nicht unbedingt durch eine zu Recht als Wissen geltende Überzeugung ausgeschlossen, sondern eher durch eine diskriminative Fähigkeit. Betrachten wir wieder einmal das Scheunen-Beispiel. Wir fragen uns, ob Henry in einer Umgebung mit vielen Scheunen-Attrappen aus Pappmaché weiß, daß das, was er sieht, eine echte Holzscheune ist. Wir nehmen an, daß Henry auf eine echte Holzscheune blickt, und auch glaubt, daß es eine Holzscheune ist. Als Alternative A be-

---

[143] Angenommen, Fritz glaubt, daß Havit oder Nogot einen Ford besitzen, da er Nogot immer einen Ford fahren sieht. Havit dagegen sieht er immer Trambahn fahren. De facto besitzt aber Nogot keinen Ford. Havit dagegen besitzt einen Ford. Fritzens Überzeugung ist gerechtfertigt und wahr. Kann er mittels dieser Überzeugung die Alternative ausschließen, daß keiner von beiden einen Ford besitzt? Mir scheint, er kann es nicht.

trachten wir den Sachverhalt, daß Henry auf eine Pappmaché-Scheune blickt, aber dennoch glaubt, daß es eine Holzscheune ist.

Fall 1: Henry hat die Überzeugung, daß er eine Holzscheune in den hier relevanten Umständen von einer Pappmaché-Scheune unterscheiden kann. Diese Überzeugung ist wahr. Das soll heißen, daß Henry in solchen Situationen wie der vorliegenden immer nur dann glaubt, daß das, was er sieht, eine Holzscheune ist, wenn es tatsächlich eine solche ist. Und ist das, was er sieht, eine Pappmaché-Attrappe, so glaubt er auch entsprechend, daß es eine Attrappe ist. D.h. Henry hat die diskriminative Fähigkeit, in den hier relevanten Umständen eine Holzscheune von einer Pappmaché-Scheune zu unterscheiden. Kann Henry nun die Alternative A ausschließen? Er scheint A in diesem Fall ausschließen zu können.

Fall 2: Nun fehlt Henry die Überzeugung, daß er eine Holzscheune in den hier relevanten Umständen von einer Pappmaché-Scheune unterscheiden kann. Dennoch kann er es aber *de facto*, so sei angenommen. Er glaubt wiederum in solchen Situationen wie der vorliegenden immer nur dann, daß das, was er sieht, eine Holzscheune ist, wenn es tatsächlich eine solche ist. Und er glaubt immer dann, daß das, was er sieht, eine Pappmaché-Scheune ist, wenn es tatsächlich eine Pappmaché-Scheune ist. Henry hat also auch in diesem Fall die diskriminative Fähigkeit, in den hier relevanten Umständen eine Holzscheune von einer Pappmaché-Scheune zu unterscheiden - auch wenn er nicht glaubt, daß er diese Fähigkeit hat. Kann Henry nun die Alternative A ausschließen? Er scheint sie auch in diesem Fall ausschließen zu können. Was ihm aber in diesem Fall erlaubt, die Alternative auszuschließen, ist offensichtlich nicht eine diesbezügliche Überzeugung (denn er hat in diesem Fall keine solche Überzeugung), sondern die diskriminative Fähigkeit. (Hier schleicht sich also ein reliabilistisches Element ein.)

Unter der epistemischen Position eines Subjekts hinsichtlich P kann man folglich gewisse seiner zu Recht als Wissen geltenden Überzeugungen zusammen mit gewissen seiner diskriminativen Fähigkeiten verstehen. Falls sich nun in diesen beiden Mengen einerseits genügend passende Überzeugungen und andererseits genügend passende diskriminative Fähigkeiten befinden, um alle bezüglich einer gewissen Wissenszuschreibung relevanten Alternativen auszuschließen, dann ist unter den gegebenen Umständen diese Wissenszuschreibung wahr. Xens epistemische Position umfaßt also im günstigen Fall, d.h. in dem Fall, in dem X weiß, daß P, sowohl alle diejenigen zu Recht als Wissen geltenden Überzeugungen, als auch alle diejenigen diskriminativen Fähigkeiten, die X mindestens benötigt, um alle relevanten Alternativen zu P auszuschließen.

Welche Alternativen sind nun jeweils in einer Situation relevant? Anders gefragt: Wie wird aus einer Alternative eine relevante Alternative? Betrachtet man die in der Literatur hierzu angeführten Beispiele, so scheinen sich im Groben zwei Arten und Weisen unterscheiden zu lassen, auf die Alternativen relevant werden können.

3.1.2 Der physische Kontext

Die eine Art und Weise, auf die eine Alternative relevant werden kann

Zur Veranschaulichung der ersten Art und Weise wenden wir uns noch einmal Henry zu. Angenommen, Henry neigt zu Halluzinationen. Er hatte in letzter Zeit des öfteren welche. Nun blickt er gerade auf eine Holzscheune. Wir fragen uns, ob er weiß, daß es eine Holzscheune ist. Unter diesen Umständen scheint er die Alternative ausschließen können zu müssen, daß er nur eine Scheune halluziniert, wenn wir von ihm wahrheitsgemäß sagen wollen, er wisse, daß das, was er sieht, eine echte Holzscheune ist. D.h. die Alternative, daß er lediglich eine Scheune halluziniert, ist in diesem Fall eine relevante Alternative. Weiter angenommen, daß es in Henrys Umgebung zahlreiche Pappmaché-Scheunen gibt. Nun muß Henry offensichtlich die Alternative ausschließen können, daß das, was er sieht, eine Pappmaché-Attrappe ist. Die Alternative, lediglich auf eine Attrappe zu blicken, ist hier eine relevante Alternative. Und weiter angenommen, Henrys Autofensterscheiben reflektieren das Licht immer so merkwürdig, daß Strohballenhaufen vor dem Autofenster oft wie Scheunen aussehen. In diesem Fall muß Henry die Alternative ausschließen können, auf eine Lichtspiegelung der Autofenster hereinzufallen. Hier ist diese Alternative eine relevante Alternative.

Was haben alle diese Fälle gemeinsam? Oder anders gefragt: Welche kontextuellen Merkmale könnten dafür verantwortlich sein, daß gewisse Alternativen relevant sind, andere nicht? Denn offensichtlich hängt die Relevanz von Alternativen wie den eben erwähnten von gewissen kontextuellen Merkmalen (wie etwa Pappmaché-Scheunen oder Halluzinationsneigungen) ab. Und es sieht so aus, als seien die hier verantwortlichen kontextuellen Merkmale Merkmale der Situation des Wissenssubjekts. Dabei umfaßt die Situation des Subjekts sowohl die psycho-physische Beschaffenheit des Subjekts (seine Neigung zu Halluzinationen etwa) als auch die physische Beschaffenheit seiner näheren Umgebung (z.B. auffällig viele Pappmaché-Scheunen - wie nahe oder entfernt die Grenzen dieser physischen Umgebung dabei zu ziehen sind, mag von Fall zu Fall verschieden sein.). Nennen wir diese Situation, die sowohl durch die psycho-physische Beschaffenheit des Wissenssubjekts als auch durch die physische Beschaffenheit seiner Umgebung bestimmt ist, den *physischen Kontext* des Wissenssubjekts, oder einfach den *physischen Subjektkon-*

text.¹⁴⁴ In den obigen Beispielen geht es also um Merkmale dieses physischen Subjektkontexts. Aber um welche Merkmale geht es? Die Charakterisierung dieser Merkmale bereitet Schwierigkeiten.¹⁴⁵

Tatsächlich besteht das Auffallendste an diesen Merkmalen und ihre einzige echte Gemeinsamkeit anscheinend darin, daß ein normaler Beobachter diese Merkmale auffällig findet, wenn er sie bemerkt. Eigentlich soll es sich einfach um Merkmale handeln, die auf irgendeine zu spezifizierende Art und Weise gewisse Alternativen als relevante Alternativen nahelegen. Dies wäre aber höchstens dann eine zufriedenstellende Erläuterung zu diesen Merkmalen, wenn sich angeben ließe, was damit gemeint sein soll, daß ein kontextuelles Merkmale M eine Alternative A als relevante Alternative nahelegt. Nun könnte damit z.B. gemeint sein, daß ein Beobachter, wenn er über M informiert würde, allein schon aufgrund dieser Information unter normalen Umständen geneigt wäre, A bei einer entsprechenden Wissenszuschreibung für relevant zu erachten. Angenommen, man würde einem normalen sprachkompetenten Sprecher des Deutschen von dem Sachverhalt berichten, daß es in Xens Umgebung mehr Scheunen-Attrappen als echte Holzscheunen gibt. Man würde ihm zudem erzählen, daß die Attrappen von der Straße aus von Holzscheunen kaum zu unterscheiden sind. Und nun würde man ihn fragen, ob X, der gerade auf eine der wenigen echten Holzscheunen in der Gegend blickt, weiß, daß es sich bei der Scheune um eine Holzscheune handelt. So würde sich dieser Sprecher vermutlich die Alternative vor Augen führen, daß X lediglich auf eine Attrappe blickt, dabei aber dennoch glaubt, daß es eine echte Holzscheune ist. Diese Alternative wird also insofern durch ein Merkmal des Subjektkontexts als relevant nahegelegt, als ein normaler Sprecher bei

---

¹⁴⁴ Ein physischer Subjektkontext besteht also grob gesagt aus einem Subjekt S, so daß S sich zu einem Zeitpunkt t an einem Ort o in einer möglichen Welt w befindet. Ein Kontext in diesem Sinn ist also ein abgemagerter Lewisscher Kontext, abgemagert insofern, als hier nur solche Kontextmerkmale zählen wie Ort, Zeitpunkt, Sprecher (dessen psycho-physische Beschaffenheit) und Welt. Lewis will dagegen noch andere 'nichtphysische' Merkmale zu den Kontextmerkmalen hinzunehmen (Lewis [1980]). (Diese weiteren Merkmale, Präzisionsstandards etwa, zähle ich zu den Merkmalen eines konversationalen Kontexts, siehe hierzu Abschnitt 3.1.3.) Genauer gesagt unterscheidet Lewis zwischen Kontext und Index (in Lewis [1980]). Ein Kontext ist seiner Ansicht nach ein Zeitpunkt, ein Ort und eine mögliche Welt; dieser Kontext hat zahllose Kontextmerkmale (ebd. 21). Ein n-Tupel solcher Kontextmerkmale ist ein Index. Ich möchte dagegen, ohne damit die Lewissche Unterscheidung anfechten zu wollen, zwischen physischem Kontext und konversationalem Kontext unterscheiden, da ich der Meinung bin, daß diese Unterscheidung für die hier anzustellenden Überlegungen hilfreicher ist als die Lewissche Unterscheidung.
¹⁴⁵ DeRose bemerkt hierzu lediglich, daß es eben gewisse Merkmale der Situation des Subjekts gibt, die die tatsächliche Stärke der epistemischen Position des Subjekts beeinflussen können (siehe hierzu die Kritik an DeRose in Abschnitt 2.4.2 und DeRose [1992] & [1995]). Auch Dretske ist hier nicht sehr aufschlußreich, denn keine seiner Charakterisierungen solcher Merkmale wirkt überzeugend (siehe hierzu die Kritik an Dretske in Abschnitt 2.2.2 und Dretske [1981]). Und Lewis kann ebenfalls nicht weiterhelfen, denn er versucht die obigen Beispiele mit Hilfe der Regel mit der Ähnlichkeit auf einen Nenner zu bringen - wenig erfolgreich, wie sich gezeigt hat (siehe hierzu die Kritik an Lewis in Abschnitt 2.3.2 und Lewis [1996]).

3.1 Epistemische Position und relevante Alternativen

Kenntnis dieses Merkmals unter normalen Umständen die Alternative für relevant zu erachten geneigt ist. Es gilt demnach:

Ein Merkmal M (des physischen Subjektkontexts von X) legt (bei einer Wissenszuschreibung W des Typs „X weiß, daß P") eine Alternative A (zu P) als relevante Alternative genau dann nahe, wenn ein normaler sprachkompetenter Sprecher des Deutschen aufgrund der Kenntnis von M ceteris paribus geneigt wäre, A als eine (bei W) relevante Alternative (zu P) zu erachten.

Wann erachtet man eine Alternative als relevant?

Aber mit einer derartigen Erläuterung ist noch nicht viel gesagt. Es wird damit lediglich gesagt, daß ein normaler Sprecher bei gewissen Kenntnissen geneigt ist, bei einer Wissenszuschreibung gewisse Alternativen für relevant zu erachten. Wem sagte man damit etwas Neues? Was aber heißt es, daß ein normaler Sprecher eine Alternative bei einer Wissenszuschreibung für relevant erachtet? Ein normaler Sprecher erachtet eine Alternative zu P offensichtlich dann für relevant, wenn er der Meinung ist, daß das Subjekt diese Alternative ausschließen können muß, um zu wissen, daß P. Ein normaler Sprecher erachtet somit bei einer Wissenszuschreibung offensichtlich alle diejenigen Alternativen für relevant, von denen er glaubt, daß man sie in der gegebenen Situation ausschließen können muß, um zu wissen, daß P. Das klingt verdächtig trivial:

(1) Eine Wissenszuschreibung des Typs „X weiß, daß P" ist höchstens dann wahr, wenn X aufgrund seiner epistemischen Position in der Lage ist, mindestens alle diejenigen Alternativen zu P auszuschließen, die ein normaler kompetenter Sprecher des Deutschen für relevant erachtet.

(2) Ein normaler kompetenter Sprecher des Deutschen erachtet eine Alternative A zu P genau dann für relevant, wenn er glaubt, daß ein Wissenssubjekt X Alternative A in der gegebenen Situation ausschließen können muß, um zu wissen, daß P.

Also: Eine Wissenszuschreibung des Typs „X weiß, daß P" ist höchstens dann wahr, wenn X aufgrund seiner epistemischen Position in der Lage ist, alle diejenigen Alternativen zu P auszuschließen, von denen ein normaler kompetenter Sprecher des Deutschen glaubt, daß ein Wissenssubjekt sie in der gegebenen Situation ausschließen können muß, um zu wissen, daß P.

Dies ist eine denkbar unergiebige Erläuterung einer notwendigen Bedingung für die Wahrheit einer Wissenszuschreibung. Vielleicht läßt sich diese Erläuterung ein bißchen interessanter gestalten, wenn man klären kann, wieso ein normaler sprachkompetenter Sprecher des Deutschen gerade diese Alternativen für relevant erachtet. Wieso muß das Wissenssubjekt gerade diese Alternativen ausschließen können? Was an diesen Alternativen macht sie so relevant bei der Frage danach, ob das Subjekt weiß, daß P?

Vielleicht folgendes: Der Sprecher wird aufgrund der Information über die Merkmale des physischen Subjektkontexts den Eindruck gewinnen, daß das Subjekt hier insofern epistemisch gefährdet ist, als es leicht hätte der Fall sein können, daß A besteht und nicht der Sachverhalt, daß P, und daß das Subjekt trotzdem glauben würde, daß P. Es würde also auch dann glauben, daß P, wenn es gar nicht der Fall wäre, daß P.

Robert Nozick[146] faßt diese Überlegung in eine notwendige Bedingung für Wissen. Ein Wissenssubjekt X weiß höchstens dann, daß P, wenn folgende Bedingung gilt: Wenn P nicht bestünde, würde X auch nicht glauben, daß P. Keith DeRose greift diesen Gedanken Nozicks auf, wenn er behauptet, daß wir eine sehr starke Neigung haben zu denken, daß wir nicht wissen, daß P, wenn unsere Überzeugung, daß P, derart ist, daß wir sie auch dann haben würden, wenn es nicht der Fall wäre, daß P.[147]

Ich möchte mit DeRose und im Gegensatz zu Nozick diese Bedingung nicht als eine notwendige Bedingung für Wissen fordern. Vielmehr scheint mir Nozick eher - wie DeRose behauptet - eine unserer Neigungen zu einer bestimmten Verwendungsweise des Wissensbegriffs einzufangen. Wir haben die Neigung, von jemandem zu sagen, er wisse nicht, daß P, wenn wir der Ansicht sind, er würde auch dann glauben, daß P, wenn es gar nicht der Fall wäre, daß P. Aber einer Neigung muß man nicht immer nachgeben. Und ob wir der Neigung nachgeben, hat maßgeblich damit zu tun, für wie abwegig oder weithergeholt wir die Situation halten, in der die Überzeugung der fraglichen Person sich nicht mehr den Gegebenheiten anpassen würde. Es gibt Ausnahmen, d.h. Fälle, in denen gilt: X weiß, daß P, aber X würde auch dann glauben, daß P, wenn es nicht der Fall wäre, daß P. Wäre dem nicht so, so würde man dem Skeptiker ins offene Messer laufen.[148]

---

[146] Siehe Nozick [1981], und vergl. Abschnitt 1.4.2.
[147] Siehe hierzu DeRose [1995]: 18 ff.
[148] Denn vermutlich würden wir alle auch dann glauben, daß wir nicht unentwegt von einem bösen Täuscherdämon hinters Licht geführt werden, wenn dem so wäre.

3.1 Epistemische Position und relevante Alternativen

Der normale sprachkompetente Sprecher mag also bei einer Wissenszuschreibung W des Typs „X weiß, daß P" durch die Kenntnis eines Merkmals M des Subjektkontexts von X geneigt sein, sich eine gewisse Alternative A zu P vor Augen zu führen. M legt ihm A als relevante Alternative nahe. Er kann bei Kenntnis von M nicht umhin, A bei der Frage, ob X weiß, daß P, in Betracht zu ziehen. Der Sprecher erachtet A also bei W für relevant. X muß seiner Ansicht nach A ausschließen können, um zu wissen, daß P. Wenn X nun A ausschließen kann, dann kann man - ceteris paribus und wenn es der Fall ist, daß P - von ihm sagen, er wisse, daß P. Wenn X A aber nicht ausschließen kann, dann gibt es zwei Möglichkeiten. Entweder X glaubt gar nicht, daß P. Vielleicht glaubt er sogar, daß A besteht. Dann wollte man von ihm ohnehin nicht sagen, er wisse, daß P. Oder X glaubt, daß P, obwohl er A nicht ausschließen kann. Und da er A nicht ausschließen kann, kann er die Situation, in der A besteht, nicht von der Situation unterscheiden, in der der Sachverhalt besteht, daß P. Demnach würde er wohl auch dann glauben, daß P, wenn A bestünde statt des Sachverhalts, daß P. Dann wollte man aber von ihm erst recht nicht sagen, er wisse, daß P. Er sollte nur dann glauben, daß P, wenn es auch wirklich der Fall ist, daß P. Seine Überzeugung sollte die Gegebenheiten wiederspiegeln.

Bei einer Wissenszuschreibung kann eine Alternative den eben angestellten Betrachtungen zufolge also dadurch relevant werden, daß sie einem normalen Sprecher bei Kenntnis gewisser Merkmale des physischen Subjektkontexts (als relevant) nahegelegt würde. Es ergibt sich folgende hinreichende Bedingung für die Relevanz einer Alternative:

Bedingung 1 Seien $M_1...M_n$ $(n \in \mathbb{N})$ die Merkmale des physischen Subjektkontexts von X.[149] Bei einer Wissenszuschreibung W des Typs „X weiß, daß P" ist eine Alternative A zu P dann eine relevante Alternative, wenn gilt: Es gibt ein Merkmal M_i $(1 \leq i \leq n)$, so daß ein beliebiger normaler sprachkompetenter Sprecher des Deutschen, wenn er über das Vorliegen von M_i im physischen Subjektkontext informiert wäre, aufgrund dieser Information A bei W für relevant erachten würde. D.h. ein normaler sprachkompetenter Sprecher wäre, bei entsprechender Information über den physischen Subjektkontext, der Meinung, daß X A ausschließen können muß, um zu wissen, daß P.

Und ein normaler kompetenter Sprecher mag eine Alternative gewöhnlich deshalb für relevant erachtet, weil er ceteris paribus folgender Überlegung N (wie Nozick) zuzustimmen geneigt ist:

---

[149] Ich unterstelle hier, daß die Menge der Merkmale eines physischen Kontexts höchstens abzählbar unendlich ist. Diese Unterstellung erscheint mir in diesem Zusammenhang unproblematisch.

Überlegung N: Alternative A ist nicht so weit hergeholt. Entweder X kann A nun ausschließen. Dann steht A Xens Wissen darüber, daß P, nicht im Wege. Oder aber X kann A nicht ausschließen. Dann gibt es zwei Möglichkeiten: (i) X glaubt nicht, daß P. Dann weiß er nicht, daß P. (ii) X glaubt, daß P, obwohl er nicht zwischen A und dem Sachverhalt, daß P, unterscheiden kann. Also würde er auch dann glauben, daß P, wenn es gar nicht der Fall wäre, daß P. In diesem Fall weiß X ebenfalls nicht, daß P. Also gilt: Entweder X kann A ausschließen, oder er weiß nicht, daß P.

3.1.3 Der konversationale Kontext

Die andere Art und Weise, auf die eine Alternative relevant werden kann

Zur Veranschaulichung der zweiten Art und Weise, auf die Alternativen relevant werden können, sei wieder ein Beispiel betrachtet: Ralph und Christian überlegen, ob Fritz weiß, daß das Kino heute abend um acht Uhr anfängt. Christian sagt, daß er, als er mit Fritz telephonierte, selbst nicht wußte, wann das Kino anfängt. Also habe er zu Fritz gesagt, er solle im Kinoprogramm der Zeitung nachschauen. Ralph meint daraufhin, daß Fritz also wohl weiß, daß das Kino um acht Uhr anfängt. Aber Christian gibt folgendes zu bedenken: Seines Wissens nach hat Fritz immer so viele Zeitungen der letzten Tage bei sich herumliegen, daß es sehr oft vorkommt, daß er versehentlich eine falsche Zeitung zur Hand nimmt, wenn er die Anfangszeiten von irgendwelchen Veranstaltungen nachschauen will. Dies mag nun stimmen oder nicht. Es scheint jedenfalls, als wäre nun die Alternative, daß Fritz in der falschen Zeitung nachgeschaut hat, eine relevante Alternative. Angenommen, Fritz käme des Wegs und Ralph und Christian würden ihn fragen, ob er ausschließen kann, daß er in der falschen Zeitung die Anfangszeit des Kinos nachgeschaut habe. Würde Fritz ehrlicherweise mit einem Nein antworten müssen, so könnten Ralph und Christian von ihm nicht sagen, er wisse, wann das Kino anfängt – auch dann nicht, wenn Fritz nun die richtige Anfangszeit nennen würde. Wenn er dagegen zu Recht mit einem Ja antworten könnte, so könnten sie ceteris paribus von ihm sagen, er wisse, wann das Kino anfängt. Demnach kann eine Alternative dadurch relevant werden, daß sie von den Zuschreibern erwogen wird.

Betrachten wir ein zweites Beispiel: Ralph und Christian überlegen wieder, ob Fritz weiß, daß das Kino um acht Uhr anfängt. Beide unterstellen (ohne es explizit zu erwähnen), daß Fritz, da er die Anfangszeit wohl in der Zeitung nachgeschaut hat, sicherlich in der falschen Zeitung nachgeschaut hat. Es scheint so, als sei die Alternative, daß Fritz in der falschen Zeitung nachgeschaut hat, allein schon deshalb eine relevante Alternative, weil sie von Ralph und Christian unterstellt wird. Eine Alternative muß gar nicht ausdrücklich im Zuschreiberkontext erwogen werden, um relevant zu sein. Es genügt, wenn sie stillschweigend von allen Zuschreibern unterstellt wird. Auch in diesem Beispiel ist die Relevanz dieser Alternative unabhängig davon, ob Fritz tatsächlich die Neigung hat, in der falschen Zeitung die Anfangszeiten von Vorstellungen nachzuschauen.

Bei der eben besprochenen Art und Weise, auf die eine Alternative relevant werden kann, sind keine Merkmale des physischen Subjektkontexts im Spiel. Allgemein scheinen diese und ähnliche Beispiele zu zeigen, daß es auch von den Zuschreibern, genauer gesagt von ihren Interessen, konversationalen Absichten, Hintergrundannahmen etc. abhängen kann, ob eine Alternative relevant ist oder nicht. Offensichtlich kann eine Alternative auch dadurch relevant werden, daß sie im Kontext erwogen oder unterstellt, d.h. präsupponiert wird. Man beachte nun, daß es sich bei diesem Kontext nicht nur nicht um den physischen Subjektkontext handelt, sondern überhaupt nicht um einen physischen Kontext im oben spezifizierten Sinn. Es handelt sich nicht wesentlich um ein Subjekt zu einem gewissen Zeitpunkt an einem gewissen Ort, ausgestattet mit gewissen physischen Merkmalen, sondern um etwas, das man treffender einen *konversationalen Kontext* nennen könnte.[150] Dieser konversationale Kontext besteht aus den Konversationsteilnehmern, ihren Äußerungen und den von ihnen geteilten Präsuppositionen.

Präsuppositionen & konversationaler Kontext

Genauer gesagt wird durch die Beispiele zumindest nahegelegt, daß die für die anzustellenden Überlegungen wesentlichen Bestandteile eines konversationalen Kontexts die Konversationsteilnehmer, ihre Äußerungen und ihre gemeinsamen Präsuppositionen sind.[151] Unter einer Äußerung sei dabei einfach eine sprachliche Bekundung, sei es eine Frage, eine Behauptung, eine Bekanntmachung, eine Zustimmung o.ä. zu verstehen. Unter einer Präsupposition sei in etwa das verstanden, was Robert Stalnaker darunter versteht:[152]

---

[150] DeRose verwendet diesen Begriff auch, ohne ihn jedoch näher zu charakterisieren siehe (DeRose [1995]).
[151] Es soll keineswegs behauptet werden, daß ein konversationaler Kontext einer Gruppe von Konversationsteilnehmern vollständig durch die Teilnehmer, ihre Äußerungen und Präsuppositionen charakterisiert ist. Es wird nur gesagt, daß die den hier angestellten Überlegungen zugrundeliegenden Beispiele zu ihrer Erklärung lediglich diesen Begriff des konversationalen Kontexts (als charakterisiert durch die Konversationsteilnehmer, ihre Äußerungen und Präsuppositionen) benötigen.
[152] Siehe Stalnaker [1978].

> Grob gesagt sind die Präsuppositionen eines Sprechers diejenigen Propositionen, deren Wahrheit der Sprecher als Teil des Konversationshintergrundes als gegeben ansieht. Eine Proposition wird präsupponiert, wenn der Sprecher die Disposition hat, so zu handeln, als ob er unterstellte [assume] oder glaubte, daß die Proposition wahr ist, und so als ob er unterstellte oder glaubte, daß die Zuhörer ebenfalls unterstellen oder glauben, daß sie wahr ist. Präsuppositionen sind das, was von dem Sprecher für die gemeinsame Grundlage[153] der Konversationsteilnehmer gehalten wird, das, was als ihr gemeinsames Hintergrundwissen behandelt wird.

Es geht demnach um den Begriff der pragmatischen Präsupposition oder Sprecherpräsupposition, nicht um den Begriff der semantischen Präsupposition.[154] „Das heißt, daß die Präsuppositionsbeziehung nicht allein durch Bedeutung und Inhalt von Sätzen erklärt werden kann; sie muß zum Teil mit Tatsachen über die Benutzer der Sätze erklärt werden: ihren Überzeugungen, ihren Absichten und ihren Erwartungen." – so Stalnaker.[155]

Dabei muß es sich bei den Präsuppositionen nicht um explizit bekundete Überzeugungen oder Unterstellungen des Sprechers handeln. Es genügt, wenn der Sprecher die Disposition hat, sich so zu verhalten, als hätte er diese Überzeugungen oder würde Entsprechendes unterstellen. Stalnaker schreibt hierzu:[156] „Präsuppositionen werden wahrscheinlich am besten als komplexe Dispositionen betrachtet, die sich in sprachlichem Verhalten manifestieren". Jeder Konversationsteilnehmer hat nach Stalnaker seine eigene Menge von Präsuppositionen. Stalnaker nennt einen Konversationskontext nichtdefekt, wenn alle Sprecher dieselben Präsuppositionen haben, und defekt, wenn die Präsuppositionen divergieren.[157]

Nun mag es gewisse Regeln ähnlich der Lewisschen *Rule of accomodation for presupposition*[158] geben, nach denen sich dieser konversationale Kontext ändern kann. Folgende Regeln der Dynamik des konversationalen Kontexts sollten dabei mindestens gelten[159]: (1) Wird zu einem Zeitpunkt t im Verlauf der

---

[153] Die Begriffe der gemeinsamen Grundlage und des gemeinsamen Wissens lassen natürlich an Paul - Grices *common ground*, David Lewis' *common knowledge* und Stephen Schiffers *mutual knowledge* denken (siehe hierzu Grice [1981], Lewis [1969] und Schiffer [1972]).

[154] Nach der Standarddefinition, wie sie etwa von Strawson (in Strawson [1952]: 175 ff) entwickelt und von van Fraassen (in van Fraassen [1966] & van Fraassen [1968]) weiter ausgearbeitet wurde, präsupponiert ein Satz einen anderen Satz semantisch, wenn letzterer wahr sein muß, damit ersterer überhaupt einen Wahrheitswert haben kann. Siehe zum Unterschied zwischen semantischen und pragmatischen Präsuppositionen und deren „Rangordnung" z.B. Katz und Langendoen (in Katz und Langendoen [1976]). Für eine Argumentation gegen die Annahme semantischer Präsuppositionen siehe z.B. Boër & Lycan [1976].

[155] Siehe hierzu Stalnaker [1975]: 31.

[156] Siehe Stalnaker [1970]: 279.

[157] Siehe Stalnaker [1978].

[158] Siehe Lewis [1979]b. Aber auch Stalnaker macht sich Gedanken darüber, wie etwa Behauptungen den Kontext verändern können. Er schreibt dazu z.B. (in Stalnaker [1978]): „...die wesentliche Wirkung einer Behauptung ist, die Präsuppositionen der Konversationsteilnehmer dahingehend zu ändern, daß der Inhalt dessen, was behauptet wird, zu dem, was präsupponiert wird, hinzugefügt wird."

[159] Vergl. auch Stalnaker [1978].

Konversation eine Äußerung gemacht, die zu keiner der bisherigen gemeinsamen Präsuppositionen der Konversationsteilnehmer in Widerspruch steht, so wird diese Äußerung ceteris paribus in die Menge der gemeinsamen Präsuppositionen aufgenommen. (2) Wird eine Äußerung gemacht, die mit einer (oder mehreren) der bisherigen gemeinsamen Präsuppositionen in Widerspruch steht, so muß entweder der Äußerung explizit widersprochen werden, oder es werden die mit ihr in Widerspruch stehenden Präsuppositionen aus der Menge der gemeinsamen Präsuppositionen entfernt, und sie zur Menge der gemeinsamen Präsuppositionen hinzugenommen. (3) Wird eine Äußerung gemacht, die mit keiner der bisherigen gemeinsamen Präsuppositionen in Widerspruch steht, und die ihrerseits gewisse Präsuppositionen $P_1...P_n$ hat, die zu keiner der bisherigen gemeinsamen Präsuppositionen in Widerspruch stehen, so werden diese Präsuppositionen $P_1...P_n$ ebenfalls in die Menge der bisherigen gemeinsamen Präsuppositionen aufgenommen. (4) Wird eine Äußerung gemacht, die mit keiner bisherigen gemeinsamen Präsupposition in Widerspruch steht, die aber eine Präsupposition P_i hat, die mit einer Präsupposition P_j der bisherigen gemeinsamen Präsuppositionen in Widerspruch steht, so muß *entweder* die zum Widerspruch führende bisherige gemeinsame Präsupposition P_j explizit behauptet werden. Und wenn daraufhin kein Widerspruch folgt, wird die gemachte Äußerung nicht zu der Menge der bisherigen gemeinsamen Präsuppositionen hinzugenommen. *Oder* die zum Widerspruch führende bisherige gemeinsame Präsupposition P_j wird aus der Menge der bisherigen gemeinsamen Präsuppositionen ausgeschlossen und die Äußerung zusammen mit ihrer Präsupposition P_i zur Menge der gemeinsamen Präsuppositionen hinzugenommen.

Eine im Laufe der Konversation vollzogene Äußerung wird somit entweder zur Menge der gemeinsamen Präsuppositionen hinzugenommen oder wieder verworfen. Man kann demnach die Menge der gemeinsamen Präsuppositionen der Konversationsteilnehmer zum Zeitpunkt t als den im vorliegenden Zusammenhang wichtigsten Bestandteil des konversationalen Kontexts zu t betrachten. Desweiteren soll der konversationale Kontext ein nichtdefekter Kontext sein, d.h. er soll lediglich Präsuppositionen beinhalten, die von allen Konversationsteilnehmern geteilt werden. Folgendes gelte:

Der konversationale Kontext einer Gruppe von Konversationsteilnehmern zum Zeitpunkt t ist bestimmt durch die Konversationsteilnehmer und die Menge der gemeinsamen Präsuppositionen der Konversationsteilnehmer zu t.

Konversationaler Kontext und relevante Alternativen

Weitere Beispiele mögen dienlich sein, um den Zusammenhang zwischen Präsuppositionen und relevanten Alternativen zu verdeutlichen: (I) Diesmal überlegen Ralph, Christian und Maria, ob Fritz weiß, daß sie heute um acht Uhr ins Kino gehen wollen. Alle drei präsupponieren, daß das Kino tatsächlich um acht Uhr anfängt, daß niemand von ihnen Fritz absichtlich falsch informiert hat oder informieren würde, daß Fritz mitgehen würde, wenn er wüßte, daß sie ins Kino gehen und vieles mehr. Demnach scheint z.B. die Alternative, daß Fritz von einem von ihnen absichtlich falsch informiert wurde, in diesem Zusammenhang keine relevante Alternative zu sein. Allgemein gälte demnach: (i) Wenn präsupponiert wird, daß eine Alternative A nicht besteht, dann ist A keine relevante Alternative.

(II) Ute und Ralph überlegen, ob Henry - während er gerade durch eine Gegend mit vielen Pappmaché-Scheunen fährt - weiß, daß das, was er gerade sieht, eine Holzscheune ist. Sie sehen, daß er tatsächlich gerade auf eine Holzscheune blickt. D.h. sie unterstellen, daß sie selbst ausschließen können, daß die Alternative A (die Alternativen, daß Henry gerade auf eine Pappmaché-Attrappe blickt, und dennoch glaubt, daß es eine Holzscheune ist) besteht. Dennoch halten sie A für relevant. Es gälte also im Widerspruch zu (i): Auch wenn präsupponiert wird, daß eine Alternative A ausgeschlossen werden kann, und folglich nicht besteht, kann A eine relevante Alternative sein.

Obwohl in diesem Fall von den beiden Zuschreibern Ute und Ralph präsupponiert wird, daß sie A ausschließen können, erachten sie A doch zugleich für relevant. Allerdings halten sie A wohl nur deshalb für relevant, weil sie zudem annehmen, daß Henry A nicht ausschließen kann. Sonst würden sie A wohl nicht für relevant erachten, wie folgender Gesprächsausschnitt verdeutlichen soll. Ute: „Hier gibt es viele Pappmaché-Scheunen. Glaubst Du, daß Henry die Pappmaché-Attrappen von den echten Holzscheunen unterscheiden kann?" Ralph: „Bestimmt kann er sie unterscheiden. Er hat letzthin viel mit Pappmaché gebastelt. Er wird wohl Holz von Pappmaché unterscheiden können. Und er ist ein sehr aufmerksamer Beobachter." Ute: „Also weiß er, daß das, was er gerade sieht, eine echte Holzscheune ist." Ralph: „Ja." In diesem Fall erachten die Zuschreiber die Alternative nicht für relevant. Sie gehen davon aus, daß Henry sie ausschließen kann. Wenn die Zuschreiber also unterstellen, daß sie eine Alternative ausschließen können, i.e. daß die Alternative nicht besteht, dann ist diese Alternative trotzdem relevant, wenn sie zugleich unterstellen, daß das Wissenssubjekt die Alternative nicht ausschließen kann. Offensichtlich gilt nun: (ii) Wenn die Zuschreiber präsupponieren, daß das Wissenssubjekt Alternative A nicht ausschließen kann (sie selbst A jedoch ausschließen können), dann ist A ceteris paribus eine relevante Alternative.

(III) Ralph und Christian überlegen schon wieder, ob Fritz weiß, daß das Kino um acht Uhr anfängt. Sie glauben nun, daß jemand Fritz falsch informiert hat. Jemand hat ihm gesagt, daß das Kino um neun Uhr anfängt. Ferner glauben sie, daß Fritz dem Falschinformanten auch noch glaubt. Unter diesen Umständen wäre die Alternative A, daß Fritz glaubt, daß das Kino um neun Uhr anfängt, wohl eine relevante Alternative. Zwar wären die beiden unter diesen Umständen kaum mehr geneigt, von Fritz sagen zu wollen, er wisse, daß das Kino um acht Uhr anfängt. Und wenn A tatsächlich bestünde, dann wäre die Wissenszuschreibung ohnehin falsch. Aber auch unter der Annahme, daß A nicht besteht, könnten Ralph und Christian höchstens dann wahrheitsgemäß von Fritz sagen, er wüßte, daß das Kino um acht Uhr anfängt, wenn dieser A ausschließen könnte. Es gälte in Umkehrung zu (i) demnach auch (iii): Wenn präsupponiert wird, daß eine Alternative A besteht, ist A eine relevante Alternative, auch (oder besser gesagt: gerade) wenn A nicht besteht.

(IV) Cordelia erwähnt nun, daß Fritz ihr gegenüber geäußert hat, er würde in der Zeitung die Anfangszeit der Abendvorstellung nachschauen. Nun wissen aber Cordelia, Ralph und Christian ja, daß Fritz grundsätzlich in der falschen Zeitung nachschaut, wenn er die Anfangszeit einer Veranstaltung nachschauen soll. Und die drei wissen auch, daß die Abendvorstellung in den letzten Tagen immer um neun Uhr anfing. Sie können nun die Alternative nicht ausschließen, daß Fritz in der falschen Zeitung nachgeschaut hat. Offensichtlich ist nun die Alternative, daß Fritz in der falschen Zeitung nachgeschaut hat, eine relevante Alternative. Es gälte: (iv) Wenn die Zuschreiber präsupponieren, daß eine Alternative A zwar prinzipiell ausschließbar ist, daß aber keiner von ihnen A ausschließen kann, dann ist A eine relevante Alternative. Die Forderung nach der prinzipiellen Ausschließbarkeit der Alternative ist insofern wichtig, als sonst nach (iv) automatisch alle „skeptischen Alternativen" relevant würden. Denn sicherlich halten es die Zuschreiber für zutreffend, daß sie keine dieser skeptischen Alternativen von Täuscherdämonen und Gehirnen im Tank und ähnlichem ausschließen können. Das allein macht diese Alternativen aber in einem ganz alltäglichen Kontext noch nicht relevant. Die Alternativen, um die es in dem obigen und ähnlichen Beispielen geht, sind derart, daß sie deshalb relevant sind, weil die Zuschreiber zwar unterstellen, daß sie sie nicht ausschließen können, daß sie aber prinzipiell ausschließbar ist. (Ich werde darauf im nächsten Abschnitt über Skeptizismus noch einmal zurückkommen)

Was zeigen die Beispiele? Sie zeigen, daß eine Alternative A bei einer Wissenszuschreibung W relevant ist, wenn die Zuschreiber entweder (a) präsupponieren, daß A besteht, oder (b) präsupponieren, daß das Wissenssubjekt A nicht ausschließen kann, oder (c) präsupponieren, daß sie selbst A nicht ausschließen können (wobei A jedesmal aber als ausschließbar gilt).

Haben diese Fälle vielleicht eine interessante Gemeinsamkeit? Sie haben zumindest gemein, daß jedesmal eine Alternative relevant ist, weil sie von den Zuschreibern für relevant erachtet wird. In all diesen Fällen wird von den Zuschreibern unterstellt, daß das Subjekt die Alternative ausschließen können muß, um zu dem fraglichen Wissen zu gelangen. Auch hier - wie schon bei der ersten Art, auf die Alternativen relevant werden können - sind die Alternativen relevant, die für relevant erachtet werden. Nur in diesem Fall ist es nicht ein beliebiger normaler Sprecher, der die Alternativen (bei entsprechenden Hintergrundkenntnissen) für relevant erachtet, sondern es sind die Zuschreiber der Wissenszuschreibung, die die Alternativen für relevant erachten. Aber auch sie erachten die Alternativen für relevant, weil sie ceteris paribus der in Abschnitt 3.1.2 dargelegten Überlegung N zuzustimmen geneigt sind.

Aber so wie sich bei der ersten Art und Weise des Relevantwerdens von Alternativen noch sagen ließ, daß Alternativen deshalb relevant werden können, weil sie durch gewisse Merkmale des Subjektkontexts nahegelegt werden, läßt sich auch hier noch mehr sagen. Die Präsuppositionen und die relevanten Alternativen hängen eng miteinander zusammen. Es sind zwar de facto offensichtlich alle diejenigen Alternativen relevant, die von den Zuschreibern für relevant erachtet werden. Aber die Zuschreiber unterstellen, daß diese Alternativen relevant sind, da sie gewisse andere Präsuppositionen bezüglich dieser Alternativen haben. So wie im anderen Fall die Kenntnis gewisser Merkmale des physischen Subjektkontexts bestimmte Alternativen als relevant nahegelegt hat, so legen hier gewisse Merkmale des konversationalen Kontexts bestimmte Alternativen als relevant nahe. Denn anscheinend werden die relevanten Alternativen durch gewisse gemeinsame Präsuppositionen nahe- oder sogar festgelegt. Dabei sind offensichtlich lediglich solche Alternativen relevant, die eine der folgenden drei Bedingungen erfüllen: (a) Es wird präsupponiert, daß sie bestehen. (b) Es wird präsupponiert, daß das Wissenssubjekt sie nicht ausschließen kann. (c) Es wird präsupponiert, daß die Zuschreibern selbst sie nicht ausschließen können (obgleich sie prinzipiell ausschließbar sind).

Man könnte also sagen, daß eine Alternative A bei einer Wissenszuschreibung W relevant ist, wenn im konversationalen Kontext von W präsupponiert wird, daß A relevant ist. Und es wird in einem konversationalen Kontext präsupponiert, daß eine Alternative A relevant ist, wenn entweder (a), (b) oder (c) gilt. Es läßt sich somit folgende hinreichende Bedingung dafür angeben, daß eine Alternative relevant ist:

Bedingung 2: Für eine Wissenszuschreibung W des Typs „X weiß, daß P" ist eine Alternative A zu P dann eine relevante Alternative, wenn gilt: Im konversationalen Kontext von W wird präsupponiert, daß A relevant ist.

Skeptizismus und alltägliches Wissen

Die eben angestellten Überlegungen könnten nun etwas Licht auf die Skeptizismusproblematik werfen. Denn der Eindruck drängt sich auf, daß gewisse Alternativen in alltäglichen Kontexten nie für relevant erachtet werden. Und zwar sind diese immer ignorierten Alternativen genau diejenigen weithergeholten Zweiflesmöglichkeiten, die der Skeptiker betrachtet wissen will. Denn auch wenn ein normaler Sprecher oder Zuschreiber eine Alternative insofern für relevant erachtete, als er erwähnter Überlegung N zuzustimmen geneigt ist, so hat er dabei doch einen Vorbehalt. Die Alternativen, um die es geht, dürfen nicht zu weit hergeholt sein. Anders gesagt: Sie müssen zumindest prinzipiell ausschließbar sein.

Durch Merkmale des physischen Kontexts werden ohnehin nur Alternativen nahegelegt, die ausschließbar sind, denn durch welche Kontextmerkmale könnte etwa die Alternative nahegelegt werden, daß ein Täuscherdämon sein Unwesen treibt? Auch innerhalb eines normalen konversationalen Kontexts werden nur, wie die angestellten Überlegungen verdeutlichen sollten, solche Alternativen für relevant erachtet, die als ausschließbar gelten. Die Alternativen aber, für die der Skeptiker ein Faible hat, sind nun gerade die nichtausschließbaren, weithergeholten Alternativen. Und diese Alternativen werden, wie ich behaupten möchte, in normalen Kontexten nie für relevant erachtet; sie werden gewöhnlich weder durch Merkmale des physischen Subjektkontexts noch durch solche des konversationalen Kontexts nahegelegt. Um also diese nichtausschließbaren Alternativen für relevant zu erachten, muß man sich in einen ungewöhnlichen Kontext begeben. Man muß sich auf des Skeptikers Spiel einlassen. Man darf in diesen Fällen seiner alltäglichen Neigung, solcherlei Alternativen nicht für relevant zu erachten, nicht nachgeben.

Solche Überlegungen mögen erklären helfen, wieso skeptischen Argumentationen zwar einerseits eine gewisse Anziehungskraft, andererseits aber eine gewisse Unernsthaftigkeit, ein So-tun-als-ob-Charakter anhaftet. Denn einerseits merkt man, daß man, wäre die erwogene skeptische Alternative wahr, sie nicht ausschließen könnte. Andererseits kann man diese Alternative aber kaum jemals in vollem Ernst für relevant erachten, weil man dies wider die Neigung tun müßte, sie für irrelevant zu erachten.[160]

---

[160] Von hier aus kann man natürlich gut in die rege geführte Debatte darüber einsteigen, inwieweit das skeptische Anliegen überhaupt verständlich ist, d.h. inwieweit es dem Skeptiker überhaupt gelingt, sinnvoll zu sein oder auch nur erst einmal mit seiner hartnäckigen Wissensleugung etwas zu sagen (um so zunächst wenigstens die Vorbedingungen dafür zu schaffen, eine Behauptung aufzustellen).

3.1.4 Kurz zusammengefasst

Ausgehend von der Grundidee, der zufolge eine Wissenszuschreibung des Typs „X weiß, daß P" genau dann wahr ist, wenn X aufgrund seiner epistemischen Position in der Lage ist, alle relevanten Alternativen zu P auszuschließen, wurden die Begriffe der epistemischen Position und des Ausschließens einer relevanten Alternative wie folgt erläutert: Die epistemische Position eines Subjekts X hinsichtlich P umfaßt sowohl einige (oder auch alle) seiner zu Recht als Wissen geltenden Überzeugungen als auch einige (oder auch alle) seiner diskriminativen Fähigkeiten. Eine relevante Alternative A zu P wird von einer Person entweder dadurch ausgeschlossen, daß sie weiß, daß Q, wobei zudem noch gilt: (a) Q ≠ P, (b) Die Überzeugung, daß Q, ist mit dem Bestehen von A unvereinbar. Oder die Person kann A dadurch ausschließen, daß sie eine gewisse diskriminative Fähigkeit hat, die es ihr erlaubt, die Situation, in der A besteht, von der Situation zu unterscheiden, in der der Sachverhalt besteht, daß P.

Der Versuch einer Charakterisierung der Menge der für eine Wissenszuschreibung des Typs „X weiß, daß P" relevanten Alternativen ergab folgendes: Eine Alternative ist relevant, wenn sie für relevant erachtet wird: Sei es, daß sie von einem beliebigen normalen sprachkompetenten Sprecher des Deutschen - gegeben gewisse Umstände - für relevant erachtet wird, oder sei es, daß sie von den Zuschreibern - gegeben gewisse Umstände - für relevant erachtet wird. Und wird bei einer Wissenszuschreibung eine Alternative von einem Sprecher oder Zuschreiber für relevant erachtet, so heißt das nichts anderes, als daß er der Ansicht ist, daß das Wissenssubjekt die Alternative ausschließen können muß, soll die Wissenszuschreibung wahr sein. Und er ist deshalb dieser Ansicht, weil er ceteris paribus und unter dem Vorbehalt, daß die fragliche Alternative A nicht zu weit hergeholt und prinzipiell ausschließbar ist, folgender Überlegung zuzustimmen geneigt ist: Wenn X die Alternative A nicht ausschließen kann, dann wird er entweder gar nicht glauben, daß P, oder seine Überzeugung, daß P, ist derart, daß er auch dann glauben würde, daß P, wenn es gar nicht der Fall wäre, daß P. In beiden Fällen weiß X nicht, daß P. Also muß X A ausschließen können, um zu wissen, daß P.

Wie also kommt es dazu, daß eine Alternative relevant wird? Sie wird dadurch relevant, daß ein Sprecher oder Zuschreiber sie für relevant erachtet. Und er wird sie für relevant erachten, wenn sie ihm als relevant nahegelegt wird. Alternativen können nun auf zwei verschiedenen Wegen als relevant nahegelegt werden. Zum einen können sie dadurch nahegelegt werden, daß man Kenntnis von bestimmten Merkmalen des Subjektkontexts erhält. Zum anderen können sie dadurch nahegelegt werden, daß man gewisse Präsuppositionen macht und gegebenenfalls mit anderen teilt. Anders gesagt können

Alternativen entweder dadurch relevant werden, daß sie durch gewisse Merkmale des physischen Subjektkontexts derart nahegelegt werden, daß ein normaler Sprecher, wenn er um die Merkmale wüßte, die Alternativen für relevant erachten würde. Oder Alternativen können dadurch relevant werden, daß sie durch gewisse Merkmale des konversationalen Kontexts derart nahegelegt werden, daß ein normales Mitglied dieses Kontexts sie für relevant erachtet.

Auf die Frage, was es heißt, daß ein Sprecher oder Zuschreiber bei einer Wissenszuschreibung des Typs „X weiß, daß P" eine gewisse Alternative A zu P für relevant erachtet, läßt sich also folgendes antworten: Erachtet ein Sprecher Alternative A für relevant, dann heißt das, daß er ceteris paribus aufgrund von Überlegung N der Meinung ist, daß das Wissenssubjekt A ausschließen können muß, um zu wissen, daß P.

Auf die Frage, was einen Sprecher oder Zuschreiber veranlaßt, bei einer Wissenszuschreibung des obigen Typs eine Alternative A für relevant zu erachten, läßt sich dagegen folgendes antworten: Er wird veranlaßt, A für relevant zu erachten, weil ihm A durch Merkmale des physischen Subjektkontexts bzw. des konversationalen Kontexts nahegelegt wird.

3.2 GEMÄSSIGTER UND STRENGER KONTEXTUALISMUS

Drei verschiedene Standpunkte könnte man in Anbetracht der beiden Arten und Weisen einnehmen, auf die eine Alternative relevant werden kann. Zum einen könnte man die These vertreten, daß Alternativen lediglich auf die erste Art und Weise, also nach Bedingung 1 (Abschnitt 3.1.2), relevant werden können. Dieser Standpunkt ist mehr oder weniger Dretskes Standpunkt. Und er ist, wie die Kritik an Dretske deutlich gemacht haben sollte, kein kontextualistischer Standpunkt. (Denn die Interessen und Ziele der Zuschreiber nehmen nach Dretske keinen Einfluß darauf, welche Alternativen relevant sind. Damit nehmen sie keinen Einfluß auf die Wahrheit oder Falschheit der fraglichen Wissenszuschreibung). Dieser Standpunkt sei folglich im weiteren beiseite gelassen. Zum zweiten könnte man den Standpunkt vertreten, daß Alternativen auf die erste und die zweite Art und Weise relevant werden können: Eine Alternative wäre genau dann relevant, wenn sie entweder nach Bedingung 1 (Abschnitt 3.1.2) oder nach Bedingung 2 (Abschnitt 3.1.3) relevant würde. Diesen Standpunkt möchte ich den gemässigten kontextualistischen Standpunkt, oder kurz: *GKS*, nennen. Lewis vertritt z.B. diesen Standpunkt.[161] Oder aber man ist der Ansicht, daß Alternativen nur auf die zweite Art und Weise, i.e. nach Bedingung 2, relevant werden können: Bedingung 2 wäre folglich sowohl eine hinreichende als auch eine notwendige Bedingung dafür, daß eine Alternative relevant ist. Diesen Standpunkt möchte ich den strengen kontextualistischen Standpunkt, oder kurz: *SKS*, nennen.

3.2.1 Unterschiede zwischen GKS und SKS

Die beiden kontextualistischen Ansätze unterscheiden sich in wichtigen Hinsichten. Ein Sprecher S sagt zum Zeitpunkt t: „X weiß, daß P". Nach GKS sind zu t sowohl alle diejenigen Alternativen zu P relevant, die ein beliebiger normaler Sprecher des Deutschen für relevant erachten würde (wenn er entsprechend über den physischen Subjektkontext von X informiert wäre), als auch alle diejenigen Alternativen, deren Relevanz im konversationalen Kontext des Sprechers präsupponiert wird. Nach SKS sind zu t lediglich alle diejenigen Alternativen zu P relevant, deren Relevanz im konversationalen Kontext des Sprechers präsupponiert wird. Es gilt also:

GKS: Eine Wissenszuschreibung W des Typs „X weiß, daß P" ist genau dann wahr, wenn (i) es der Fall ist, daß P, und (ii) X glaubt, daß P, und (iii) X aufgrund seiner epistemischen Position sowohl alle diejenigen Alternativen auszuschließen in der Lage ist, die ein beliebiger normaler Sprecher bei entsprechender Information für relevant erachten würde, als auch alle diejenigen Alternativen, deren Relevanz im konversationalen Kontext von W präsupponiert wird.

SKS: Eine Wissenszuschreibung W des Typs „X weiß, daß P" ist genau dann wahr, wenn (i) es der Fall ist, daß P, und (ii) X glaubt, daß P, und (iii) X aufgrund seiner epistemischen Position alle diejenigen Alternativen auszuschließen in der Lage ist, deren Relevanz im konversationalen Kontext von W präsupponiert wird.

---

[161] DeRose läßt sich hier nicht gut einordnen, da er nicht von relevanten Alternativen spricht. Würde er von relevanten Alternativen sprechen, so würden die Menge der relevanten Alternativen mit der erforderlichen Stärke der epistemischen Position des Wissenssubjekts korreliert sein. Und da diese erforderliche Stärke durch die Zuschreiberfaktoren bestimmt wird, würde DeRose wohl sagen, daß in die Menge der relevanten Alternativen nur die nach Bedingung 2 relevanten Alternativen gehören. Zugleich spielten bei ihm aber auch die nach Bedingung 1 relevanten Alternativen eine Rolle. Denn die tatsächliche Stärke der epistemischen Position würde durch die nach Bedingung 1 relevanten Alternativen bestimmt – denke ich.

3.2 Gemässigter und strenger Kontextualismus

Nennen wir die Funktion, die für eine gegebene Wissenszuschreibung W die Menge der relevanten Alternativen bestimmt, den *Wissensstandard zu W*. Nach GKS liefert dieser Wissensstandard zu W als Werte einerseits die Alternativen, die ein beliebiger normaler sprachkompetenter Sprecher, bei entsprechender Information über die Merkmale des physischen Subjektkontexts, für relevant erachten würde, und andererseits die Alternativen, deren Relevanz im konversationalen Kontext präsupponiert wird. Als Argumente nimmt dieser Wissensstandard zu W sowohl beliebige Merkmale des physischen Subjektkontexts, als auch Bestandteile des konversationalen Kontexts (sprich: Präsuppositionen). Sei dieser Wissensstandard der *Wissensstandard$_{GKS}$* zu W genannt. Nach SKS dagegen liefert der Wissensstandard zu W als Werte die Alternativen, deren Relevanz im konversationalen Kontext präsupponiert wird. Als Argumente nimmt dieser Wissensstandard zu W lediglich Bestandteile des konversationalen Kontexts. Sei dieser Wissensstandard der *Wissensstandard$_{SKS}$* zu W genannt. Es gilt also kurz gesagt für GKS bzw. für SKS:

GKS: Eine Wissenszuschreibung W des Typs „X weiß, daß P" ist genau dann wahr, wenn es der Fall ist, daß P, und X glaubt, daß P, und X aufgrund seiner epistemischen Position hinsichtlich P dem Wissensstandard$_{GKS}$ zu W genügt.

SKS: Eine Wissenszuschreibung W des Typs „X weiß, daß P" ist genau dann wahr, wenn es der Fall ist, daß P, und X glaubt, daß P, und X aufgrund seiner epistemischen Position hinsichtlich P dem Wissensstandard$_{SKS}$ zu W genügt.

Betrachten wir wieder einmal das Henry-Beispiel, um diesen Unterschied zwischen GKS und SKS deutlich zu machen. Henry fährt durch eine Gegend, in der es neben einigen wenigen Holzscheunen zahlreiche Pappmaché-Scheunen gibt. Henry blickt wachen Sinnes und aufmerksam auf eine Holzscheune. Fritz beobachtet Henry. Er weiß nichts von den Pappmaché-Attrappen. Auch hat er keinerlei Grund anzunehmen, daß es hier welche gibt. Sei die Alternative, daß Henry gerade auf eine Attrappe blickt und dennoch glaubt, eine Holzscheune zu sehen, die Alternative A genannt. Fritz unterstellt nun also keineswegs, daß A relevant ist. (Er unterstellt weder, daß A besteht, noch, daß er oder Henry A nicht ausschließen können.) Für Fritz ist A keine relevante Alternative. Fritz mag einige andere Alternativen erwägen, sagt aber schließlich nach einigem Überlegen: „Henry weiß, daß er eine Holzscheune sieht". Ist diese Wissenszuschreibung wahr oder nicht? Nach GKS muß Henry nun zumindest eine Alternative ausschließen können, die er nach SKS nicht ausschließen können muß: nämlich die Alternative A, daß er gerade auf eine Pappmaché-Scheune blickt und dennoch glaubt, daß es eine Holzscheune ist.

Bei dem Versuch, die Frage zu beantworten, welcher Ansatz adäquat ist, darf man nicht übersehen, daß *wir* nun natürlich wissen, daß es in Henrys Umgebung Pappmaché-Scheunen gibt. Für uns ist die Alternative, daß Henry auf eine solche Attrappe blickt und dabei die Überzeugung gewinnt, eine echte Holzscheune zu sehen, eine relevante Alternative. Denn wir präsupponieren, daß es diese Attrappen gibt, und daß Henry sie nicht von echten Holzscheunen unterscheiden kann. Demnach werden wir als Zuschreiber natürlich nur dann Henry wahrheitsgemäß Wissen zuschreiben können, wenn Henry diese Alternative ausschließen kann. Soweit wir wissen, kann er dies aber nicht. Insofern ist die fragliche Wissenszuschreibung von unserem Standpunkt aus gesehen vermutlich nicht wahr. Man bedenke aber, daß Henry tatsächlich eine Holzscheune sieht! Und die Frage war nicht, ob wir etwas Wahres sagen, wenn wir sagen „Henry weiß, daß er eine Holzscheune sieht", sondern ob ein Zuschreiber, der von den Pappmaché-Scheunen nichts weiß, dies wahrheitsgemäß sagen kann. Diese beiden Dinge dürfen nicht verwechselt werden.

3.2.2 PROBLEME UND REFORMULIERUNGEN

Ein Problem für SKS

Aber auch wenn man diese Dinge auseinander hält, scheint es hier ein Problem für SKS zu geben. Im Rahmen von SKS ist es möglich, daß man von Henry auch dann wahrheitsgemäß sagen kann, er wisse, daß das, worauf er blickt, eine Holzscheune ist, wenn er die Alternative A nicht ausschließen kann, daß er lediglich auf eine Attrappe blickt und dennoch glaubt, daß es eine Holzscheune ist. Denn die Pappmaché-Scheunen in Henrys Umgebung nehmen - gemäß SKS - „von sich aus" keinen Einfluß auf die Menge der relevanten Alternativen. Sie nehmen erst dann Einfluß auf die Menge der relevanten Alternativen, wenn die Zuschreiber die durch die Pappmaché-Scheunen nahegelegte Alternative für relevant erachten.

Aber schien denn bisher die Annahme nicht recht plausibel, daß auch Merkmale des physischen Subjektkontexts Einfluß auf die Menge der relevanten Alternativen nehmen können? Ist es nicht gerade das, was uns z.B. das Henry-Beispiel zeigt? Der SKS-Kontextualist leugnet die Annahme einfach rundweg. Wie erklärt er dann die Plausibilität dieses und ähnlicher Beispiele? Der Vertreter von SKS wird geneigt sein, folgendermaßen zu argumentieren: Eine Alternative zu P ist nicht einfach - sozusagen aus eigener

Kraft - schon deshalb relevant, weil sie in einer gewissen Beziehung zu gewissen Merkmalen des Subjektkontexts steht. Und die hierfür gemeinhin angeführten Beispiele zeigen auch nichts dergleichen. Was gezeigt wird ist lediglich, daß, wenn man um gewisse Merkmale des Subjektkontexts (wie z.B. Pappmaché-Scheunen) weiß, man kaum umhin kann, bei einer entsprechenden Wissenszuschreibung gewisse Alternativen für relevant zu erachten. Alle die angeführten Beispiele von Pappmaché-Scheunen im Subjektkontext, Halluzinationsneigungen des Subjekts und dergleichen mehr, lassen uns als Beobachter der Situation um diese Merkmale wissen, um uns dann vor die Frage zu stellen, ob das Subjekt unter diesen Umständen weiß, daß so-und-so. Also zeigen diese Beispiele nicht mehr, als daß wir, wenn wir qua Zuschreiber um gewisse Merkmale des Subjektkontexts wissen, nicht umhin können, gewisse Alternativen für relevant zu erachten. Die Beispiele zeigen aber - so der SKSler - keineswegs, daß diese Alternativen auch dann relevant sind, wenn die Zuschreiber nicht um die entsprechenden Merkmale des physischen Kontexts wissen, und auch keinen weiteren Grund haben, die Alternativen überhaupt in Betracht zu ziehen. Alternativen werden nicht dadurch relevant, daß man sie für relevant erachten würde, wenn man um gewisse Merkmale des physischen Wissenkontexts wüßte. Sie werden lediglich dadurch relevant, daß man sie *de facto* für relevant erachtet - so die Überlegung des SKSlers.

Überzeugt diese Überlegung? Ist die Alternative A, daß Henry lediglich auf eine Pappmaché-Scheune blickt und dennoch glaubt, eine Holzscheune zu sehen, wirklich höchstens dann eine relevante Alternative, wenn die Zuschreiber sie für relevant erachten? Oder anders gefragt: Kann Fritz von Henry wirklich wahrheitsgemäß sagen, er wisse, daß das, was er sieht, eine Holscheune ist? Kann er das auch dann, wenn Henry die Alternative A nicht ausschließen kann? Schließlich gibt es diese Attrappen. Nehmen wir an, Henry kann tatsächlich Pappmaché-Scheunen nicht von Holzscheunen unterscheiden. Kann er denn unter diesen Umständen wissen, daß das, was er sieht, eine Holzscheune ist? Muß Henry die Alternative A nicht auf alle Fälle ausschließen können, um zu wissen, daß er eine Holzscheune sieht? Muß er sie nicht unabhängig davon ausschließen können, ob der Zuschreiber sie für relevant erachtet? Wohl schon.

Zwei Reformulierungen von SKS

Welche Konsequenzen sind daraus zu ziehen? Muß in Anbetracht dieser Überlegung SKS verworfen werden? Oder läßt sich SKS derart umformen, daß er dem Status dieser anscheinend von den Präsuppositionen der Zuschreiber unabhängigen relevanten Alternativen gerecht werden kann? Die obige Schwierigkeit entsteht für SKS erst dann, wenn der Zuschreiber eine Alternative in gewisser Hinsicht fälschlicherweise für irrelevant hält – aufgrund mangelnder Information über die Merkmale des physischen Subjektkontexts sozusagen. Lassen wir Fritz weiter unterstellen, daß A nicht relevant ist. Der strittige Fall zwischen SKS und GKS ist offensichtlich der Fall, in dem diese Präsupposition insofern inadäquat ist, als Fritz (qua normaler und kompetenter Sprecher) A wohl für relevant erachten würde, wäre er nur besser über gewisse Merkmale des physischen Subjektkontexts informiert.

Sagen wir, daß eine Alternative A bei einer Wissenszuschreibung W relevant$_{pSK}$ (der Index soll auf den physischen Subjektkontext verweisen) ist, wenn sie nach Bedingung 1 relevant ist, d.h. wenn ein normaler Sprecher sie bei entsprechender Information für relevant erachten würde. Und sagen wir also weiter, daß wenn eine Alternative A bei einer Wissenszuschreibung relevant$_{pSK}$ ist, im konversationalen Kontext von W jedoch präsupponiert wird, daß A nicht relevant ist, dann ist diese Präsupposition *inadäquat*. Und sagen wir schließlich noch, daß wenn im konversationalen Kontext präsupponiert wird, daß A relevant ist, obgleich A nicht relevant$_{pSK}$ ist, dann ist diese Präsupposition auch *inadäquat*.

Angenommen nun, Fritz oder Henry oder sogar beide können A nicht ausschließen. Nach SKS kann Fritzens obige Wissenszuschreibung dennoch wahr sein (zumindest wenn Henry de facto auf eine echte Holzscheune blickt). Nach GKS ist sie auf jeden Fall falsch. Nach SKS ist A nicht relevant, denn es wird im konversationalen Kontext (von Fritz) nicht präsupponiert, daß sie relevant ist. Aber diese Präsuppostion ist wie gesagt *inadäquat*. Sollte man folglich sagen, daß eine Alternative erstens - wie bisher - dann relevant ist, wenn im konversationalen Kontext präsupponiert wird, daß sie relevant ist, und daß sie aber zweitens auch dann relevant ist, wenn inadäquaterweise präsupponiert wird, daß sie nicht relevant ist (da sie relevant$_{pSK}$ ist), und daß sie drittens dann nicht relevant ist, wenn inadäquaterweise präsupponiert wird, daß sie relevant ist (da sie ja nicht relevant$_{pSK}$ ist). Sei die Position, derzufolge dies gilt, *die erste Reformulierung von SKS* genannt. Würde SKS derart reformuliert, so wäre das obige Problem gelöst. Aber dafür entstünde ein neues Problem.

Ein Problem für die erste Reformulierung von SKS

Sei der Teil des konversationalen Kontexts, der lediglich die adäquaten Präsuppositionen umfaßt, der konversationale Kontext K^+ genannt. Und sei der konversationale Kontext, der alle Präsuppositionen (auch die inadäquaten) umfaßt, einfach K genannt. Seien $P_1...P_{m-1}$ die Präsuppositionen von K^+, und

3.2 Gemässigter und strenger Kontextualismus

seien $P_m...P_n$ die Präsuppositionen von K ohne K^+. Es lassen sich nun die folgenden vier Fälle unterscheiden:

Fall 1a: A ist relevant$_{pSK}$. Es gibt in K^+ (und folglich auch in K, da dieser K^+ umfaßt) eine (adäquate) Präsupposition $P_{i\ (1\ \leq\ i\ <\ m)}$ des Inhalts, daß A relevant ist. In diesem Fall ist A nach der ersten Reformulierung relevant.

Fall 1b: A ist relevant$_{pSK}$. Es gibt in K (naheliegenderweise aber nicht in K^+) eine inadäquate Präsupposition $P_{n-1\ (m\ \leq\ n-1\ \leq\ n)}$ des Inhalts, daß A nicht relevant ist. Ist A in diesem Fall relevant? Das Henry-Beispiel (und ähnliche Beispiele) scheint zu zeigen, daß A in diesem Fall relevant ist. Und die erste Reformulierung von SKS trägt diesem Eindruck Rechnung, denn ihrzufolge ist A in diesem Fall relevant, da ja inadäquaterweise präsupponiert wird, daß A nicht relevant ist.

Fall 2a: A ist nicht relevant$_{pSK}$. Es gibt in K^+ eine Präsupposition $P_{i\ (1\ \leq\ i\ \leq\ m-1)}$ des Inhalts, daß A nicht relevant ist. (Es gibt der Widerspruchsfreiheit zuliebe in K keine Präsupposition des Inhalts, daß A relevant ist.) Ist A in diesem Fall relevant? Wohl nicht.

Fall 2b: A ist nicht relevant$_{pSK}$. Es gibt aber in K eine (inadäquate) Präsupposition $P_{n-1\ (m\ \leq\ n-1\ \leq\ n)}$ des Inhalts, daß A relevant ist. Nach der ersten Reformulierung von SKS ist A hier nicht relevant, denn die Präsupposition ist, wie gesagt, inadäquat.

Der ersten Reformulierung von SKS zufolge ist A in den Fällen 1a und 1b relevant, in den Fällen 2a und 2b ist sie nicht relevant. Sei nun der Ansatz, demzufolge eine Alternative unter den in Fall 2b beschriebenen Umständen doch auch relevant ist, die *zweite Reformulierung von SKS* genannt. Beide Reformulierungen vermögen, das obige Problem mit dem Henry-Beispiel und ähnlichen Beispielen zu lösen. Denn dies geschieht in beiden Reformulierungen dadurch, daß Alternativen, die relevant$_{pSK}$ sind, auch dann relevant sein können, wenn im konversationalen Kontext präsupponiert wird, daß sie nicht relevant sind.

Der Unterschied zwischen der ersten und der zweiten Reformulierung von SKS besteht darin, daß nach der ersten Reformulierung eine Alternative nie relevant ist, wenn sie nicht relevant$_{pSK}$ ist. Dies gilt auch dann, wenn die Zuschreiber präsupponieren, daß sie relevant ist. Nach der zweiten Reformulierung ist eine Alternative, für die letzteres gilt, dagegen doch relevant. Welcher der beiden Reformulierungen der Vorzug gegeben werden sollte, ist nun leicht zu entscheiden. Denn für die erste Reformulierung ergibt sich ein schwerwiegendes Problem, da nach ihr folgendes gilt:

(i) Wenn A relevant$_{pSK}$ ist, und wenn in K^+ präsupponiert wird, daß A relevant ist, so ist A relevant. (ii) Wenn A relevant$_{pSK}$ ist, und wenn in K inadäquaterweise präsupponiert wird, daß A nicht relevant ist, dann ist A ebenfalls relevant. (iii) Wenn A nicht relevant$_{pSK}$ ist, und wenn in K^+ präsupponiert wird, daß A nicht relevant ist, dann ist A auch nicht relevant. (iv) Und wenn A nicht relevant$_{pSK}$ ist, aber in K inadäquaterweise präsupponiert wird, daß A relevant ist, dann ist A ebenfalls nicht relevant. Kurz gesagt gilt also gemäß der ersten Reformulierung:

> Wenn A relevant$_{pSK}$ ist, dann ist A eine relevante Alternative. Und wenn A nicht relevant$_{pSK}$ ist, dann ist A keine relevante Alternative.

Damit hat sich diese erste Reformulierung jedoch als kontextualistischer Standpunkt disqualifiziert. Denn nun gilt, daß bei einer Wissenszuschreibung, geäußert in unterschiedlichen konversationalen Kontexten, immer dieselben Alternativen relevant sind. Und zwar sind diejenigen Alternativen relevant, die relevant$_{pSK}$ sind. Und es sind diejenigen Alternativen nicht relevant, die nicht relevant$_{pSK}$ sind. Wenn A also relevant$_{pSK}$ ist, dann ist A nach der ersten Reformulierung in jedem beliebigen konversationalen Kontext eine relevante Alternative. Wenn A nicht relevant$_{pSK}$ ist, dann ist A nach der ersten Reformulierung in jedem beliebigen konversationalen Kontext keine relevante Alternative. Der Zuschreiberkontext kann keinerlei Einfluß mehr darauf nehmen, welche Alternativen relevant bzw. nicht relevant sind. Demzufolge kann der Wahrheitswert einer Wissenszuschreibung nicht mehr in Abhängigkeit von konversationalen Kontexten variieren - einfach weil der konversationale Kontext keinen Einfluß mehr auf den Wahrheitswert nimmt. Damit ist die kontextualistische Idee verabschiedet. Die erste Reformulierung kann nicht zu Recht als kontextualistischer Standpunkt bezeichnet werden.

Die zweite Reformulierung hat dieses Problem nicht. Denn ihr zufolge hat der Zuschreiberkontext Einfluß auf die Menge der relevanten Alternativen. Nach der zweiten Reformulierung kann eine Alternative auch dann relevant sein, wenn sie nicht relevant$_{pSK}$ ist. Es muß nur von den Zuschreibern präsupponiert werden, daß sie relevant ist. Sei nun von einer Alternative A (bei einer Wissenszuschreibung W) gesagt, sie sei k-relevant, wenn gilt: Es wird entweder im konversationalen Kontext von W präsupponiert (sei es adäquaterweise oder inadäquaterweise), daß A relevant ist, oder es wird inadäquaterweise präsupponiert, daß A nicht relevant ist. Eine Alternative A ist folglich genau dann nicht k-relevant, wenn im konversationalen Kontext adäquaterweise präsupponiert wird, daß sie nicht relevant ist. Nach der zweiten Reformulierung von SKS gilt nun also, daß eine Alternative A genau dann bei einer Wissenszuschreibung relevant ist, wenn sie k-relevant ist. Es gilt weiter:

> Eine Wissenszuschreibung des Typs „X weiß, daß P" ist genau dann wahr, wenn es (i) der Fall ist, daß P, und (ii) X glaubt, daß P, und (iii) X aufgrund seiner epistemischen Position alle Alternativen auszuschließen in der Lage ist, die k-relevant sind.

Ist nun im folgenden von SKS die Rede, so sei damit immer, wenn nicht anders angegeben, die zweite Reformulierung von SKS gemeint. Der Wissensstandard$_{SKS}$ muß nun folgendermaßen charakterisiert werden: Der Wissensstandard$_{SKS}$ zu W liefert als Werte die Alternativen, die k-relevant sind. Als Argument nimmt dieser Wissensstandard$_{SKS}$ zu W Merkmale des konversationalen Kontexts.

Semantisches Wissen und begriffliche Zusammenhänge

Wir haben nun scheinbar einen Gleichstand zwischen GKS und SKS erreicht. Beide Ansätze können die diskutierten Beispiele gleichermaßen erklären. Beiden Ansätzen zufolge ist eine Wissenszuschreibung des Typs „X weiß, daß P" höchstens dann wahr, wenn X einem bestimmten Wissensstandard genügt. Weiß X, daß P, so sollte dies adäquat wie folgt umschrieben werden können: X genügt dem relevanten Wissensstandard (wobei für die unmittelbar folgenden Überlegungen der Unterschiede im Wissensstandard zwischen GKS und SKS vernachlässigt werden soll; es wird vom Wissensstandard simpliciter die Rede sein). Hierbei wird dem Kontextualismus zufolge (sei es GKS oder SKS) ein begrifflicher Zusammenhang zwischen dem Wissensbegriff und dem Begriff des Einem-Wissensstandard-Genügens aufgedeckt. Wissen heißt einem bestimmten Wissensstandard zu genügen. Nun wird aber ein normaler Sprecher unter Umständen von diesem Zusammenhang nichts wissen. Dennoch gehört dieser begriffliche Zusammenhang, so der Kontextualist, in gewisser Weise zur Semantik des Wissensbegriffs. Aber sollte ein normaler Sprecher nun nicht in solcher Weise mit der Semantik seiner Begriffe vertraut sein, daß ihm ein derartiger Zusammenhang nicht entgehen kann, wenn er denn besteht? Ist Kenntnis der Semantik unserer Begriffe nicht das, was ein Sprecher vorweisen muß, um Anspruch darauf erheben zu können, ein normaler kompetenter Sprecher zu sein? Anders gefragt: Könnte es nicht nur dann derartige, zur Semantik der Begriffe einer Sprache gehörige Zusammenhänge geben, wenn sie den normalern Sprechern dieser Sprache auch bekannt wären?

Zudem wird ein normaler Sprecher nicht nur über diese Zusammenhänge in Unkenntnis sein, er wird auch den jeweiligen kontextuell relevanten Wissensstandard nicht explizit angeben können - zumal er ja unter Umständen nicht einmal weiß, daß ein solcher Wissensstandard im Spiel ist. Ist aber eine Wissenszuschreibung des Typs „X weiß, daß P" genau dann wahr, wenn X dem kontextuell relevanten Wissensstandard genügt, so sollte ein normaler Sprecher doch, um die Wahrheit oder Falschheit einer Wissenszuschreibung beurteilen zu können, den dabei im Spiel befindlichen Wissensstandard explizieren können. Kurz: Muß der Kontextualist einem Sprecher nicht absprechen, ein normaler kompetenter Sprecher zu sein, wenn er von solcherlei begrifflichen Zusammenhängen nichts weiß und zudem in Unkenntnis über die besagte Bedingung für die Wahrheit einer Wissenszuschreibung ist? Zugespitzt: Weiß ein Sprecher im kontextualistischen Rahmen überhaupt, was er unter Verwendung des Wissensbegriffs sagt?

Auf diese Frage sollte der Kontextualist, sei er SKSler oder GKSler, eindeutig mit einem Ja antworten. Aber kann er das mit guten Gründe tun? Kann der Kontextualist dafür argumentieren, daß ein Sprecher im Rahmen seiner Theorie sehr wohl weiß, was er mit einer Wissenszuschreibung sagt, auch wenn ihm unter Umständen wichtige begriffliche Zusammenhänge zwischen dem Wissensbegriff und anderen Begriffen entgehen und er in Unkenntnis über eine Wahrheitsbedingung für Wissenszuschreibungen ist? Eine Beantwortung dieser Frage wird auf Abschnitt 3.4.2 verschoben, da die Antwort eine These voraussetzt, die erst in Abschnitt 3.3.3 eingeführt wird.

3.2.3 Kurz zusammengefasst

Bei der Charakterisierung der Menge der relevanten Alternativen lassen sich zwei Ansätze vertreten: Gemäß dem ersten Ansatz (= GKS) sind bei einer Wissenszuschreibung W des Typs „X weiß, daß P" (i) alle diejenigen Alternativen zu P relevant, die ein normaler sprachkompetenter Sprecher des Deutschen zur Menge der relevanten Alternativen zählen würde, wenn er über entsprechende Merkmale des physischen Subjektkontexts informiert wäre. Und es sind zudem (ii) alle diejenigen Alternativen relevant, deren Relevanz im konversationalen Kontext von W präsupponiert wird. Nach dem zweiten Ansatz (= SKS) sind nur diejenigen Alternativen relevant, deren Relevanz im konversationalen Kontext von W präsupponiert wird.

Für SKS ergab sich nun die Schwierigkeit, Alternativen, die scheinbar unabhängig davon relevant sind, ob ihre Relevanz im konversationalen Kontext präsupponiert wird, unter Umständen nicht als relevante Alternativen zulassen zu können. Dies ließ eine Reformulierung von SKS wünschenswert erscheinen. Mit der ersten Reformulierung konnte die Schwierigkeit vermieden werden. Allerdings war der Preis die Aufgabe der kontextualistischen Idee. Mit der zweiten Reformulierung ließ sich gleichzeitig die Schwierigkeit vermeiden und die kontextualistische Idee beibehalten. Gemäß der zweiten Reformulierung sind bei einer Wissenszuschreibung des Typs „X weiß, daß P" alle diejenigen Alternativen zu P relevant, die (im erläuterten Sinn) k-relevant sind.

Aber es stellt sich für GKS und SKS noch ein weiteres Problem. Dieses Problem besteht darin, eine Antwort auf die folgende Frage zu finden: Wenn man einen Satz σ äußert, und zugleich aber (1) über begriffliche Zusammenhänge unwissend ist, in die einer der in σ verwandten Ausdrücke eingebunden ist, und (2) eine Wahrheitsbedingung für die Äußerung von σ nicht kennt, weiß man dann überhaupt, was man mit einer Äußerung von σ sagt?

3.3 KONTEXTABHÄNGIGKEIT

3.3.1 INDEXIKALITÄT

Wissenszuschreibungen sind kontextabhängig. Ihr Wahrheitswert kann in Abhängigkeit von kontextuellen Faktoren des Zuschreiberkontexts variieren. Es ist durchaus üblich unter Kontextualisten, diese Kontextabhängigkeit von Wissenszuschreibungen mit der angeblichen Indexikalität von „wissen" erklären zu wollen.[162] Im weiteren nenne ich den Kontextualisten, der dies versucht, einen *Indexikalisten*. Der Indexikalist nimmt also an, daß die Wahrheitsbedingungen von Sätzen wie „X weiß, daß P" in derselben Weise hinsichtlich des Wissensstandards kontextabhängig sind wie die Wahrheitsbedingungen von Sätzen wie „Hier ist es kalt" hinsichtlich des Äußerungsortes. Mit dieser Annahme läßt sich seiner Ansicht nach auch die Möglichkeit der Wahrheit unliebsamer Sätze erklären. Denn nun muß man lediglich zur Kenntnis nehmen, daß aus einer wahrheitsgemäßen Äußerung von „Y sagt etwas Wahres, indem er sagt: 'Hier ist es kalt'" nicht folgt, daß es hier (d.h. dort, wo diese Feststellung über Y gemacht wird) kalt ist. Hat man dies erst einmal zur Kenntnis genommen, so wird man sich nicht weiter darüber wundern, daß aus einer wahrheitsgemäßen Äußerung von „Y sagt etwas Wahres, indem er sagt: 'X weiß, daß P'" auch nicht folgen muß, daß X weiß, daß P - so der Indexikalist. Aber diese These von der angeblichen Indexikalität von „wissen" ist in mehreren Hinsichten (die schon bei der Kritik an DeRose in Abschnitt 2.4.2 kurz Erwähnung fanden) unplausibel.

(I) Man denke an die unliebsamen Sätze. Sie sind, wie (in Abschnitt 2.5) gezeigt wurde, eine unvermeidliche Konsequenz jeder kontextualistischen Wissenstheorie. Wäre nun „wissen" ein indexikalischer Ausdruck, dann sollte man erwarten können, daß die unliebsamen Sätze nicht mehr und nicht we-

---

[162] Wie erwähnt (siehe hierzu Abschnitt 2.1.3 und Abschnitt 2.4.2) versuchen z.B. S. Cohen oder K. DeRose dergleichen. Und wenn hier von Indexikalität die Rede ist, so bezieht man sich dabei auf die gängige Theorie zur Explikation indexikalischer und deiktischer Ausdrücke, wie sie von David Kaplan (siehe Kaplan [1989]) und in ähnlicher Weise von John Perry (siehe Perry [1977]) entwickelt wurde. Einen hilfreichen Überblick über diese und andere Theorien zur Indexikalität bieten z.B. Thomas Ede Zimmermann (in Zimmermann [1991]) und Ulrike Haas-Spohn (in Haas-Spohn [1995]).

niger komisch klingen als entsprechende Sätze mit genuin indexikalischen Ausdrücken wie „hier" oder „jetzt". Dem ist aber nicht so. Zwar mag ein Satz wie

> Y sagt etwas Wahres, indem er sagt „Hier ist es kalt", aber hier ist es nicht kalt.

etwas umständlich klingen, aber er klingt doch keineswegs so unverständlich wie der unliebsame Satz

> Y sagt etwas Wahres, indem er sagt „X weiß, daß P", aber X weiß nicht, daß P.

(II) Jemand, der die Meinung vertritt, ein gewisser Ausdruck sei nicht kontextabhängig, ist Invariantist hinsichtlich dieses Ausdrucks.[163] Nun kann man, und de facto tun dies auch einige, Invariantist hinsichtlich des Ausdrucks „wissen" sein. Damit hat man weder den Anspruch darauf verwirkt, als kompetenter Sprecher zu gelten, noch den, als Philosoph ernstgenommen zu werden. Schwerlich kann man aber Invariantist hinsichtlich eines genuin indexikalischen Ausdrucks sein. Die These, daß „wissen" nicht kontextabhängig ist, ist nicht sonderlich absurd, und wird des öfteren vertreten. Die These dagegen, daß ein genuin indexikalischer Ausdruck wie „hier" oder „jetzt" nicht kontextabhängig ist, ist bisher wohl noch von niemandem vertreten worden.

(III) Drittens sollte der Indexikalist folgendes erklären können: Es scheint plausibel, von einem normalen Sprecher, der einen genuin indexikalischen Ausdruck wie „hier" verwendet, indem er etwa „Hier ist es kalt." äußert, zu sagen, er habe damit gesagt, daß es am Ort seiner Äußerung kalt sei. Denn jedem normalen Sprecher ist dieser Zusammenhang zwischen „hier" und dem Ort der Äußerung bekannt. Er ist ihm bekannt, sobald er den Ausdruck „hier" beherrscht. Wäre er ihm nicht bekannt, wäre er in dieser Hinsicht kein normaler Sprecher. Auch sagte man einem normalen Sprecher nichts Neues, sagte man ihm, daß Äußerungen wie „Hier ist es kalt." von Äußerungskontext zu Äußerungskontext im Wahrheitswert variieren können. Diese Kontextabhängigkeit von genuin indexikalischen Ausdrücken wie „hier" oder „ich" ist einem normalen Sprecher eben gerade deshalb bekannt, weil er mit dem Zusammenhang zwischen „hier" und dem Ort der Äußerung oder „ich" und dem Sprecher der Äußerung vertraut ist.

---

[163] Der Begriff des Invariantismus ist, wie in der Einleitung (Anmerkung 66) schon erwähnt, von Peter Unger übernommen (Unger [1984]).

Wäre „wissen" indexikalisch im Hinblick auf den involvierten Wissensstandard, so sollte Analoges gelten. Aber wollte man von einem normalen Sprecher, der etwa „Fritz weiß, daß es regnet" äußert, sagen, er habe damit gesagt, daß Fritz aufgrund seiner epistemischen Position hinsichtlich des Sachverhalts, daß es regent, dem kontextuell relevanten Wissensstandard genügt? Einem Sprecher muß der Zusammenhang zwischen der Eigenschaft, zu wissen, und der Eigenschaft, dem kontextuell relevanten Wissensstandard zu genügen, nicht bekannt sein - auch dann nicht, wenn er als gänzlich normaler kompetenter Sprecher gelten will. Kenntnis dieses Zusammenhangs gehört hier nicht zur Begriffsbeherrschung. Auch sagte man einem normalen Sprecher sicherlich etwas Neues, sagte man ihm, daß Äußerungen wie „Fritz weiß, daß es regent" von Äußerungskontext zu Äußerungskontext im Wahrheitswert variieren können (und daß sie dies auch dann können, wenn es sich um denselben Fritz an ein und demselben Ort zu ein und demselben Zeitpunkt handelt). Ihm mögen etwaige Zusammenhänge zwischen Wissen und kontextuell bestimmten Wissensstandards völlig entgehen. Und er weiß von derlei nicht nur in dem Sinn nicht, in dem man bei der Verwendung von „hier" vielleicht nicht weiß, an welchem Ort genau man sich befindet. Er weiß sozusagen nicht einmal, daß es hier überhaupt einen Ort gibt!

3.3.2 UNSPEZIFITÄT

Ist „wissen" aber kein indexikalischer Ausdruck, so kann die Kontextabhängigkeit von Wissenszuschreibungen nicht auf eine etwaige Indexikalität des Wissensbegriffs zurückgeführt werden. Worauf läßt sie sich denn zurückführen?[164] Eine Parallele zwischen „wissen" und Prädikaten wie „...ist flach" mag helfen herauszufinden, welche semantische Eigenart des Begriffs „wissen" für die Kontextabhängigkeit von Wissenszuschreibungen verantwortlich ist.[165] Betrachten wir dazu Prädikate wie „...ist flach" genauer.

Einige Jungen suchen eine Wiese zum Fußballspielen. Im Laufe ihrer Suche kommen sie zu einer Wiese, und einer der Jungen sagt: „Diese Wiese ist flach." Am nächsten Tag sind einige Profifußballspieler in der Gegend und suchen eine Wiese zum „Profifußballspielen". Nun kommen auch diese Spieler zu obiger Wiese und einer von den Spielern sagt: „Diese Wiese ist

---

[164] Stephen Schiffer kommt in seinem Artikel „Contextualist Solutions to Scepticism" ebenfalls zu dem Ergebnis, daß Wissenszuschreibungen nicht indexikalisch sind. Aber er schließt daraus keineswegs, daß ein anderes semantisches Merkmal für die Kontextabhängigkeit von Wissenszuschreibungen verantwortlich sein muß (siehe Schiffer [1996]a).
[165] Es mag eine ähnliche Parallele auch zwischen dem Verb „wissen" und anderen Verben geben. Ein Beispiel von Charles Travis (siehe hiezu Travis [1985]: 196 ff) läßt sich vielleicht zur Illustration der These heranziehen, daß auch andere Verben - in diesem Fall das Verb „wiegen" - eine dem Wissensbegriff ähnliche Kontextabhängigkeit aufweisen.

nicht flach." Sowohl der Junge als auch der Profifußballspieler mögen nun mit ihrer Äußerung etwas Wahres gesagt haben. Und dies kann einfach mit den unterschiedlichen kontextuellen Merkmalen der beiden Äußerungssituationen erklärt werden. Während die Jungen eine Wiese suchten, die flach-zum-Spaßfußball-spielen ist, suchten die Profifußballer eine Wiese, die flach-zum-Profifußball-spielen ist. Der relevante Standard für Flachheit war bei den Jungen entschieden weniger anspruchsvoll als bei den Profifußballern.

Ein Prädikat wie „...ist flach" scheint also auch in gewisser Hinsicht kontextabhängig zu sein. Und diese Kontextabhängigkeit hat weder mit Indexikalität, noch mit Ambiguität, Elliptizität oder Vagheit zu tun. Vielmehr handelt es sich hier um eine semantische Eigenart sui generis[166], so möchte ich behaupten, welche man vielleicht als Mangel an Spezifität oder schlicht als Unspezifität beschreiben könnte.[167]

Im weiteren werde ich Sätze, in denen unspezifische Ausdrücke vorkommen, einfach als *unspezifische Sätze* bezeichnen. Entsprechend werde ich Äußerungen von unspezifischen Sätzen *unspezifische Äußerungen* nennen. Ein Prädikat wie „...ist flach", aber auch Prädikate wie „...ist gut", „...ist interessant" oder „...ist groß" scheinen insofern unspezifisch zu sein, als sie des Kontexts in gewisser Weise bedürfen: Es hängt von kontexuellen Faktoren ab, ob unspezifische Äußerungen wahr oder falsch sind. Durch die relevanten kontextuellen Faktoren (etwa die Interessen der Sprecher) wird ein gewisser Standard bestimmt, der wesentlich dazu beiträgt, den Wahrheitswert einer solchen unspezifischen Äußerung festzulegen. So könnte etwa gelten: „Christians Äußerung von 'Diese Wiese ist flach' ist genau dann wahr, wenn die Wiese, auf die Christian in seiner Äußerung Bezug nimmt, flach für ein Fußballfeld ist, das den diesbezüglichen Ansprüchen von Christian und seinen Freunden genügt". Oder etwas allgemeiner gesagt:

Sei „...ist F" ein unspezifischer Ausdruck, so gilt: Eine Äußerung von „A ist F" ist genau dann wahr, wenn A dem kontextuell relevanten Standard für F-Sein genügt.

Und es ist nun keineswegs so, daß ein Sprecher von diesem Standard für F-Sein, den wir erwähnen, indem wir die Wahrheitsbedingung seiner Äußerung so angeben, irgendwie in seiner Äußerung spricht oder auf ihn Bezug nimmt.

---

[166] Auf dieses semantische Merkmal und im besonderen auch auf den Unterschied zwischen diesem semantischen Merkmal und dem semantischen Merkmal der Vagheit hat mich Andreas Kemmerling in Diskussionen und durch eine unveröffentlichte Arbeit (Kemmerling [unv.]) hingewiesen.
[167] Ich möchte hier natürlich nicht behaupten, daß es neben dieser Unspezifität genau vier Formen von Kontextabhängigkeit gibt: Indexikalität, Ambiguität, Elliptizität und Vagheit. Aber diese vier Formen scheinen prima facie die Kandidaten zu sein, die am ehesten für die Kontextabhängigkeit von Wissenszuschreibungen verantwortlich gemacht werden könnten, wollte man Unspezifität nicht als eigenständiges semantisches Merkmal anerkennen.

3.3 Kontextabhängigkeit

Möglicherweise hat er nicht einmal einen Begriff eines solchen Standards. Der Standard wird vom Kontext beigesteuert. Ein Sprecher macht nichts anderes, als sich dieses kontextuell gegebenen Standards einfach bei seiner Äußerung zu bedienen.

Unspezifische Begriffe sind nicht wesentlich indexikalisch

Betrachtet man genuin indexikalische Ausdrücke, so sieht man ein anderes Bild. Indem man z.B. den Ausdruck „hier" verwendet, nimmt man gewöhnlich auf einem bestimmten Ort Bezug, den Ort nämlich, an dem man sich befindet. Und ein normaler Sprecher dieser Sprache weiß, daß er sich auf diesen Ort bezieht; ansonsten hätte er den Ausdruck „hier" nicht gemeistert. Verwendet ein normaler Sprecher dagegen z.B. den Ausdruck „... ist flach", so nimmt er dabei nicht in derselben Weise auf einen bestimmten Flachheitsstandard Bezug. Zumindest weiß er nichts von einer derartigen Bezugnahme. Es gehört eben zur Bedeutung von indexikalischen Ausdrücken, daß man, verwendet man z.B. den Ausdruck 'hier', damit gewöhnlich auf den Ort der Äußerung Bezug nimmt. Aber selbst wenn eine begriffliche Analyse ergibt, daß die Eigenschaft flach zu sein die Eigenschaft ist, dem kontextuell relevanten Flachheitsstandard zu genügen, so gehört dies nicht zu dem Teil der Bedeutung, mit der ein kompetenter Sprecher vertraut sein müßte, um den Begriff gemeistert zu haben.

Unspezifische Begriffe sind nicht wesentlich ambig

Die Unspezifität eines Ausdruckes wie „...ist flach" oder „...ist gut" hat aber ebensowenig mit einer etwaigen Ambiguität dieses Prädikats zu tun. Ein Ausdruck sollte lediglich dann ambig genannt werden, wenn er höchstens endlich viele natürliche Lesarten besitzt. Der Ausdruck „...ist flach" hat aber nicht die beiden Lesarten „...ist-flach-für-ein-Fußballfeld,-das-den-Ansprüchen-von-Christian-und-seinen-Freunden-genügt" und „...ist-flach-für-ein-Fußballfeld,-das-den-Ansprüchen-von-Profifußballern-genügt". Wären dies Lesarten, dann wäre die Liste der Lesarten eindeutig nicht endlich. Es mag unendlich viele Hinsichten geben, in denen Dinge flach sein können, und es gibt unendlich viele Standards, an denen gemessen Dinge flach sein können. Wegen dieser drohenden Unendlichkeit sind Ausdrücke wie „...ist flach" oder „... ist gut" zumindest nicht in dieser Weise ambig. Und selbst wenn dies Lesarten wären, so wären es doch keine natürlichen Lesarten, Lesarten, die sich dem kompetenten Sprecher sozusagen von selbst anbieten - im Gegensatz zu stipulierten Präzisierungen: „Schnell" kann wohl heißen:

„schneller als 15 Knoten", aber das ist sicherlich keine natürliche Lesart von „schnell".[168]

Unspezifische Begriffe sind nicht wesentlich elliptisch

Viele Ausdrücke sind in einer Weise unterbestimmt, die man als Auslassung oder Elliptizität bezeichnen kann. Sagt z.B. Fritz zu Otto beim Einladen eines Koffers in den Kofferraum von Ottos Auto „Der Koffer ist zu groß", so ist dies offensichtlich eine elliptische Redeweise.[169] Fritz hätte, würde er sich weniger darauf verlassen, daß diese Redeweise trotz ihrer Elliptizität für Otto verständlich ist, auch sagen können: „Der Koffer ist zu groß für den Kofferraum." Ein wesentliches Merkmal solcher elliptischen Ausdrücke scheint mir zu sein, daß der Sprecher und normalerweise auch der Zuhörer die Auslassung als solche bemerken, thematisieren und selbst auffüllen können. Anders ist dies bei unspezifischen Ausdrücken. Wollte man behaupten, daß Unspezifität nur eine Form von Elliptizität sei, so sollte auch hier gelten, daß mindestens der Sprecher die Auslassung auffüllen kann. Aber der Sprecher wird, wenn er etwa äußert „Die Wiese am Bach ist flach", seine Äußerung nicht zu so etwas wie „Die Wiese am Bach ist flach gemessen an dem kontextuell relevanten Flachheitsstandard" ergänzen wollen. Er hat hier nicht einmal den Eindruck, etwas Ergänzungsbedürftiges gesagt zu haben. Unspezifische Ausdrücke mögen zwar manchmal auch elliptisch sein, aber dies ist dennoch keineswegs eines ihrer wesentlichen Merkmale. Und auch folgt daraus, daß Prädikate wie „...ist zu groß" oder „...ist groß genug" elliptisch sind, keineswegs, daß Prädikate wie „...ist groß" ebenfalls elliptisch sind. Denn die Elliptizität ersterer ist dem „zu" oder dem „genug", nicht dem „...ist groß" geschuldet.

Unspezifische Begriffe sind nicht wesentlich vage

Genausowenig ergibt sich aus den bisherigen Überlegungen, daß Ausdrücke wie „...ist gut" oder „...ist flach" zu den vagen Ausdrücken gehören müssen. Zwar mögen sie vage sein, aber diese Vagheit kommt ihnen nicht allein schon aufgrund ihrer Unspezifität zu. (Sollten alle unspezifischen Begriffe sich auch

---

[168] Dieses Beispiel habe ich von Manfred Pinkal übernommen (siehe Pinkal [1985]: 82ff). Pinkal verwendet bei dem Versuch, Vagheit von Ambiguität bzw. Mehrdeutigkeit abzugrenzen, den Begriff der natürlichen Präzisierung. Die Idee der natürlichen Lesarten als Kriterium für Ambiguität lehnt sich an Pinkals Überlegungen an.
[169] Kent Bach würde hier wohl lieber von semantischer Unterbestimmtheit [*semantic underdetermination*] als von Ellipse sprechen (siehe z.B. Bach [1994]).

3.3 Kontextabhängigkeit

als wesentlich vage herausstellen, so höchstens insofern sich alle Begriffe als wesentlich vage herausstellen). Als Paradigmen genuin vager Ausdrücke gelten die Ausdrücke „...ist glatzköpfig" oder „...ist ein Haufen". Allerdings herrscht in der einschlägigen Literatur keineswegs Einigkeit darüber, wie Vagheit zu charakterisieren oder gar zu definieren ist.[170] Schon bei dem Versuch, Vagheit in einen formal-semantischen Beschreibungsrahmen einzupassen, trifft man Vertreter einer klassischen zweiwertigen Logik, Vertreter einer drei- oder mehrwertigen Logik, Vertreter sogenannter Supervaluationstheorien &c. Vertreter einer klassichen Logik versuchen z.B. manchmal, die Zweiwertigkeit dadurch beizubehalten, daß sie Vagheit als ein erkenntnistheoretisches Problem charakterisieren: Sätze mit vagen Ausdrücken sind eindeutig wahr oder falsch, aber gelegentlich können wir nicht herausfinden, ob ein solcher Satz wahr oder falsch ist.[171] Vertreter einer dreiwertigen Logik geben Sätzen mit vagen Ausdrücken in gewissen Fällen einen dritten Wahrheitswert, den Wert *unbestimmt*.[172] Als besonders vielversprechend gilt bei diesem Unterfangen aber die sogenannte Supervaluations-Theorie, wie sie von Bas van Fraassen in den 60ern entwickelt und unter anderen von Kit Fine, Hans Kamp und David Lewis aufgegriffen wurde.[173] Gemäß dieser Theorie gibt es für vage Prädikate eine Menge von (in zu spezifizierender Hinsicht) zulässigen Präzisierungen. Ist ein Satz mit einem vagen Ausdruck wahr unter allen zulässigen Präzisierungen dieses Ausdrucks, so ist der Satz superwahr. Ist er falsch unter allen zulässigen Präzisierungen, so ist er superfalsch. Ansonsten ist er weder das eine noch das andere.

Aber nicht erst bei formal-semantischen Beschreibungen von Vagheit vermißt man eine gewisse Einhelligkeit. Schon eine allgemein akzeptierte normalsprachliche Charakterisierung von Vagheit zu finden fällt schwer. Die beiden gängigsten Charakterisierungen in der neuesten Literatur sind zum einen die Beschreibung von Vagheit als der Möglichkeit von Grenzfällen, der Möglichkeit von Fällen, bei denen man weder das Prädikat noch seine Nega-

---

[170] Für einen detaillierten Überblick über Probleme, Fragen und Theorien im Zusammenhang mit Vagheit siehe Williamson [1994].
[171] Siehe hierzu z.B. Williamson [1997]: 921.
[172] Siehe hierzu z.B. Lukasiewicz & Tarski [1930] (allerdings entwickelte Lukasiewicz dort die dreiwertige Logik nicht unbedingt mit Blick auf die Vagheitsproblematik), Halldén [1949], Kleene [1952] und Blau [1977]. Blau etwa vertritt die Auffassung, daß man neben den beiden klassischen Wahrheitswerten *wahr* und *falsch* noch einen dritten Wahrheitswert annehmen sollte, eben *unbestimmt*. Und es gibt zwei Arten von Ausdrücken, die zu Sätzen mit dem Wahrheitswert *unbestimmt* führen können: vage Ausdrücke und nicht-referentielle Ausdrücke. Dabei unterscheidet er zudem zwischen Sätzen mit kontextabhängigem Wahrheitswert und solchen mit unbestimmtem Wahrheitswert. Es gibt, so Blau, Fälle, in denen sich Sätze nicht als wahr oder falsch bezeichnen lassen, obwohl der Kontext hinlänglich spezifiziert ist. In solchen Fällen sind „im gegebenen Kontext die semantischen Regeln für das Prädikat in Anwendung auf den gegebenen Fall zu unscharf" (ebd. 22).
[173] Siehe van Fraassen [1966], [1968] & [1971], Lewis [1970]: Appendix, Fine [1975] und Kamp [1975].

tion anwenden möchte.[174] Zum anderen wird Vagheit auch gerne als Grenzenlosigkeit charakterisiert.[175] Das soll in etwa heißen, daß vage Prädikate keine Grenze zwischen ihren klaren Anwendungsfällen und ihren klaren Nichtanwendungsfällen zu ziehen erlauben, und desgleichen läßt sich auch keine Grenze zwischen ihren klaren Anwendungsfällen und ihren Grenzfällen ziehen, und auch nicht zwischen ihren klaren Grenzfällen und den Grenzfällen ihrer Grenzfälle usw. Veranschaulichen läßt sich diese Grenzenlosigkeitsidee und die damit eng verknüpfte Idee der Möglichkeit von Grenzfällen mit dem Bild einer Sorites-Folge, wie es als einer unter vielen Terence Horgan ausmalt: Man denke sich ein Sandkorn, daneben liegen zwei Sandkörner, daneben drei Sandkörner, usw. bis hin zu einem Haufen von 1.000.000 Sandkörnern. Nun geht jemand von dem einzelnen Sandkorn am Anfang immer weiter von einer Ansammlung zur nächsten, und behauptet von jeder: „Dies ist ein Sandhaufen.". Wenn dies auch eine etwas ungewöhnliche Beschäftigung sein mag, so scheint es doch nichtsdestotrotz der Fall zu sein, daß die ersten Aussagen offensichtlich falsch, die letzten Aussagen dagegen offensichtlich wahr sind, es sich aber nicht ausmachen läßt, wo die wahren Aussagen aufhören und die falschen Aussagen anfangen. Es gibt einfach keinen klaren Übergang, keine Grenze. Es gibt Fälle, in denen man weder wahrheitsgemäß sagen kann, es handle sich um einen Sandhaufen, noch, es handle sich nicht um einen Sandhaufen.

Ein entsprechendes *Little-by-Little*-Argument läßt sich auf für das Prädikat „...ist glatzköpfig" angeben. Sei Ralph einer von denen, von denen man weder wahrheitsgemäß sagen kann, sie seien glatzköpfig, noch, sie seien nicht glatzköpfig. Diese Unbestimmtheit hat nichts mit einem Mangel an Spezifität des Satzes oder des Prädikats zu tun. Vielmehr ist diese Unbestimmtheit in den Begriff der Glatzköpfigkeit eingebaut. „Ralph ist glatzköpfig" ist kein klarer Wahr-Fall und kein klarer Falsch-Fall. Und dies ist so unabhängig von jeder weiteren Information über kontextuelle Faktoren. Unter Umständen würde nicht einmal eine sehr präzise Spezifikation der kontextuellen Merkmale es uns ermöglichen, einem Satz, welcher einen vagen Ausdruck enthält, eindeutig entweder den Wahrheitswert „wahr" oder den Wahrheitswert „falsch" zuzuordnen. Es gibt auch keine sonstwie bestimmten nichtstipulierten Standards für Glatzköpfigkeit, von denen die Wahrheit oder Falschheit solch vager Äußerungen abhinge. Auch ist kaum zu erkennen, wie

---

[174] Siehe z.B. Stephen Schiffer ([1998]: 199) oder Paul Horwich ([1997]: 930). Horwich schreibt: „Wenn ein Prädikat vage ist, dann gibt es Gegenstände (oder könnte es geben), bei denen wir die Neigung haben (oder hätten), das Prädikat auf sie nicht anwenden zu wolle, seine Negation aber auch nicht anwenden zu wollen, und in Hinblick auf die wir zuversichtlich sind, daß keine weitere Untersuchung die Sache klären wird." Horwich betont noch eigens, daß diese Neigung keiner Unkenntnis geschuldet ist.
[175] Vergleiche hierzu Mark Sainsbury (z.B. in Sainsbury [1991]: 179) oder Terence Horgan (in Horgan [1998]: 313 ff.).

eine etwaige zulässige Präzisierung für den Begriff der Glatzköpfigkeit aussehen müßte - eine Präzisierung also, unter der eine Äußerung mit diesem Begriff in allen Fällen eindeutig wahr oder falsch wäre. Denn was sollte als eine solche Präzisierung gelten: Ist „...hat weniger als 1001 Haare" eine Präzisierung des Begriffs der Glatzköpfigkeit? Ist es nicht schlicht ein anderer Begriff?[176]

Wie dem auch sei, unspezifische Ausdrücke funktionieren in jedem Fall semantisch gesehen völlig anders. Hier hängt es von kontextuellen Faktoren ab, ob ein Satz wie „Die Wiese am Bach ist flach" wahr oder falsch ist. Und zwar hängt dies schlicht davon ab, ob die Wiese am Bach, auf die Bezug genommen wird, gemessen an dem kontextuell bestimmten Standard flach ist.[177]

Darüberhinaus kann es im Falle einer Unspezifität nützlich und klärend sein, wenn man gewisse Hinsichten angibt, auf die der unspezifische Ausdruck angewandt werden soll. So kann man etwa sagen: „Dieses Buch ist interessant in Hinsicht auf seinen Inhalt, oder in Hinsicht auf die autobiographischen Parallelen, aber es ist nicht interessant in Hinblick auf den Erzählstil." Dergleichen kann man mit vagen Ausdrücken nicht machen. Die Vagheit von „...ist glatzköpfig" kann nicht dadurch vermindert werden, daß man die Hinsichten der Glatzköpfigkeit angibt. Solche Hinsichten gibt es nicht!

3.3.3 Eine Analogie zwischen „wissen" und genuin unspezifischen Ausdrücken

Die Überlegungen in den beiden letzten Abschnitten legen nahe, daß „wissen" kein indexikalischer Ausdruck ist. Und sie legen des weiteren nahe, daß es Ausdrücke gibt, die kontextabhängig sind, ohne deshalb indexikalisch, ambig, elliptisch oder vage sein zu müssen. Die Ausdrücke sind vielmehr unspezifisch. Vielleicht sollte nun ein Kontextualist versuchen, die Kontextabhängigkeit von Wissenszuschreibungen mit einem Verweis auf eine Analogie zwischen diesen unspezifischen Ausdrücken und dem Wissensbegriff zu erklären. Vielleicht sollte er einfach behaupten, daß „wissen", ebenso wie „...ist flach" oder „...ist interessant", ein unspezifischer Ausdruck ist. Und es gibt einiges, was diese Analogie-These stützen kann:

---

[176] Ich stimme Henryk Mehlberg zu, wenn er über die Möglichkeit der Beseitigung von Vagheit schreibt: „Ein vager Ausdruck jedoch kann nicht aufhören, vage zu sein, es sei denn er erhält eine andere Bedeutung und wird so zu einem anderen Ausdruck." (siehe Mehlberg [1958]: Anmerkung 1).
[177] Dabei mag natürlich dieser Standard selbst vage sein, aber das tut hier nichts zur Sache.

(I)   Z.B. wird sie durch die Tatsache gestützt, daß unliebsame Sätze und entsprechende Sätze mit unspezifischen Ausdrücken gleichermaßen unverständlich klingen:

Diese Wiese ist nicht flach, aber Fritz sagt etwas Wahres, indem er sagt „Diese Wiese ist flach.".

klingt genauso unverständlich wie ein unliebsamer Satz.

(II) Weiter spricht für die Analogie, daß man bezüglich „wissen" und auch bezüglich Ausdrücken wie „...ist flach" sowohl einen invariantistischen als auch einen kontextualistischen Standpunkt einnehmen kann – ohne dabei als Philosoph oder auch nur als kompetenter Sprecher Glaubwürdigkeit einzubüßen.[178] Man kann die Auffassung vertreten, daß der Wahrheitswert einer Wissenszuschreibung nicht in Abhängigkeit von kontextuellen Zuschreiberfaktoren variieren kann. Und man kann die Auffassung vertreten, daß dergleichen für Äußerungen mit genuin unspezifischen Ausdrücken wie „„...ist flach" oder „...ist interessant" gilt.

(III) Zudem wird die Analogie durch die Tatsache gestützt, daß man, wenn man einen unspezifischen Satz wie „Diese Wiese ist flach." äußert, gewöhnlich genauso schwer explizit angeben kann, welcher Standard dabei im Spiel ist, wie wenn man eine Wissenszuschreibung macht. Natürlich wird man im Normalfall die Hinsicht spezifizieren können, in der etwas flach sein soll. Man könnte sagen: „Diese Wiese ist flach für ein Fußballfeld, wie wir es suchen." Aber das heißt noch nicht, daß man den relevanten Flachheitsstandard angeben kann. Es ist eines, einen kontextuell relevanten Standard für die Anwendung eines unspezifischen Ausdrucks bei einer Äußerung zu benützen, und ein anderes, ihn explizit anzugeben.

Ähnlich könnte man Gründe für eine Wissenszuschreibung angeben, indem man etwa sagte: „Er weiß, daß es im Zoo Zebras gibt, da er die von uns erwogene Möglichkeit ausschließen kann, daß die Zebras lediglich geschickt angemalte Maultiere sind." Aber auch das heißt noch nicht, daß man den im Spiel befindlichen Wissensstandard anzugeben in der Lage ist. Denn auch hier ist es zweierlei, den Wissensstandard zu benutzen und ihn zu explizieren. Und auch hier heißt eine Zweifelsmöglichkeit angeben zu können, die bei der Bestimmung des Standards eine Rolle spielen mag, noch nicht, daß man den Standard selbst angeben kann.

---

[178] Unger (in Unger [1984]) bemüht sich, dies zu betonen - zumindest was die Ausdrücke „...ist flach" und „...ist gewiß" betrifft (und Gewißheit ist seiner Ansicht nach eine notwendige Bedingung für Wissen.).

3.3.4 Gemeinsamkeiten und Unterschiede zwischen „Wissen" und genuin unspezifischen Begriffen

Gemeinsamkeiten

Einiges spricht dafür, daß Wissenszuschreibungen in ganz ähnlicher Weise kontextabhängig sind wie unspezifische Äußerungen. So läßt sich die These stützen, daß es für unspezifische Äußerungen ebenso eine adäquate Paraphrase gibt, in der von einem kontextuell relevanten Standard die Rede ist, wie es für Wissenszuschreibungen eine adäquate Paraphrase gibt, in der von einem kontextuell relevanten Wissensstandard die Rede ist. Und diese kontextuell relevanten Standards können von Äußerungskontext zu Äußerungskontext variieren. Das heißt, daß sowohl der Wahrheitswert einer Wissenszuschreibung als auch der Wahrheitswert einer unspezifischen Äußerung von Äußerungssituation zu Äußerungssituation in Abhängigkeit von kontextuellen Faktoren variieren kann. Das wiederum heißt: Wissenszuschreibungen und unspezifische Äußerungen sind gleichermaßen kontextabhängig.

Damit ist natürlich nicht gezeigt, daß der Kontextualist recht und der Invariantist (i.e. derjenige, der die Kontextabhängigkeit bestimmter Ausdrücke leugnet) unrecht hat.[179] Man kann sowohl gegenüber „wissen" als auch gegenüber genuin unspezifischen Begriffen einen kontextualistischen oder einen invariantistischen Standpunkt einnehmen. Will man aber gegenüber „wissen" und genuin unspezifischen Begriffen einen invariantistischen Standpunkt einnehmen, so muß man folgendes in Kauf nehmen: Einige Äußerungen mit „wissen" bzw. genuin unspezifischen Begriffen, die wahr zu sein scheinen, sind nun schlichtweg falsch. So sagen z.B. nur entweder der Junge oder der Profifußballer etwas Wahres, indem sie sagen, die Wiese sei flach bzw. nicht flach. Denn der Wahrheitswert einer Äußerung wie „Diese Wiese ist flach" kann sich laut Invariantist nicht von einer Äußerungssituation zur anderen ändern, solange mit „diese Wiese" auf ein und dieselbe Wiese Bezug genommen wird. Es kann nicht sein, daß die eine Äußerung falsch und die andere wahr ist, wenn beidemal von derselben Wiese die Rede ist. Will man also die Meinung nicht aufgeben, daß die meisten unspezifischen Äußerungen, die uns wahr zu sein scheinen, auch tatsächlich wahr sind, dann hätte man sich besser nicht auf die Seite des Invariantismus geschlagen.

Auf eine zweite Gemeinsamkeit verweisen die folgenden Überlegungen. Äußert jemand den Satz „Diese Wiese ist flach", so will man von ihm nicht sagen, er habe damit gesagt oder gemeint, die Wiese sei flach, gemessen am

---
[179] Und wenn Peter Unger mit seiner These von der philosphischen Relativität Recht hätte, dann ließe sich dergleichen auch gar nicht zeigen (siehe hierzu Unger [1984]).

kontextuell relevanten Flachheitsstandard. Denn unter Umständen weiß er nichts von derartigen begrifflichen Zusammenhängen zwischen dem Begriff des Flachseins und dem Begriff des „Einem-Flachheitsstandard-Genügens". Ebensowenig möchte man von jemandem, der „Fritz weiß, daß es regnet" äußert, sagen, er habe damit gesagt oder gemeint, Fritz wisse, daß es regnet, gemessen am kontextuell relevanten Wissensstandard. In beiden Fällen hat der Sprecher nichts anderes gesagt und gemeint, als daß die Wiese flach ist bzw. daß Fritz weiß, daß es regnet. Der Sprecher hat insofern in seiner Äußerung nicht auf einen bestimmten Flachheits- bzw. Wissensstandard Bezug genommen, als er von einer derartigen Bezugnahme zumindest nichts weiß.

Fragen

Erste Frage: Man könnte sich fragen, ob sich die Wahrheit oder Falschheit einer unspezifischen Äußerung wie „X ist flach" denn tatsächlich an einem kontextuell relevanten Standard für Flachheit bemißt. Hinter dieser Frage könnte die Vermutung stecken, daß dabei zwar ein Standard im Spiel ist, es sich aber dabei um einen mittels einer gewissen Bezugsklasse, wie zum Beispiel der Klasse aller Fußballfelder, bestimmten Standard handelt. Folgendes könnte dann die Wahrheitsbedingung einer Äußerung von „X ist flach" sein:

Eine Äußerung von „X ist flach" ist genau dann wahr, wenn X gemessen an dem durch die Klasse aller Fußballfelder bestimmten Standard flach ist.

Wäre dem so, so zeigte sich hier eine Lücke in der Analogie. Was aber spricht dafür, daß dem so ist? Nicht nur spricht nichts dafür. Es spricht sogar etwas dagegen: Es gibt nämlich keinen solchen globalen Flachheitsstandard, der sich irgendwie aus der Menge aller Fußballfelder herauskristallisieren ließe. Denn wie würde er sich bestimmen? Er müßte sich doch entweder durch die Interessen, Zwecke und gemeinsamen Präsuppositionen aller Fußballspielenden bestimmen. Es ist aber kaum anzunehmen, daß alle Fußballspielenden: Profis, Amateure, jugendliche Fußballvereinsmitglieder, fußballbegeisterte Kinder usw. überhaupt auch nur *eine* diesbezügliche Präsupposition gemeinsam haben, außer das Interesse, Fußball zu spielen. Oder es handelte sich dabei um einen genormten Standard, der z.B. durch eine Komission festgelegt würde. Was aber gibt Grund zu der Annahme, daß Fritzens Äußerung von „Diese Wiese ist flach" genau dann wahr ist, wenn die Wiese flach ist, gemessen an dem durch die So-und-so-Komission bestimmten Standard für Fußballfeldflachheit? Dies ist doch eine abwegige Annahme. Wenn Fritz zu seinen Freunden auf der Suche nach einer Fußballwiese sagt „Diese Wiese ist flach", dann legt er und legen sie dabei doch einfach einen Standard für

3.3 Kontextabhängigkeit

Flachheit zugrunde, der sich aus ihren Interessen und Ansprüchen bestimmmt.

Zweite Frage: Bei „X weiß, daß P" scheint von vornherein schon festgelegt zu sein, was für X eingesetzt werden darf. Denn der Wissensbegriff trifft nur auf Personen zu.[180] Bei genuin unspezifischen Begriffen dagegen ist es keineswegs immer derart festgelegt, worauf das Prädikat angewandt werden kann. Deutet dies auf einen Unterschied zwischen dem Wissensbegriff und genuin unspezifischen Prädikaten hin?

Nun, es ist natürlich zutreffend, daß bei vielen unspezifischen Begriffen kaum festgelegt ist, von was der Begriff ausgesagt werden kann. Es ist ebenfalls zutreffend, daß bei dem Wissensbegriff weitgehend festgelegt ist, worauf er überhaupt zutreffen kann. Aber damit ist kein kategorialer Unterschied zwischen dem Wissensbegriff und genuin unspezifischen Begriffen aufgezeigt. Es handelt sich hier lediglich um einen graduellen Unterschied. Denn in der Tat gibt es auch genuin unspezifische Begriffe, bei denen mehr oder weniger genau festgelegt ist, worauf sie anzuwenden sind. Es gibt bei den unspezifischen Begriffen vom Typ „...ist F" eine Skala von „ziemlich genau festgelegt, was in die Leerstelle einzusetzen ist" bis hin zu „so gut wie gar nicht festgelegt, was in die Leerstelle einzusetzen ist". Und „...weiß, daß P" liegt demnach ganz am unteren Ende der Skala bei „ziemlich genau festgelegt". Bei einem Prädikat wie z.B. „... ist gut" ist dagegen keineswegs von vornherein festgelegt, was in die Leerstelle einzusetzen ist. Zwar mag auch hier angedeutet sein, daß in die Leerstelle etwas eingesetzt werden muß, daß einer gewissen Bewertung überhaupt zu unterliegen geeignet ist. Aber damit ist der in die Leerstelle einzufüllenden Entitäten keine nennenswerte Beschränkung auferlegt.[181] Es kann sich dabei um Filme, Bücher, Speisen, Getränke, Personen, Handlungen, Ereignisse, Ideen, usw., um Abstrakta und Konkreta gleichermaßen, handeln. Bei „...ist interessant" wird den möglichen Leerstellen-Einsetzungen schon etwas mehr Beschränkung auferlegt. Hier wird nahegelegt, daß es sich bevorzugt um Dinge handelt, die im weitesten Sinn Inhalt haben wie Bücher, Theorien, Gedankengänge, und dergleichen mehr. Bei „...ist klein" ist die Beschränkung noch größer. Denn es wird sicherlich nahegelegt, daß in die Leerstelle ein Gegenstand eingesetzt werden soll. Bei einem Prädikat wie „...ist flach" schließlich scheint (ähnlich wie bei „...weiß, daß P") schon von vornherein und ohne kontextuelles Beiwerk angedeutet zu sein, was in die Leerstelle eingesetzt werden muß. Die Äußerung „X ist flach" legt nahe (erfordert allerdings nicht zwingend), daß es sich bei X um eine Oberfläche handelt - mag das ein Fußballfeld, eine Tischplatte oder

---

[180] Zwar können vielleicht auch Hunde und andere Tiere etwas wissen. Aber da hierbei nicht klar zu sein scheint, inwieweit es sich tatsächlich um wörtliche oder nur um metaphorische Redeweise handelt, sei der Fall des „Tierwissens" hier unberücksichtigt gelassen.

[181] Natürlich werden nicht die Entitäten, sondern ihre Namen in die Leerstellen eingesetzt.

eine sonstige Oberfläche sein. So ist bei allen unspezifischen Prädikaten also mehr oder weniger festgelegt, auf welche Dinge sie anzuwenden sind; bei den einen mehr („...weiß, daß P" z.B.), bei den anderen weniger („...ist gut" z.B.). Aber damit ergibt sich kein Unterteilungskriterium innerhalb der unspezifischen Begriffe in solche, bei denen von vornherein schon festgelegt ist, was in die Leerstelle einzusetzen ist, und solche, bei denen dies nicht der Fall ist. Die Arten von Dingen, von denen die Prädikate ausgesagt werden können, sind lediglich bei den einen zahlreicher als bei den anderen.

Dritte Frage: Betrachtet man verschiedene unspezifische Äußerungen wie „Die Wiese ist flach genug", „Das Buch ist interessant", „Der Koffer ist zu groß", „Das Essen ist gut", und so weiter, so fällt auf, daß viele solche Äußerungen Nachfragen nahelegen. Man könnte fragen wollen: „Flach genug wozu?", „Interessant in welcher Hinsicht?", „Zu groß wofür?", „Gut für ein Mensaessen?", &c. Bei Wissenszuschreibungen drängen sich keine derartigen Fragen auf. Wie läßt sich dies im Rahmen der Analogie erklären? Dazu sollte zunächst dreierlei auseinandergehalten werden.

(1) Unspezifische Ausdrücke (und nicht nur sie) werden oft in elliptischen Kontexten verwandt, wie etwa bei einer Äußerung des Typs „X ist flach genug" oder „Der Koffer ist zu groß". Solche elliptische Redeweise fordert eine weitere Spezifikation geradezu heraus. Dergleichen elliptische Sätze haben eine offene Stelle, die noch ausgefüllt werden muß: „Der Koffer ist zu groß für ein ...". Aber diese Elliptizität kommt durch die Ausdrücke „genug" und „zu" ins Spiel; sie ist kein Wesensmerkmal unspezifischer Ausdrücke.

(2) Unspezifische Ausdrücke lassen sich oft, auch wenn sie nicht in elliptischen Kontexten vorkommen, noch weiter bezüglich etwaiger Hinsichten spezifizieren. Eine Äußerung von „Das Buch ist interessant" ist insofern nicht elliptisch, als „...ist interessant" wohl keine offene Stelle hat, die ausgefüllt werden müßte, soll der Ausdruck semantisch vollständig sein. Dennoch kann man auf etwaige Nachfragen erläutern, in welchen Hinsichten das Buch interessant ist. Es könnte interessant sein in Hinblick auf seine autobiographischen Parallelen, in Hinblick auf seinen Erzählstil usw. Aber diese Erläuterbarkeit ist nicht für die Kontextabhängigkeit von unspezifischen Begriffen verantwortlich.

(3) Denn auch eine Äußerung von „Das Buch ist interessant in Hinblick auf seinen Erzählstil" oder von „Die Wiese ist flach genug zum Fußballspielen" kann in einem Kontext wahr und in einem anderen Kontext falsch sein. Und diese Kontextabhängigkeit hängt daran, welche Standards in den jeweiligen Kontexten angelegt werden. Sagt der Profifußballer zu seinen Freunden von besagter Wiese, sie sei flach genug zum Fußballspielen, so mag er damit etwas Falsches gesagt haben, während einer der Jungen mit einer solchen Äußerung über dieselbe Wiese etwas Wahres gesagt haben mag. Und dieser

Unterschied im Wahrheitwert würde wohl auf unterschiedliche Standards in beiden Gesprächen zurückzuführen sein, nicht aber auf unterschiedliche Hinsichten, in denen von der Wiese Flachheit ausgesagt werden soll. Die Hinsicht, in der die Wiese flach sein soll, ist in beiden Fällen die gleiche: Die Wiese soll flach für ein Fußballfeld sein.

Bei dem Wissensbegriff nun läßt sich keine Hinsicht und kein Zweck angeben. Man kann höchstens erläutern, welche für relevant befundene Alternative es bei einer Wissenszuschreibung auszuschließen gilt. Fritz weiß, daß das Kino um acht Uhr anfängt, da er die Alternative ausschließen kann, daß er in der falschen Zeitung die Anfangszeit nachgeschaut hat. Aber auch wenn man hierbei nicht sagen wollte, er wüßte dies also in irgendeiner Hinsicht, so zeigt es doch zumindest, daß sich auch bei einer Verwendung des Wissensbegriffs erläutern läßt, was seine Verwendung rechtfertigt. Wichtig ist aber nun erstens, daß durch die Erläuterung gewisser Hinsichten oder dergleichen noch kein Standard angegeben wird. Zweitens ist die Analogie insofern stimmig, als sich unspezifische Begriffe und der Wissensbegriff darin gleichen, daß der Verwendung beider Begriffe ein gewisser kontextuell relevanter Standard zugrundeliegen muß, wenngleich sich die Begriffe dahingehend unterscheiden, ob sie eine Erläuterung gewisser Hinsichten der Anwendung zulassen. Und es ist drittens wichtig, daß die Kontextabhängigkeit sowohl von unspezifischen Äußerungen als auch von Wissenszuschreibungen einem kontextuell zu bestimmenden Standard geschuldet ist.

Vierte Frage: Viele genuin unspezifische Prädikate sind gradierbar. Etwas kann mehr oder weniger flach, sehr oder kaum interessant, weniger gut oder viel besser sein. Eine Wiese kann dem relevanten Flachheitsstandard mehr oder weniger genügen. Ein Buch kann dem relevanten Qualitätsstandard fast genügen oder kaum genügen. Bei „... weiß, daß P" ist dies anders. Wissen ist eine Ganz-oder-gar-nicht-Angelegenheit. Man weiß, daß P, oder man weiß es nicht. Entweder Fritz genügt dem relevanten Wissensstandard, oder er genügt ihm eben nicht. Wissensstandards scheinen nicht von der Art zu sein, daß man sich ihnen mehr oder weniger annähern kann. Entweder man nimmt die Hürde, oder man schafft es eben nicht. Aber von dem, der es nicht ganz schafft, sagen wir nicht, er wüßte beinahe. Wir sagen höchstens, er habe zwar vielleicht gute Gründe, aber sie seien eben dennoch nicht gut genug, um zu wissen. Dennoch könnte man natürlich auch hinsichtlich eines Wissensstandards davon sprechen, daß man sich ihm mehr oder weniger annähert. Man könnte z.B. davon sprechen, daß man sich ihm umso mehr annähert, je besser die epistemische Position ist, in der man sich befindet. Allein, so sprechen wir eben nicht. Wir sprechen bei diesen Annäherungsversuchen einfach nicht mehr von Wissen. Hier zeigt sich also tatsächlich eine Lücke in der Analogie. Aber damit ist zunächst nicht viel mehr gezeigt, als daß unsere Sprachregelung bei „wissen" ein bißchen eigen ist. Sicherlich wäre es verfehlt, die Analogie aufgrund dieser Lücke als unbrauchbar abzutun.

3.3.5 KURZ ZUSAMMENGEFASST

Im Rahmen der herkömmlichen kontextualistischen Theorien der Wissenszuschreibung wird versucht, die Kontextabhängigkeit von Wissenszuschreibungen mit Rückgriff auf die These von der angeblichen Indexikalität von „wissen" zu erklären (sofern überhaupt versucht wird, sie zu erklären). Allerdings ist die These aus den dargelegten Gründen unplausibel.

Der hier vorgestellte alternative Erklärungsansatz versucht nun, die Kontextabhängigkeit von Wissenszuschreibungen mit einer Analogie zwischen dem Wissensbegriff und genuin unspezifischen Prädikaten wie „...ist flach" oder „...ist interessant" zu erklären. Die Analogie läßt sich unter anderem dadurch stützen, daß man sowohl gegenüber genuin unspezifischen Begriffen als auch gegenüber „...weiß, daß P" einen invariantistischen oder einen kontextualistischen Standpunkt einnehmen kann (– ohne sich damit als sprachlich oder philosophisch inkompetent zu disqualifizieren). Darüberhinaus möchte man von einem Sprecher, der einen genuin unspezifischen Satz des Typs „A ist F" äußert, ebensowenig sagen, er habe damit gesagt, daß A einem bestimmten kontextuell relevanten F-Standard genügt, wie man bei einer Wissenszuschreibung des Tpys „X weiß, daß P" sagen möchte, der Sprecher habe damit gesagt, daß X einen bestimmten kontextuell gegebenen Wissensstandard genügt. Beide Sprecher verwenden den kontextuell gegebenen Standard, ohne ihn unbedingt explizieren zu können.

Auch eine genauere Betrachtung dieser Analogie fördert keine großen Unstimmigkeiten zu Tage.[182] Es soll jedoch nicht geleugnet werden, daß der Wissensbegriff nicht der typischste aller unspezifischen Begriffe ist. So lassen sich beim Wissensbegriff nicht in der Form Hinsichten angeben, in denen der Begriff angewandt werden soll, wie es bei vielen unspezifischen Begriffen oft möglich und angezeigt ist. Zudem deutet die Tatsache, daß wir den Wis-

---

[182] Anderer Ansicht ist hier Thomas Hofweber. Er unterscheidet (in Hofweber [1999]) zwischen impliziter Relativität [*implicit relativity*] und versteckter Relativität [*hidden relativity*]. Im Falle impliziter Relativität enthält die durch die Äußerung eines bestimmten Satzes ausgedrückte Proposition einen unartikulierten Konstitutenten. Und der Sprecher hat ‚kognitiven Zugang' zu der Tatsache, daß dem so ist. Im Falle versteckter Relativität enthält die durch die Äußerung eines bestimmten Satzes ausgedrückte Proposition ebenfalls einen unartikulierten Konstitutenten, nur daß der Sprecher hier keinen ‚kognitiven Zugang' zu der Tatsache hat, daß dem so ist (vergl. Hofweber [1999]: 95). Ein Beispiel für implizite Relativität haben wir in einer Äußerung von „John ist groß.". Ein Beispiel für versteckte Relativität ist: „Ich bewege mich mit 15 km/h". Hofweber leugnet also nicht, daß es versteckte Relativität gibt. Im Falle von Wissenszuschreibungen würde es sich nun eher um einen Fall einer versteckten Relativität als um einen Fall einer impliziten Relativität handeln – so Hofweber – wenn es sich denn überhaupt um eines von beiden handeln würde. Gerade dies bezweifelt Hofweber nämlich.

sensbegriff gemeinhin ungradiert verwenden, darauf hin, daß er in dieser Hinsicht ein „Einzelgänger" unter den unspezifischen Begriffen ist. Derartige Überlegungen geben aber noch keinen Anlaß dazu, den Wissensbegriff aus der Gruppe der unspezifischen Begriffe auszuschließen. Die Analogie bietet, was eine gute Analogie bieten muß.

3.4 LÖSUNGSVORSCHLAG

Was bisher geschah: Die kontextualistischen Ansätze SKS und GKS können beide die Beispiele, die sie erklären sollen (wie z.B. das Henry-Beispiel oder DeRoses Bankbeispiel), auch de facto erklären. Offen ist nun noch die Frage, ob es nicht doch Gründe gibt, einen der beiden Ansätze zu bevorzugen. Eine zweite offene Frage ist, ob man im kontextualistischen Rahmen ceteris paribus weiß, was man mit einer Wissenszuschreibung sagt. Denn unter Umständen weiß man nichts von gewissen, zur Semantik des Wissensbegriffs gehörenden Zusammenhängen, in denen der Begriff steht. Zudem haben beide Ansätze die unliebsame Konsequenz gemein. Eine dritte offene Frage ist somit, ob der Kontextualist einen Grund dafür nennen kann, weshalb man seine Theorie trotz unliebsamer Konsequenz vertreten sollte. Beantworten wir die Fragen, indem wir mit der letzten Frage beginnen.

3.4.1 EIN GUTER GRUND

Man mag die bisher skizzierten kontextualistischen Wissenstheorien plausibel finden oder nicht. Auf die Frage nach dem Grund, weshalb man die unliebsame Konsequenz in Kauf nehmen sollte (abgesehen natürlich von dem Grund, daß man sonst eben kein Kontextualist sein kann), wird man in beiden Fällen eine Antwort finden wollen. Man würde dem Kontextualisten nun wohl zugestehen, diesen Grund geliefert zu haben, wenn er aufzeigen könnte, daß die einzige Möglichkeit, die Konsequenz zu vermeiden, mit einer noch unliebsameren Konsequenz verbunden ist. Denn gelänge ihm dies, so könnte er zumindest die Beweislast derart verschieben, daß derjenige, der die unliebsame Konsequenz nicht in Kauf nehmen will, nun unter Zugzwang wäre. Er müßte nun seinerseits einen Grund dafür liefern, weshalb man die aus seiner Position resultierende noch wenige liebsame Konsequenz in Kauf nehmen sollte.

Der Kontextualist behauptet, daß Wissenszuschreibungen wesentlich kontextabhängig sind: Der Wahrheitswert einer Wissenszuschreibung kann in Abhängigkeit von kontextuellen Faktoren des konversationalen Kontexts variieren. Dies führt unweigerlich zu der unliebsamen Konsequenz: Man muß die Möglichkeit der Wahrheit unliebsamer Sätze in Kauf nehmen, obwohl diese Sätze mehr oder weniger unverständlich sind. Die einzige Möglichkeit, die unliebsame Konsequenz zu vermeiden, besteht darin, die Kontextabhängigkeit von Wissenszuschreibungen zu leugnen. Wer die Kontextabhängigkeit eines bestimmten Satztyps leugnet, ist Invariantist hinsichtlich dieses Satztyps. Ein Invariantist hinsichtlich Wissenszuschreibungen leugnet also, daß der Wahrheitswert einer Wissenszuschreibung von kontextuellen Faktoren wie den Präsuppositionen, Interessen und konversationalen Zielen der Zuschreiber abhängen kann. Eine Verneinung der Kontextabhängigkeit von Wissenszuschreibungen hat aber zur Folge, daß zumindest einige unserer alltäglichen, für wahr gehaltenen Wissenszuschreibungen schlichtweg falsch sind. Wenn z.B. eine Äußerung von „Peter weiß, daß es regnet." in einem Äußerungskontext wahr ist, so muß sie - glaubt man dem Invariantisten - in allen Äußerungskontexten wahr sein, solange nur „Peter" auf ein und dieselbe Person in ein und demselben Subjektkontext Bezug nimmt. Kontextuelle Veränderungen im konversationalen Kontext nehmen keinen Einfluß auf den Wahrheitswert. Aber wie z.B. DeRose mit seiner Bankgeschichte zu zeigen versucht (Abschnitt 2.4.1), mag ein Sprecher in einem Kontext etwas Wahres sagen, indem er sagt „X weiß, daß P", und er mag in einem anderen Kontext ebenfalls etwas Wahres sagen, indem er sagt „X weiß nicht, daß P". Der Invariantist hat nie die Möglichkeit, mit kontextuellen Mitteln den anzulegenden Wissensstandard für eine Wissenszuschreibung zu senken. Demzufolge sind gemäß dem Invariantismus zumindest einige unserer Wissenszuschreibungen, die - wenn auch nur aufgrund niedriger Standards - wahr zu sein scheinen, einfach falsch.

Man scheint vor folgende Wahl gestellt zu sein: Entweder man nimmt die unliebsame Konsequenz in Kauf und kann dadurch erklären, wie eine Wissenszuschreibung, geäußert in zwei unterschiedlichen Kontexten, einmal wahr und einmal falsch sein kann (wie z.B. in dem Bankbeispiel). Oder aber man vermeidet die unliebsame Konsequenz, indem man gegenüber „wissen" einen invariantistischen Standpunkt einnimmt, muß dann jedoch in Kauf nehmen, daß einige unserer Wissenszuschreibungen, die wir für wahr zu halten geneigt sind, falsch sind.

Das ist aber noch nicht die ganze Geschichte. Denn der Kontextualist, der die Kontextabhängigkeit von Wissenszuschreibung durch die Analogie zwischen „wissen" und genuin unspezifischen Ausdrücken erklären will - kurz: der *Unspezifikalist* -, kann nun folgendermaßen weiterargumentieren:

(1) Nicht Weniges spricht für die Annahme, daß das Wort „wissen" ein unspezifischer Ausdruck unter vielen anderen, z.B. „...ist flach", „...ist interessant", „...ist groß", ist.

3.4 Lösungsvorschlag

(2) Wenn aber „wissen" zu der Gruppe von Ausdrücken gehört, die das semantische Merkmal der Unspezifität aufweisen, dann scheint es ziemlich unplausibel, lediglich gegenüber „wissen" einen invariantistischen Standpunkt einzunehmen, nicht aber gegenüber den anderen Ausdrücken aus dieser Gruppe. Zumindest müßte man, wollte man dies tun, dafür argumentieren, daß man gegenüber „wissen" einen invariantistischen Standpunkt einnehmen kann, ohne ihn aber deshalb auch gegenüber den anderen unspezifischen Begriffen einnehmen muß. D.h., man müßte dafür argumentieren, daß „wissen", obwohl es ein unspezifischer Begriff ist, und obwohl unspezifischen Begriffe gewöhnlich kontextabhängig sind, dennoch nicht kontextabhängig ist.

(3) Oder man beschließt, gegenüber allen unspezifischen Begriffen einen invariantistischen Standpunkt einzunehmen. Würde man aber gegenüber allen Ausdrücken aus dieser Gruppe einen invariantistischen Standpunkt einnehmen, so müßte man in Kauf nehmen, daß nicht wenige unserer alltäglichen, für wahr gehaltenen, unspezifischen Äußerungen falsch sind. Dann würden z.B. nur entweder die Jungen oder die Profifußballer etwas Wahres sagen, wenn sie sagen: „Diese Wiese ist flach." bzw. „Die Wiese ist nicht flach.".

Somit kann der Kontextualist zwar die unliebsame Konsequenz nicht vermeiden. Aber sollte „wissen" tatsächlich ein unspezifischer Ausdruck sein, dann wäre die unliebsame Konsequenz nicht die schlimmste Wahl. Denn sie läßt sich nur vermeiden, wenn man gegenüber allen unspezifischen Begriffen einen invariantistischen Standpunkt einnimmt, und damit in Kauf nimmt, daß nicht wenige unserer alltäglichen, für wahr gehaltenen Äußerungen falsch sind. Es sei denn, man kann erklären, wieso man gegenüber „wissen" allein einen invariantistischen Standpunkt einnehmen darf. Man müßte aufweisen, aufgrund welches semantischen Merkmals sich „wissen" derart von den anderen unspezifischen Begriffen unterscheidet, daß es erlaubt wäre, lediglich gegenüber „wissen" einen invariantistischen Standpunkt einzunehmen. Solange nichts dergleichen gezeigt wird, scheint der Unspezifikalist einen Grund dafür angeben zu können, weshalb man die unliebsame Konsequenz in Kauf nehmen sollte: Einfach deshalb, weil der Preis, den man für ihre Vermeidung zahlt, zu hoch ist.[183]

---

[183] Zu bemerken ist, daß der Invariantist, den Unger (in Unger [1984]) skizziert, die Falschheit vieler unserer alltäglichen Äußerungen sehenden Auges in Kauf nimmt. Ich gehe allerdings davon aus, daß der Invariantismus aufgrund dieser Konsequenz eine derart unattraktive Position ist, daß man bemüht sein sollte, sie nicht einnehmen zu müssen.

3.4.2 Vom semantischen Wissen

Das zweite Problem, für das der Kontextualist eine Lösung bieten sollte, besteht darin, eine Antwort auf die folgende Frage zu geben: Weiß man, was man mit einer Wissenszuschreibung sagt, wenn man weder weiß, daß zu wissen nichts anderes ist als dem kontextuell relevanten Wissensstandard zu genügen, noch den bei der Wissenszuschreibung relevanten Wissensstandard explizieren kann? Der Unspezifikalist (vgl. Seite 148) kann darauf einfach mit ja antworten. Und er begründet die Antwort durch die folgende Überlegung:
Für „X ist flach." bzw. „X weiß, daß P." läßt sich laut Unspezifikalist auch folgendes sagen:

X genügt dem kontextuell relevanten Flachheitsstandard

X genügt dem kontextuell relevanten Wissensstandard

Nun wird auch ein Sprecher, der „X ist flach" äußert, unter Umständen nicht wissen, daß die Eigenschaft, flach zu sein, die Eigenschaft ist, dem kontextuell relevanten Flachheitsstandard zu genügen. Noch wird er den relevanten Flachheitsstandard explizit angeben können. Demnach wüßte auch dieser Sprecher unter Umständen nicht, was er sagt. Entweder dieser Sprecher weiß tatsächlich nicht, was er sagt. Dann wissen allerdings die meistens Sprecher bei allen ihren unspezifischen Äußerungen nicht, was sie sagen. Oder dieser Sprecher weiß, was er sagt. Dann aber gibt es keinen Grund, dem Wissenszuschreiber abzusprechen zu wissen, was er mit seiner Wissenszuschreibung sagt. Denn beide, derjenige, der Wissen zuschreibt und derjenige, der eine genuin unspezifische Äußerung macht, wissen unter Umständen nichts von gewissen begrifflichen Zusammenhängen und können relevante Standards nicht explizieren. Entweder hat dies bei beiden zur Folge, daß sie nicht wissen, was sie sagen, oder bei keinem von beiden. Da man nun aber sicherlich nicht sagen will, daß ein normaler Sprecher bei genuin unspezifischen Äußerungen ceteris paribus nie wisse, was er eigentlich sagt, sollte man dergleichen auch nicht von einem Wissenszuschreiber sagen wollen. Eher sollte man sagen, daß man auch dann weiß, was man mit einer Äußerung sagt, wenn man in Unkenntnis über manche begrifflichen Zusammenhänge der dabei benutzen Begriffe ist, und einen bei der Äußerung benutzten Standard nicht angeben kann. Man muß folglich einen kontextuell relevanten Standard nicht explizit angeben können, um sich seiner bei einer Äußerung bedienen zu können, und zudem wissen zu können, was man mit dieser Äußerung sagt.

3.4.3 SKS ODER GKS?

Die Grundthese des Unspezifikalisten ist die These von der Analogie zwischen genuin unspezifischen Begriffen und dem Wissensbegriff. Die These von der Analogie, kurz: *TvA*, lautet in einfachen Worten:

> *TvA*: Es gibt eine in wichtigen Hinsichten stimmige Analogie zwischen genuin unspezifischen Begriffen und dem Wissensbegriff.

Mit dieser These als Basis seiner Argumentation kann der Unspezifikalist die beiden Probleme lösen, die sich für jeden kontextualistischen Ansatz stellen: das Problem mit der unliebsamen Konsequenz und das Problem mit der Unwissenheit über einen gewissen begrifflichen Zusammenhang, in dem der Wissensbegriff steht. Die Lösungsstrategie dieser beiden Probleme setzt die These mit der Analogie voraus.

Lösungsstrategie des ersten Problems

Bei der Argumentation im Zusammenhang mit der unliebsamen Konsequenz wird TvA aus folgendem Grund benötigt: Der Kontextualist möchte dafür argumentieren, daß man die unliebsame Konsequenz in Kauf nehmen sollte, da der Versuch, sie zu vermeiden, eine noch weniger schöne Konsequenz mit sich bringt. Denn will man die unliebsame Konsequenz vermeiden, muß man gegenüber „wissen" einen invariantistischen Standpunkt einnehmen. Dies allein wäre noch nicht so unplausibel. Es scheint zumindest nicht auf der Hand zu liegen, daß der Invariantismus hinsichtlich „wissen" unplausibler ist als die unliebsame Konsequenz. Wenn sich der Kontextualist nun aber auf TvA stützt, so kann er zeigen, daß es ungerechtfertigt ist, lediglich gegenüber „wissen" einen invariantistischen Standpunkt einzunehmen. Denn wenn „wissen" ein unspezifischer Begriff ist - wie die These von der Analogie nahelegt -, so sollte man nur entweder gegenüber allen unspezifischen Begriffen einen invariantistischen Standpunkt einnehmen können, oder gegenüber keinem von ihnen. Wollte man dennoch lediglich hinsichtlich „wissen" Invariantist sein, so müßte man nun zeigen, daß man gegenüber „wissen" einen invariantistischen Standpunkt einnehmen darf, ohne ihn gegenüber allen anderen unspezifischen Begriffen ebenfalls einnehmen zu müssen. Läßt sich dafür jedoch kein Argument finden, so muß man, will man gegenüber „wissen" Invariantist sein, auch gegenüber allen genuin unspezifischen Begriffen Invariantist sein. Aber die Position des Invariantismus gegenüber allen unspezifischen Begriffen ist sicherlich eine unplausible Position - unplausibler als die unliebsame Konsequenz.

Geriete die Analogie nun ins Wanken, so verlöre die kontextualistische Position an argumentativer Kraft. Denn in Anbetracht einer unstimmigen Analogie hätte der Gegner des Kontextualisten leichtes Spiel. Er müßte lediglich betonen, daß „wissen" sich ja ohnehin nicht in allen wichtigen Hinsichten mit genuin unspezifischen Begriffen vergleichen läßt. Und somit bedürfte es keiner ausgefeilten Argumentation, um zu rechtfertigen, wieso man gegenüber „wissen" einen invariantistischen Standpunkt einnehmen kann, ohne ihn gegenüber allen unspezifischen Begriffen einnehmen zu müssen. Die These von der Analogie ist folglich der Stützpfeiler der kontextualistischen Argumentation im Zusammenhang mit der unliebsamen Konsequenz.

Die eben angestellten Überlegungen legen nahe, daß derjenige kontextualistische Ansatz der erfolgversprechendste ist, der TvA in seinen Rahmen einpaßt. Denn so läßt sich das Problem mit der unliebsamen Konsequenz in den Griff bekommen. Sowohl ein Vertreter von GKS als auch ein Vertreter von SKS sollte demnach TvA zustimmen.

Lösungsstrategie des zweiten Problems

Auch bei der Argumentation zur Beantwortung der Frage, ob man im kontextualistischen Rahmen überhaupt weiß, was man mit einer Wissenszuschreibung sagt, muß der Kontextualist auf die These von der Analogie zurückgreifen. Denn der Kontextualist hat folgende Argumentation im Sinn:

(1) Macht ein Sprecher S_1 eine genuin unspezifische Äußerung, so ist S_1 gewöhnlich nicht in der Lage, den dabei involvierten Standard explizit anzugeben, noch kennt er gewöhnlich den begrifflichen Zusammenhang zwischen dem benutzen unspezifischen Begriff und dem entsprechenden Begriff des Einem-kontextuell-relevanten-Standard-Genügens.

(2) Dennoch weiß S_1 unter normalen Umständen, was er mit seiner Äußerung sagt.

(3) Der bei einer unspezifischen Äußerung verwandte Standard wird allein durch die Präsuppositionen (d.h. also durch die Interessen, Absichten und konversationalen Ziele), der Konversationsteilnehmer bestimmt. Der derart bestimmte Standard ist also ein kontextuell relevanter konversationaler Standard.

(4) Macht ein Sprecher S_2 eine Wissenszuschreibung, so ist auch S_2 dabei gewöhnlich nicht in der Lage, den involvierten Standard explizit anzugeben, noch kennt er gewöhnlich den begrifflichen Zusammenhang zwischen dem benutzten Wissensbegriff und dem entsprechenden Begriff des Einem-kontextuell-relevanten-Standard-Genügens.

(5) Der bei einer Wissenszuschreibung verwandte Standard ist ebenfalls ein kontextuell relevanter konversationaler Standard.

(6) Wenn aber sowohl S_1 als auch S_2 bei ihrer Äußerung einen kontextuell relevanten konversationalen Standard verwenden, so scheint es unberechtigt, S_2 aufgrund der Tatsache, daß er den involvierten Standard nicht explizieren kann, abzusprechen zu wissen, was er mit seiner Äußerung sagt, nicht aber S_1. Und wenn sowohl S_1 als auch S_2 bei ihrer Äußerung über gewisse begriffliche Zusammenhänge unwissend sind, so scheint es ebenfalls unberechtigt, S_2 aufgrund dieser Tatsache abzusprechen zu wissen, was er mit seiner Äußerung sagt, S_1 aber nicht.

(7) Denn entweder man kann wissen, was man mit einer Äußerung sagt, ohne den dabei verwandten kontextuell relevanten konversationalen Standard angeben zu können, und ohne alle fraglichen begrifflichen Zusammenhänge (in denen die benutzten Begriffe stehen) zu kennen. In diesem Fall wissen S_1 und S_2, was sie sagen. Oder man kann nicht wissen, was man mit einer Äußerung sagt, wenn man den dabei verwandten Standard nicht angeben kann und über manche Zusammenhänge unwissend ist. Dann wissen weder S_1 noch S_2, was sie mit ihren Äußerungen sagen.

(8) Da man aber von S_1 auf alle Fälle sagen will, er wisse, was er sagt, sollte man dies auch von S_2 sagen wollen.

Um tatsächlich zu dem Schluß zu kommen, daß sowohl S_1 als auch S_2 wissen, was sie sagen, muß angenommen werden, daß nicht nur bei unspezifischen Äußerungen, sondern auch bei Wissenszuschreibungen tatsächlich ein kontextuell relevanter konversationaler Standard im Spiel ist. Denn wäre dies nicht der Fall, so wäre (5) falsch. Und man könnte dann gegen die Behauptung des Kontextualisten, daß man ceteris paribus weiß, was man mit einer Wissenszuschreibung sagt, auf folgende Weise argumentieren: Man weiß zwar, was man mit einer Äußerung sagt, bei der man einen kontextuell relevanten konversationalen Standard verwendet. Also weiß man ceteris paribus, was man mit einer unspezifischen Äußerung sagt. Aber der Wissensstandard ist kein derartiger kontextuell relevanter konversationaler Standard. Und es ist keineswegs so, daß man auch dann weiß, was man mit einer Äußerung sagt, wenn man bei dieser Äußerung einen anderen als einen kontextuell relevanten konversationalen Standard verwendet. Also ist es keineswegs so, daß man bei einer Wissenszuschreibung weiß, was man sagt.

Um diesem Einwand zuvorzukommen, muß der Kontextualist sicherstellen, daß es sich in beiden Fällen (bei Wissenszuschreibungen und bei unspezifischen Äußerungen) um einen kontextuell relevanten konversationalen Standard handelt. Dazu sollte die These von der Analogie folgendermaßen erweitert werden:

TvA reformuliert: Es gibt eine in wichtigen Hinsichten stimmige Analogie zwischen genuin unspezifischen Begriffen und dem Wissensbegriff. Insbesondere gilt: Der bei einer Wissenszuschreibung involvierte Wissensstandard ist, wie auch der bei einer unspezifischen Äußerung involvierte Standard, allein durch Faktoren des konversationalen Kontexts bestimmt. Beide Standards werden durch die Präsuppositionen der Zuschreiber (i.e. der Konversationsteilnehmer) bestimmt. Beide Standards sind kontextuell relevante konversationale Standards.

Beruft sich der Kontextualist bei der obigen Argumentation auf diese erweiterte These von der Analogie, so kann er den obigen Einwand schon im Vorfeld entkräften.

SKS, GKS und die zweite Lösungsstrategie

Betrachtet man die zur Stützung der zweiten Lösungstrategie benötigte erweiterte These von der Analogie TvA, so fällt auf, daß sie sich nicht in den GKS-Rahmen einpassen läßt. Denn nach GKS ist der bei einer Wissenszuschreibung involvierte Wissensstandard natürlich der Wissensstandard$_{GKS}$. Dieser Wissensstandard$_{GKS}$ ist aber keineswegs allein durch Faktoren des konversationalen Kontexts bestimmt. Zur Erinnerung: Der Wissensstandard$_{GKS}$ zu W nimmt als Argumente sowohl beliebige Merkmale des physischen Subjektkontexts, als auch Bestandteile des konversationalen Kontexts. Er wird also nicht nur durch Faktoren des konversationalen Kontexts bestimmt, sondern ebenso durch Faktoren des physischen Subjektkontexts. - Also ist GKS nicht mit der reformulierten These TvA verträglich. SKS dagegen ist durchaus mit TvA zu vereinbaren. Denn der Wissensstandard$_{SKS}$ nimmt als Argumente lediglich Faktoren des konversationalen Kontexts. Dieser Wissensstandard$_{SKS}$ ist also gänzlich durch Faktoren des konversationalen Kontexts bestimmt.

Somit hat der GKS-Kontextualist, im Gegensatz zum SKS-Kontextualisten, nicht die Möglichkeit, auf die vorgeschlagene Weise dafür zu argumentieren, daß man im kontextualistischen Rahmen ceteris paribus weiß, was man mit einer Wissenszuschreibung sagt.

Hier zeigt sich also, daß die These TvA nicht gut in den GKS-Rahmen paßt. Zumindest was die jeweils involvierten Standards anbelangt, sind nach GKS Wissenszuschreibungen und unspezifische Äußerungen nicht analog. Denn bei Wissenszuschreibungen und unspezifischen Äußerungen scheinen im Rahmen dieses Ansatzes verschiedene Standards (d.h. auf verschiedene Art und Weise sich bestimmende Standards) im Spiel zu sein. Der GKS-Kontextualist muß folglich zugeben, daß die Analogie im Rahmen seines Ansatzes nicht ganz stimmig ist. Gerade aber darauf, daß die Analogie stimmig ist, hatte sich der Kontextualist verlassen - sowohl bei seiner Argumentation dafür, daß die unliebsame Konsequenz in Kauf genommen werden sollte, als auch bei seiner Argumentation dafür, daß der Zuschreiber bei einer Wissenszuschreibung ceteris paribus weiß, was er sagt.

3.4.4 Ergebnis

Zu Anfang dieses Kapitels schienen die beiden Ansätze SKS und GKS gleichgestellt. Will man in ihrem Rahmen dafür argumentieren, daß man die unliebsame Konsequenz in Kauf nehmen sollte, indem man die einzige Alternative zur unliebsamen Konsequenz als noch weniger attraktiv aufweist, so muß man dabei die These von der Analogie zugrundelegen. Diese These besagt, daß es eine in wichtigen Hinsichten stimmige Analogie zwischen dem Wissensbegriff und genuin unspezifischen Begriffen gibt. Sowohl ein Vertreter von GKS als auch ein Vertreter von SKS sollten demnach der These von der Analogie zustimmen, und sich damit von der These der angeblichen Indexikalität des Wissensbegriffs distanzieren.[184] Für eine Lösung des zweiten Problems, das sich für kontextualistische Ansätze stellt (das Weiß-man-was-man-sagt-Problem), bedarf es der reformulierten These von der Analogie. Diese reformulierte These ist jedoch nicht mit GKS verträglich; wohl ist sie aber mit SKS verträglich. Die Analogie zwischen „wissen" und genuin unspezifischen Begriffen ist in den SKS-Rahmen deutlich besser einzupassen als in den GKS-Rahmen. Aus diesen Gründen erweist sich der Ansatz als der vielversprechendste, der SKS mit der reformulierten These von der Analogie kombiniert. Und für diesen Ansatz sollte man sich entscheiden, wenn man sich denn überhaupt entscheiden möchte. Seine Hauptthese und die zentralen Grundbegriffe sollen in der folgenden Zusammenfassung noch einmal herausgestellt werden.

3.5 Kurze Zusammenfassung der eigenen Theorieskizze

Grundbegriffe und Hauptthese

Zentrale Begriffe der hier skizzierten kontextualistischen Wissenstheorie sind der Begriff der epistemischen Position eines Subjekts hinsichtlich eines Sachverhalts, daß P, der Begriff der relevanten Alternative zu P, der Begriff des

---

[184] Der Indexikalist hat ohnehin bisher noch kein brauchbares Argument dafür geliefert, warum man die unliebsame Konsequenz in Kauf nehmen sollte. Weder DeRose noch Stine oder Cohen - allesamt Indexikalisten - haben bisher versucht, einen Grund dafür anzugeben, weshalb man die unliebsame Konsequenz akzeptieren sollte.

Ausschließens einer Alternative, sowie der Begriff des konversationalen Kontexts und der Begriff des in diesem Kontext bestimmten Wissensstandards.

Sei der Sachverhalt, daß P, ein beliebiger kontingenter Sachverhalt in der Welt. Eine Alternative A zu P ist ein nichtbestehender Sachverhalt, so daß gilt: Wenn A bestünde, wäre es nicht der Fall, daß P. Die epistemische Position eines Subjekts X hinsichtlich P umfaßt einige (oder auch alle) seiner zu Recht als Wissen geltenden Überzeugungen und einige (oder auch alle) seiner diskriminativen Fähigkeiten. Eine Alternative A zu P wird genau dann von einem Subjekt X ausgeschlossen, wenn (a) oder (b) gilt: (a) X hat eine zu Recht als Wissen geltende wahre Überzeugung Ü, für die gilt: Ü wäre nicht wahr, wenn A bestünde, und Ü ist von der Überzeugung, daß P, verschieden. (b) X ist im Besitz einer diskriminativen Fähigkeit, die es ihm erlaubt, zwischen der Situation, in der A besteht, und der Situation, in der der Sachverhalt besteht, daß P, zu unterscheiden.

Unter dem konversationalen Kontext K einer Wissenszuschreibung W des Typs „X weiß, daß p." wird die Menge der Zuschreiber und die Menge ihrer gemeinsamen Präsuppositionen verstanden. Der Wissensstandard zu W ist die Funkion, die für den konversationalen Kontext K der Wissenszuschreibung W die Menge der relevanten Alternativen bestimmt. Sie nimmt als Argumente Bestandteile des konversationalen Kontexts K von W. Und sie liefert als Werte die bei W relevanten Alternativen. Genauer gesagt liefert der Wissensstandard zu W als Werte alle diejenigen Alternativen, für die gilt: Es wird entweder im konversationalen Kontext von W präsupponiert (sei es adäquaterweise oder inadäquaterweise), daß A relevant ist, oder es wird inadäquaterweise präsupponiert, daß A nicht relevant ist. Anders gesagt: Der Wissensstandard zu W liefert all diejenigen Alternativen, die k-relevant sind. Ein Subjekt genügt dem Wissensstandard zu W genau dann, wenn es mindestens alle die Alternativen auszuschließen in der Lage ist, die dem Wissensstandard zu W zufolge relevant sind. So gilt folgende notwendige und hinreichende Bedingung für die Wahrheit einer Wissenszuschreibung:

Eine Wissenszuschreibung W des Typs „X weiß, daß P" ist genau dann wahr, wenn (i) es der Fall ist, daß P, und (ii) X glaubt, daß P, und (iii) X aufgrund seiner epistemischen Position hinsichtlich P in der Lage ist, dem kontextuell bestimmten Wissensstandard zu W zu genügen.

3.5 Kurze Zusammenfassung der eigenen Theorieskizze 157

Kontextabhängigkeit und Unspezifität

Wissenszuschreibungen sind demnach kontextabhängig. Das heißt, der Wahrheitswert einer Wissenszuschreibung kann allein in Abhängigkeit von Faktoren des konversationalen Kontexts variieren. Die Kontextabhängigkeit wird auf die Unspezifität des Wissensbegriffs zurückgeführt. Mithin gilt, daß es eine in wichtigen Hinsichten stimmige Analogie zwischen dem Wissensbegriff und genuin unspezifischen Begriffen gibt. Insbesondere gilt: Der bei einer Wissenszuschreibung involvierte Wissensstandard ist, wie auch der bei einer unspezifischen Äußerung involvierte Standard, allein durch Faktoren des konversationalen Kontexts bestimmt. Das heißt, beide Standards werden durch die Präsuppositionen der Zuschreiber (i.e. der Konversationsteilnehmer) bestimmt.

Diese Unspezifität ist ein semantisches Merkmal sui generis. Unspezifische Begriffe sind weder wesentlich ambig, noch wesentlich vage, wesentlich indexikalisch oder wesentlich elliptisch. Dem widerspricht natürlich nicht, daß sie mit indexikalischen Begriffen folgende Eigenschaft gemein haben: Gewisse kontextuelle Merkmale des Äußerungskontexts einer unspezifischen Äußerung müssen in Betracht gezogen werden, um den Wahrheitswert der Äußerung ermitteln zu können. Auch indexikalische Begriffe sind kontextabhängig. Aber verschiedene semantische Merkmale bewirken verschiedene Formen von Kontextabhängigkeit. Bei indexikalischen Äußerungen hängt es vom physischen Äußerungskontext ab, worauf die in der Äußerung vorkommenden indexikalischen Begriffe Bezug nehmen. Bei unspezifischen Äußerungen hängt es vom konversationalen Äußerungskontext ab, welcher Standard bei der Äußerung benutzt wird.

Wissenszuschreibungen sind kontextabhängig. Und ihre Kontextabhängigkeit gleicht der Kontextabhängigkeit unspezifischer Äußerungen. In beiden Fällen wird die Kontextabhängigkeit dadurch verursacht, daß der Wahrheitswert der jeweiligen Äußerungen durch einen kontextuell relevanten Standard mitbestimmt wird. Und für Wissenszuschreibungen und genuin unspezifische Äußerungen gilt gleichermaßen: Wenn man eine genuin unspezifische Äußerung bzw. eine Wissenszuschreibung macht, so setzt man bei der Äußerung einen gewissen Standard voraus, ohne ihn (in den meisten Fällen) explizit angeben zu können. Ferner stehen der Wissensbegriff und genuin unspezifische Begriffe wie „"...ist flach" in einem ähnlichen begrifflichen Zusammenhang: Etwas zu wissen heißt einem kontextuell relevanten Wissensstandard zu genügen. Flach zu sein heißt dem kontextuell relevanten Flachheitsstandard zu genügen. Entsprechend gilt: So wie eine Wissenszuschreibung höchstens dann wahr ist, wenn das Subjekt dem kontextuell bestimmten Standard genügt, ist eine unspezifische Äußerung wie z.B. „Diese

Wiese ist flach" höchstens dann wahr, wenn die Wiese flach ist gemessen an dem kontextuell relevanten Flachheitsstandards.

Die These von der Kontextabhängigkeit ist eine semantische These. Erwähnter begrifflicher Zusammenhang gehört zwar in gewisser Hinsicht zur Semantik des Wissensbegriffs bzw. genuin unspezifischer Begriffe, aber nur insofern, als Kenntnis dieses Zusammenhangs nicht zur Begriffsmeisterung der jeweiligen Begriffe gehört. Es handelt sich um einen Zusammenhang, der in der Analyse (von jedem normalen Sprecher) aufgedeckt werden kann. Er gehört nicht zu dem Teil der Bedeutung, den ein normaler Sprecher kennen muß, um den Begriff zu beherrschen. Aber es scheint, als wäre ohne diese These von der Kontextabhängigkeit von Wissenszuschreibung nicht zu erklären, wie alle die Wissenszuschreibungen und sonstigen unspezifischen Äußerungen wahr sein können, die wir für wahr zu halten geneigt sind.

> *Moral: when we say "I know", what we mean is that we can rule out certain relevant "doubts", but not all possible "doubts". Which "doubts" depends on the circumstances; there is no rule that we can give once and for all that covers all the occasions on which we might use the word "know". We have to use good judgment, and assume that our conversational partners are attuned to us, and that they will share our implicit knowledge of what that comes to in the circumstances.*
>
> *H. Putnam*

LITERATUR

Alston, William P. [1971]: „Varieties of Privileged Access", *American Philosophical Quarterly* 8: 223-241.

Alston, William P. [1976]: „Two Types of Foundationalism", *The Journal of Philosophy* 73: 165-185. Deutsche Übersetzung in Bieri [1987]: 217-238; zitiert nach Bieri [1987].

Annis, David [1987]: „A Contextualist Theory of Epistemic Justification", *American Philosophical Quarterly* 15: 213-219.

Audi, Robert [1998]: *Epistemology: a Contemporary Introduction to the Theory of Knowledge*, London, New York.

Austin, John L. [1946]: „Other Minds", *Proceedings of the Aristotelian Society*, Supplementary Volume 20: 148-187. Wiederabgedruckt in Austin [1979]: 76-116; zitiert nach Austin [1979].

Austin, John L. [1962]: *Sense and Sensibilia*, Oxford, New York.

Austin, John L. [1979]: *Philosophical Papers*, 3. Auflage, Oxford, New York.

Bach, Kent [1994]: „Semantic slack", in: Savas L. Tsohatzidis (Hrsg.) *Foundations of speech act theory: Philosophical and linguistic perspectives*, London, New York: 267-291.

Bartelborth, Thomas [1996]: *Begründungsstrategien: Ein Weg durch die analytische Erkenntnistheorie*, Berlin.

Beckermann, Ansgar [1997]: „Wissen und wahre Meinung" in: W. Lenzen (Hrsg.) *Das weite Spektrum der analytischen Philosophie*, Berlin, New York: 24-43.

Bieri, Peter (Hrsg.) [1987]: *Analytische Philosophie der Erkenntnis*, Frankfurt am Main.

Blau, Ulrich [1977]: *Die dreiwertige Logik der Sprache: Ihre Syntax, Semantik und Anwendung in der Sprachanalyse*, Berlin, New York.

Boër, S. & Lycan, W. [1976]: *The Myth of Semantic Presupposition*, Bloomington, IN.

BonJour, Laurence [1976]: „The Coherence Theory of Empirical Knowledge", *Philosophical Studies* 30: 281-312. Deutsche Übersetzung in Bieri [1987]: 239-270; zitiert nach Bieri [1987].

Cavell, Stanley [1979]: *The Claim of Reason*, Oxford.

Chisholm, Roderick M. [1957]: *Perceiving*, Ithaca.

Clark, Michael [1963]: „Knowledge and Grounds: A Comment on Mr. Gettier's Paper", *Analysis* 24: 46-48.

Cohen, Stewart [1986]: „Knowledge and Context", *The Journal of Philosophy* 83: 574-583.

Cohen, Stewart [1987]: „Knowledge, Context, and Social Standards", *Synthese* 73: 3-26.

Davidson, Donald [1983]: „A Coherence Theory of Truth and Knowledge", in: D. Henrich (Hrsg.) *Kant oder Hegel?*, Stuttgart. Deutsche Übersetzung in Bieri [1987]: 271-290; zitiert nach Bieri [1987].

DeRose, Keith [1992]: „Contextualism and Knowledge Attributions", *Philosophy and Phenomenological Research* 52: 913-929.

DeRose, Keith [1995]: „Solving the Skeptical Problem", *The Philosophical Review* 104: 1-52.

Descartes, René [1641]: *Meditationes de prima philosophia*, in Adam, Charles & Tannery, Paul (Hrsg.) [1897]: *Œuvres de Descartes*, Paris.

Dretske, Fred [1971]: „Conclusive Reasons", *The Australasian Journal of Philosophy* 49: 1-22. Deutsche Übersetzung in Bieri [1987]:124-149; zitiert nach Bieri [1987].

Dretske, Fred [1972]: „Contrastive Statements", *The Philosophical Review* 81: 411-430.

Dretske, Fred [1981]: „The Pragmatic Dimension of Knowledge", *Philosophical Studies* 40: 363-378.

Fine, Kit [1975]: „Vagueness, truth and logic", *Synthese* 30: 265-300.

Frege, Gottlob [1918]: „Der Gedanke. Eine logische Untersuchung." *Beiträge zur Philosophie des deutschen Idealismus 1:* 58-77. Abgedruckt in Frege [1966]: 30-53.

Frege, Gottlob [1966]: *Logische Untersuchungen*, herausgegeben von G. Patzig, Göttingen.

Gettier, Edmund L. [1963]: „Is Justified True Belief Knowledge?" *Analysis* 23: 121-123.

Goldman, Alvin [1967]: „A Causal Theory of Knowing", *The Journal of Philosophy* 64: 357-372.

Goldman, Alvin [1976]: „Discrimination and Perceptual Knowledge", *The Journal of Philosophy* 73: 771-791.

Goldman, Alvin [1979]: „What is justified belief?", in: G. Pappas (Hrsg.) *Justification and Knowledge*: 1-23, Dordrecht.

Grice, Paul H. [1978]: „Further Notes on Logic and Conversation", in: P. Cole (Hrsg.) *Syntax and Semantics*, Vol. 9, New York. Wiederabgedruckt in Grice [1989]: 41-57.

Grice, Paul H. [1981]: „Presupposition and Conversational Implicature", in: P. Cole (Hrsg.) *Radical Pragmatics*, New York. Wiederabgedruckt in Grice [1989]: 269-282.

Grice, Paul H. [1989]: *Studies in the Way of Words*, Cambridge Mass.

Haack, Susan [1983]: „Theories of Knowledge: An Analytik Framework", *Proceedings of the Aristotelian Society* 83:143-157.

Haas-Spohn, Ulrike [1995]: *Versteckte Indexikalität und subjektive Bedeutung*, Berlin.

Halldén, Sören [1949]: *The Logic of Nonsense*, Uppsala.

Hambourger, Robert [1987]: „Justified Assertion and the Relativity of Knowledge", *Philosophical Studies* 51: 241-269.

Harman, Gilbert [1980]: „Reasoning and Evidence one Does Not Possess", *Midwest Studies in Philosophy*, Vol. V: 163-182.

Heller, Mark [1989]: „ Relevant Alternatives", *Philosophical Studies* 55: 23-40.

Hempel, Carl [1962]: „Deductive-Nomological vs. Statistical Explanation", in Herbert Feigl und Grover Maxwell (Hrsg.) *Minnesota Studies in the Philosophy of Science*, Vol. II, Minneapolis.

Hofweber, Thomas [1999]: „Contextualism and the Meaning-Intention Problem", in K. Korta et al. (Hrsg.) *Cognition, Agency and Rationality*, Dordrecht: 93-104.

Hookway, Christopher [1996]: „Questions of Context", *Proceedings of the Aristotelian Society* 96: 1-16.

Horgan; Terence [1998]: „The Transvaluationist Conception of Vagueness", *The Monist*, Vol. 81: 313-330.

Horwich, Paul [1997]: „The Natur of Vagueness", *Philosophy and Phenomenological Research* 57: 929-935.

Kamp, Hans [1975]: „Two theories about adjectives", in: E.L. Keenan (Hrsg.) *Formal Semantics of Natural Language*, Cambridge.

Kaplan, David [1989]: *Demonstratives*, in: J. Almog, J. Perry und H. Wettstein (Hrsg.) *Themes from Kaplan*, New York.

Katz, Jerrold J. & Langendoen, Terence D. [1976]: „Pragmatics and Presupposition", *Language* 52: 1-17.

Keefe, Rosanna & Smith, Peter [1996]: *Vagueness: A Reader*, Cambridge Mass, London.

Kellenberger, J. [1971]: „On There Being No Necessary And Sufficient Conditions For Knowledge", *Mind* 80: 599-602.

Kemmerling, Andreas [unv.]: „'Das ist interessant!'- Mangelnde Spezifität versus Vagheit".

Kleene, S. C. [1952]: *Introduction to Metamathematics*, Amsterdam.

Kyburg, Henry [1961]: *Probability and the Logic of Rational Belief*, Middletown.

Lehrer, Keith [1965]: „Knowledge, Truth and Evidence", *Analysis* 25: 168-175.

Lehrer, Keith [1974]: *Knowledge*, Oxford.

Lehrer, Keith & Paxson Jr., Thomas [1969]: „Knowledge: Undefeated Justified True Belief", *The Journal of Philosophy* 66: 225-237.

Lewis, David [1969]: *Convention*, Cambridge, Mass.
Lewis, David [1970]: „General Semantics", *Synthese* 22: 18-67.
Lewis, David [1979]a: „Attitudes De Dicto and De Se", *The Philosophical Review* 88: 513-43. Wiederabgedruckt in Lewis [1983]: 133-159; zitiert nach Lewis [1983].
Lewis, David [1979]b: „Scorekeeping in a Language Game", *Journal of Philosophical Logic* 8: 339-359. Wiederabgedruckt in Lewis [1983]: 233-249; zitiert nach Lewis [1983].
Lewis, David [1980]: „Index, Context, and Content", in: Stig Kangar & Sven Öhman (Hrsg.) *Philosophy and Grammar*, Dordrecht. Wiederabgedruckt in Lewis [1998]: 21-44; zitiert nach Lewis [1998].
Lewis, David [1982]: „'Whether' report", in: Tom Pauli et. al. (Hrsg.) *Philosophical Essays Dedicated to Lennart Åqvist on his Fiftieth Birthday*, Uppsala. Wiederabgedruckt in Lewis [1998]: 45-56.
Lewis, David [1983]: *Philosophical Papers*, Volume 1, Oxford.
Lewis, David [1986]: *On the Plurality of Worlds*, Oxford.
Lewis, David [1994]: "Reduction of Mind", in Samuel Guttenplan (Hrsg.) *A Companion to the Philosophy of Mind*, Oxford, U.K. & Cambridge, Mass.: 412-431.
Lewis, David [1996]: „Elusive Knowledge", *Australasian Journal of Philosophy* 74: 549-567.
Lewis, David [1998]: *Papers in Philosophical Logic*, Cambridge.
Lukasiewicz, Jan & Tarski, Alfred [1930]: „Untersuchungen über den Aussagenkalkül", *Comptes rendus des séances de la Société des Sciences et des Lettres de Versovie*, cl. 3: 23: 1-21, 30-50.
Mehlberg, Henryk [1958]: *The Reach of Science*, Toronto. Ausschnittsweise wiederabgedruckt in Keefe & Smith [1996]: 85-88; zitiert nach Keefe & Smith [1996].
Nozick, Robert [1981]: *Philosophical Explanations*, Cambridge, Mass.
Perry, John [1977]: „Frege on Demonstratives", *Philosophical Review* 86: 474-497.
Pinkal, Manfred [1985]: *Logik und Lexikon – eine Semantik des Unbestimmten*, Berlin, New York.
Pollock, John [1974]: *Knowledge and Justification*, Princeton.
Pollock, John [1986]: *Contemporary Theories of Knowledge*, Maryland.
Putnam, Hilary [1998]: „Scepticism", in Marcelo Stamm (Hrsg.) *Philosophie in synthetischer Absicht*, Stuttgart: 239-268.
Rescher, Nicholas [1973]: *The Coherence Theory of Truth*, Oxford.
Russell, Betrand [1910/11]: „Knowledge by Acquaintance and Knowledge by Description", *Proceedings of the Aritsotelian Society* 11: 108-128.
Ryle, Gilbert [1949]: *The Concept of Mind*, New York.

Sainsbury, Mark [1991]: „Is There Higher-Order Vagueness?", *The Philosophical Quarterly*, Vol. 41:167-182.
Sartwell, Crispin [1991]: „Knowledge is Merely True Belief", *American Philosophical Quarterly* 28: 157-165.
Sartwell, Crispin [1992]: „Why Knowledge is Merely True Belief", *The Journal of Philosophy* 89: 167-180.
Saunders, John Turk & Champawat, Narayan [1964]: „Mr. Clark's Definition of 'Knowledge'", *Analysis* 25: 8-9.
Schiffer, Stephen [1972]: *Meaning*, Oxford.
Schiffer, Stephen [1996]a: „Contextualist Solutions to Scepticism", *Proceedings of the Aristotelian Society* 96: 317-333.
Schiffer, Stephen [1996]b: "Language-Created Language-Independent Entities", *Philosophical Topics* 24: 149-167.
Schiffer, Stephen [1998]: „Two Issues of Vagueness", *The Monist*, Vol. 81, no.2: 193-214.
Schiffer, Stephen [im Erscheinen]: "Pleonastic Fregeanism".
Sellars, Wilfrid [1963]: „Empiricism and the Philosophy of Mind", in: *Science, Perception and Reality*, London: 164-170. Abschnitt VII findet sich in deutscher Übersetzung in Bieri [1987]: 209-216, zitiert nach Bieri [1987].
Shatz, David [1981]: „Reliability and Relevant Alternatives", *Philosophical Studies* 39: 393-408.
Skyrms, Brian [1967]: „The Explication of 'X knows that P'", *The Journal of Philosophy* 64: 373-389.
Sosa, Ernest [1964]: „The Analysis of 'Knowledge that p'", *Analysis* 25: 1-8.
Sosa, Ernest [1980]: „The Raft and the Pyramid: Coherence versus Foundations in the Theory of Knowledge", *Midwest Studies in Philosophy*, Vol.V: 3-25
Spohn, Wolfgang [1997]: „Über die Gegenstände des Glaubens", *Analyomen 2: Proceedings of the 2nd Conference 'Perspectives in Analytical Philosophy'*, Vol. 1: 291-321.
Stalnaker, Robert [1970]: „Pragmatics", *Synthese* 22: 272-289.
Stalnaker, Robert [1975]: „Presuppositions", in: D. Hockney, W. Harper & B.Freed (Hrsg.) *Contemporary Research in Philosophical Logic and Linguistic Semantics*: 31-41, Dordrecht.
Stalnaker, Robert [1978]: „Assertion", in: P.Cole (Hrsg.) *Syntax and Semantics 9: Pragmatics*: 315-332, New York.
Stalnaker, Robert [1981]: „Indexical Belief", *Synthese* 49: 129-151.
Stine, Gail C. [1976]: „Scepticism, Relevant Alternatives, and Deductive Closure", *Philosophical Studies* 29: 249-261.
Strawson, Peter [1952]: *Introduction to Logical Theory*, London.

Travis, Charles [1985]: „On What Is Strictly Speaking True", *Canadian Journal of Philosophy*, Vol. 15: 187-229.
Travis, Charles [1991]: „Annals of Analysis", *Mind* 100: 237-264.
Unger, Peter [1968]: „An Analysis of Factual Knowledge", *The Journal of Philosophy* 65: 157-170.
Unger, Peter [1975]: *Ignorance: a Case for Scepticism*, Oxford.
Unger, Peter [1984]: *Philosophical Relativity*, Oxford.
Unger, Peter [1986]: „The Cone Model of Knowledge", *Philosophical Topics* 14: 125-78.
van Fraassen, Bas [1966]: „Singular Terms, Truth Value Gaps and Free Logic", *The Journal of Philosophy* 63: 481-495
van Fraassen, Bas [1968]: „Presupposition, Implication and Self-Reference", *The Journal of Philosophy* 65: 136-152.
van Fraassen, Bas [1971]: *Formal Semantics and Logic*, London.
Vendler, Zeno [1972]: *Res Cogitans*, Ithaca.
von Kutschera, Franz [1982]: *Grundfragen der Erkenntnistheorie*, Berlin.
Warnock, G.J. & Cohen L.J. [1962]: „Claims to Knowledge", *Proceedings of the Aristotelian Society*, Supplementary Volume 36: 19-50.
White, Alan R. [1957]: „On Claiming to Know", *Philosophical Review* 66: 180-192.
White, Alan R. [1982]: *The Nature of Knowledge*, London.
White, James L. [1991]: „Knowledge and Deductive Closure", *Synthese* 86: 409-423.
Willaschek, Marcus [2000]: „Wissen, Zweifel, Kontext: Eine kontextualistische Zurückweisung des Skeptizismus", *Zeitschrift für philosophische Forschung* 54: 151-172.
Williams, Michael [1996]: *Unnatural Doubts: Epistemological Realism and the Basis of Scepticism*, Princeton, New Jersey.
Williamson, Timothy [1994]: *Vagueness*, London & New York.
Williamson, Timothy [1997]: „Précis of Vagueness", *Philosophy and Phenomenological Research* 57: 921-928.
Woozley, A.D. [1953]: „Knowing and not Knowing", *Proceedings of the Aristotelian Society* 53: 151-172.
Zimmermann, Thomas Ede [1991]: „Kontextabhängigkeit", in: Arnim von Stechow & Dieter Wunderlich (Hrsg.) *Semantik: Ein internationales Handbuch der zeitgenössischen Forschung*: 156-229, Berlin & New York.

PERSONENREGISTER

Alston, W. P. 35f.
Annis, D. 52ff., 60, 98
Audi, Robert 44
Austin, J. L. 13, 19, 25, 45, 50
Bach, K. 136
Bartelborth, T. 30, 34
Beckermann, A. 29
Blau, U. 137
Boër, S. 114
BonJour, L. 35, 37ff.
Cavell, S. 46
Champawat, N. 44
Chisholm, R. M. 14, 23
Clark, M. 44
Cohen, L. J. 19, 28, 32
Cohen, S. 55, 57-60, 131, 155
Davidson, D. 37ff.
DeRose, K. 46, 49, 83, 86-91, 93-100, 108, 110, 113, 122, 131, 148, 155
Descartes, R. 52, 75
Dretske, F. 49, 50, 60-67, 69ff., 97f., 108, 121
Fine, K. 137
Frege, G. 14
Gettier, E. L. 29, 34, 41, 43f.
Goldman, A. 43f., 50ff., 59, 97f.
Grice, P. H. 18, 114
Haack, S. 34f.
Haas-Spohn, U. 131
Halldén, S. 137
Hambourger, R. 52, 54, 60, 98
Harman, G. 55ff., 60
Heller, M. 50
Hempel, C. 42

Hofweber, T. 146
Hookway, C. 59
Horgan, T. 138
Horwich, P. 138
Kamp, H. 137
Kaplan, D. 131
Katz, J. J. 114
Kellenberger, J. 44
Kemmerling, A. 134
Kleene, S.C. 137
Kyburg, H. 42
Langendoen, T. D. 114
Lehrer, K. 36, 43f.
Lewis, D. 14f., 24, 26, 33, 49, 71-85, 97f., 108, 114, 121, 137
Lukasiewicz, J. 137
Lycan, W. 114
Mehlberg, H. 139
Nozick, R. 43f., 50, 83, 110f.
Paxson Jr., T. 43f.
Perry, J. 131
Pinkal, M. 136
Pollock, J. 42, 57
Putnam, H. 46
Rescher, N. 35
Russell, B. 14
Ryle, G. 12, 14
Sainsbury, M. 138
Sartwell, C. 29
Saunders, J. T. 44
Schiffer, S. 15, 114, 133, 138
Sellars, W. 36f.
Shatz, D. 50
Skyrms, B. 44
Sosa, E. 35ff., 44

Spohn, W. 15, 24
Stalnaker, R. 15, 113, 114
Stine, G. C. 50f., 59, 97f., 155
Strawson, P. 114
Tarski, A. 137
Travis, C. 18, 133
Unger, P. 43-46, 61ff., 77, 132, 140f., 149
van Fraassen, B. 114, 137
Vendler, Z. 22f.

von Kutschera, F. 29
Warnock, G.J. 19, 28, 32
White, A. R. 12, 14f., 17, 19, 22, 25f.
White, J. L. 45
Willaschek, M. 46
Williams, M. 46
Williamson, T. 137
Woozley, A.D. 28
Zimmermann, T. E. 131